RHUM

www.hachette-pratique.com

Direction Hachette Pratique : Catherine Saunier-Talec

Responsable éditorial : Stéphane Rosa

Responsable de projet : Léa Delourme

Responsable artistique : Cecilia Rehbinder

Couverture : Nicolas Gallois

Création graphique et mise en pages : Clara Capmas

Relecture-correction : Odile Raoul

Fabrication : Stéphanie Vieux

Responsable communication : Johanna Rodrigue

Textes de Fabien Humbert

RHUM

Préface d'Alexandre Vingtier

hachette

PRÉFACE

Si le whisky, en partie le Scotch, est incontestablement le leader sur le marché des spiritueux dans nos contrées, le rhum en est le challenger attitré ces dernières années. Depuis plus d'une vingtaine d'années déjà, ce spiritueux de canne à sucre a entamé une longue et impressionnante mue qui lui permet désormais d'égaler aussi bien en qualité qu'en valeur les single malts et les cognacs, c'est-à-dire les plus grandes eaux-de-vie de céréales et de vin. C'est un juste retour des choses lorsque l'on sait que les spiritueux les plus prisés au XIXe siècle étaient déjà, juste à côté des plus grands brandies, de vieux rhums de la Caraïbe. Une certaine amnésie a semble-t-il frappé les consommateurs des pays riches pendant près d'un siècle, le prestige passé du rhum se diluant face aux nouvelles modes de consommation comme la très pure vodka (et sa quasi-absence d'arôme) dès les années 1940.

Néanmoins, le rhum n'a eu de cesse de gagner en popularité à travers le monde en se renouvelant en permanence, avec les cocktails cubains des *cantineros* au début du XXe siècle et pendant la prohibition américaine, des créations à nouveau populaires depuis les années 1990 comme le mojito, le daiquiri ou encore le cuba libre. Puis dans les années 1930, avec la création d'une autre tendance marquant jusque dans les années 1970, les fameux cocktails et bars tiki, d'inspiration polynésienne, mais mettant à l'honneur les rhums de nombreuses origines de la Caraïbe. La réinvention actuelle de l'univers tiki depuis une dizaine d'années, poursuivant l'essor de la mixologie contemporaine, offre une nouvelle porte d'entrée pour les amateurs de boissons alcoolisées qui y éduquent leurs palais aux subtilités de trésors de la Barbade, de la Jamaïque ou encore du Guyana. Ces bars essaiment à travers le monde, aux États-Unis principalement, mais également en Europe et dorénavant en Asie, un marché très prometteur. Évidemment, on ne peut éviter de mentionner le formidable développement de la culture créole en France métropolitaine notamment, et par conséquent du rhum agricole, généralement consommé en ti-punch autour de spécialités antillaises ou réunionnaises, ou encore en rhum arrangé. Et donc, désormais, les rhums vieux s'invitent chez les cavistes et sur les plus grandes tables, remportent des récompenses lors de prestigieux concours de dégustation et même attirent les collectionneurs. Ce que les producteurs ont bien compris, en proposant des gammes toujours plus larges et pertinentes, redoublant de créativité et de finesse dans leurs sélections de cuvées spéciales, que l'on s'arrache parfois en quelques heures dès leur sortie.

C'est justement dans l'accompagnement de cette renaissance protéiforme du rhum que nous avons pris la décision de créer un magazine dédié au rhum et à sa culture avec Cyrille Hugon, en 2013. Nous travaillions déjà tous les deux dans le whisky et le rhum depuis une dizaine d'années environ. Ainsi est né *Rumporter* en version papier et numérique, alors qu'il avait lancé, très vite rejoint par Anne Gisselbrecht, le salon Rhum Fest à Paris, le plus grand salon du genre au monde.

Nous venons d'ailleurs de lancer ce que nous espérons devenir la référence mondiale en termes de compétition de dégustation de rhum et autres eaux-de-vie de canne en fusionnant les Rhum Fest Awards de Paris et ceux de Londres. En effet la qualité et la culture rhum sont les véritables défis actuels. Il faut bien comprendre les typicités, les techniques et les réglementations des différents rhums. On connaît l'AOC rhum agricole de Martinique et les autres indications géographiques des pays d'outre-mer (Guadeloupe, Guyane, Réunion), et d'autres pays leur enjoignent le pas dans la codification de leur savoir-faire commun et de sa reconnaissance internationale : Madère, Guyana, Jamaïque, Barbade, Guatemala, Cuba, République dominicaine ou encore Venezuela. Le rhum devient en quelque sorte le vin des Tropiques : à chacun son style, son histoire, son patrimoine et sa notoriété. Une reconnaissance grandissante à travers le monde qui doit s'accompagner d'une défense de la catégorie avec des définitions réglementaires toujours renforcées sur les principaux marchés.

Notre aventure éditoriale à tous les trois a bien évidemment nécessité de créer des rubriques : actualité, technique, interviews, dégustation, cocktails, cuisine ou encore histoire du rhum. Et de recruter pour chaque rubrique un correspondant passionné, assidu et compétent. Malheureusement il n'existait pas ou alors si peu de journalistes spécialisés dans les spiritueux, et mon objectif, notamment à travers ce magazine, a été justement de spécialiser des professionnels et parallèlement de professionnaliser des passionnés, maîtres dans leur discipline, mais moins aguerris à l'écriture.

Ainsi, j'ai eu le plaisir de rencontrer Fabien à *La Revue du vin de France*, où nous collaborons tous les deux depuis de nombreuses années déjà, et il m'a interviewé à plusieurs reprises pour *Le Nouvel Économiste* pour des sujets sur les spiritueux. Très vite, l'idée m'est venue de lui confier une importante rubrique dans *Rumporter* : les interviews de dirigeants et l'actualité économique, une tâche requérant une grande adresse et curiosité pour bien saisir et retranscrire tous les enjeux de la filière, tant sur les points agricoles qu'industriels, la distribution, les problématiques environnementales, réglementaires, j'en passe et des meilleurs.

Ce livre très complet retranscrit sa vision du rhum, livre un regard attentif et curieux, pour ne pas dire une vision d'ensemble du rhum. Fabien vous prend par la main pour mieux vous faire partager sa découverte et même parfois son émerveillement face à ce tumultueux univers. Une encyclopédie de poche avec des données très actuelles. Bienvenue dans la famille toujours plus grande des auteurs du rhum, c'est une grande fierté pour l'équipe de *Rumporter* de compter un nouvel auteur !

Alexandre Vingtier,
co-fondateur et rédacteur de *Rumporter.*

SOMMAIRE

INTRODUCTION

Le rhum est en plein boom. Sa consommation ne cesse de se répandre à travers le monde, de s'amplifier. Multiforme et résolument divers, ce spiritueux issu de la canne à sucre est capable de plaire à tout le spectre des consommateurs, qu'il soit servi en cocktail ou en arrangé, épicé… Il séduit même les fins dégustateurs et les fines dégustatrices avec les rhums vieillis, les millésimes, les sélections variétales ou parcellaires. Cependant, cette diversité donne aussi du fil à retordre à celles et à ceux qui souhaitent mieux comprendre ce qu'est véritablement un rhum, savoir d'où il vient, comment il est produit, comment on peut le déguster et quelle est son histoire. En effet, il existe de multiples réponses à ces questions, selon que le rhum sera issu directement du jus de canne ou de la mélasse, qu'il aura été produit dans les Antilles françaises, à Cuba, à la Barbade ou aux Philippines, selon qu'il aura été édulcoré ou non, selon qu'on y aura ajouté des fruits, des épices ou non, selon qu'il sera ambré ou blanc, qu'il aura été vieilli dans un ancien fût de cognac, de bourbon, ou de porto… Le rhum est un univers complexe et chatoyant, qui ne répond à aucune règle commune, et qui laisse une grande liberté aux producteurs, comme aux as du marketing, pour s'exprimer. Il est aussi devenu la boisson identitaire de nos DOM et POM (Guadeloupe, Martinique, Réunion, Guyane, Polynésie), et de nombreux pays de par le monde ! Ce livre vous donnera toutes les clés pour savoir bien choisir et déguster un rhum. Petit plus : vous saurez aussi expliquer à vos amis comment il a été produit et quelle est son histoire. Briller en société ne nuit jamais !

DÉCOUVRIR L'HISTOIRE DU RHUM

L'histoire du rhum est une formidable aventure où se croisent le meilleur et le pire de l'humanité, puisqu'elle accompagne à la fois les grandes découvertes, l'esclavage, la naissance de cultures originales issues de la colonisation (telle la culture créole), comme la destruction des anciennes cultures des Amérindiens ou des Indiens caraïbes. C'est une geste où l'on croise des figures légendaires comme les pirates, le père Labat, Al Capone, ou l'amiral Nelson, mais dont l'intensité varie au gré de phénomènes plus prosaïques comme des crises économiques, l'arrivée d'un concurrent incongru mais plus terrible qu'il en a l'air – la betterave à sucre –, ou de phénomènes naturels extrêmes comme l'explosion d'un volcan à la Martinique ! On passe par la Chine et l'Inde il y a plusieurs milliers d'années, et on croise la route des Perses de Darius, des Grecs d'Alexandre le Grand au IVe siècle avant J.-C., des conquérants arabes aux VIIe et VIIIe siècles après J.-C., des croisés au XIIe siècle ou de Christophe Colomb lors de son second voyage en 1493. La canne à sucre a quitté sa Nouvelle-Guinée natale pour atterrir dans les Caraïbes. En effet, la première mention du rhum apparaît en 1650, à la Barbade. Or, nous savons qu'il existait déjà depuis quelques dizaines d'années au moins sous d'autres noms (cachaça vers 1600, guildive dans les années 1640…) et d'autres avatars. D'abord considéré comme un alcool de rustres, le rhum va progressivement gagner ses lettres de noblesse, cesser de n'être que le dérivé de l'industrie sucrière et prospérer. Des Caraïbes, il essaimera partout sur la planète : dans les Amériques, en Afrique, en Inde, en Chine, dans l'océan Indien… jusqu'à regagner le berceau de la canne à sucre, dans l'océan Pacifique, au XIXe siècle, via la Nouvelle-Calédonie et l'Australie. Ce fut un chemin semé d'embûches mais, au début du XXIe siècle, le rhum est plus que jamais un alcool mondial.

L'ODYSSÉE DE LA CANNE À SUCRE

Le rhum est un des symboles du voyage. Et c'est par un voyage vers l'Occident, celui de la canne à sucre, depuis sa Nouvelle-Guinée natale jusqu'aux îles des Caraïbes, que débute son histoire. Il a fallu plus de 9 000 ans pour que cette plante, dévolue à la production de sucre avant celle du rhum, opère ce presque tour du monde. Adoptée tour à tour par les différentes cultures qu'elle croise, la canne à sucre passera entre les mains des Chinois, des Indiens, des Perses, des Arabes, avant d'être également adoptée par les Européens, qui lui feront traverser l'océan Atlantique.

L'invention du sucre

Avant de parler rhum, évoquons ensemble le destin hors du commun de la plante dont il est issu. La canne à sucre serait originaire de Nouvelle-Guinée, où elle a été cultivée pour la première fois probablement 10 000 ans avant notre ère. Puis elle aurait été adoptée en Inde il y a quelque 8 000 ans avant J.-C. On en trouve aussi en ces temps anciens en Chine. Mais ce sont les Indiens qui, les premiers, auraient eu l'idée de broyer la canne, d'en chauffer le jus obtenu et de le laisser cristalliser naturellement. Le *sakara* (« sucre ») était né. Les Indiens et les Chinois ont-ils eu l'idée de distiller le jus de canne ou la mélasse (obtenue lors de la production du sucre de canne) ? Impossible à dire avec certitude, mais ils disposaient déjà d'alambics rudimentaires...

La canne arrive en europe

Au VIe siècle avant notre ère, les Perses atteignent les confins de l'Inde et en rapportent la précieuse plante dans leur Empire... qui est à son tour conquis par Alexandre le Grand (IVe siècle avant J.-C.). Ce sont d'ailleurs probablement les Perses qui inventent le pain de sucre. Le conquérant macédonien et son amiral Néarque rencontrent alors ce « roseau qui donne du miel sans le concours des abeilles ». Dans l'Antiquité cependant, la culture du sucre reste limitée au delta de l'Indus, à la Chine du Sud et au golfe Persique. Au VIIe siècle après J.-C., les Arabes défont les Perses et développent la culture de la canne dans leur aire d'influence : Palestine, Égypte... L'Europe fait réellement la connaissance du sucre lors de ses confrontations avec le monde arabe, c'est-à-dire quand les Arabes envahissent une partie de l'Europe : Espagne, sud de la France, mais aussi Malte, Chypre, Sicile, dans les années 700 et 800... Partout où les conquérants venus du désert passent, ils plantent de la canne à sucre. Après les premières croisades à la fin du XIe siècle, les croisés reviennent chez eux avec le goût du sucre. Et lorsque les Européens reconquièrent des territoires aux Arabes, ils continuent de cultiver la canne. On la trouvera notamment en Sicile ou dans le sud de l'Espagne, à Madère, et aux Baléares.

Le premier rhum, une eau-de-vie ?

Il n'existe pas de document prouvant que les Européens ont distillé le jus de canne, ou les écumes tirées de la production du sucre, avant la traversée de Christophe Colomb. Les alchimistes ou des médecins ont-ils tenté d'en tirer de l'eau-de-vie ? Difficile à dire... Comme son nom l'indique, au Moyen Âge, on pensait que les distillats avaient des vertus thérapeutiques, voire magiques. Il s'agissait donc d'un produit de luxe. Les premiers alambics, et les connaissances liées à la distillation, ont là encore été acquis par l'Occident via ses rapports avec le monde arabe.

Le second voyage de Christophe Colomb

Ce n'est véritablement que lorsque la canne à sucre traverse l'océan Atlantique que va naître l'idée de distiller les chutes qui proviennent de la fabrication du sucre (les écumes) ou le jus de canne frais obtenu après broyage de la plante. Le premier à introduire la canne à sucre dans les Caraïbes dans la future Amérique n'est autre que Christophe Colomb. Lors de son second voyage en 1493, le navigateur génois part à la tête d'une flotte de 17 navires, qui transportent 1 200 à 1 500 personnes... Parmi eux, des colons et déjà des esclaves africains. Ayant fait escale aux Canaries, où la canne à sucre est déjà cultivée, Colomb emporte quelques plants avec lui, certain qu'ils s'acclimateraient bien dans les contrées qu'il a découvert l'année précédente. Il atteint la Dominique le 3 novembre, puis touche Marie-Galante, les Saintes et la Guadeloupe. En janvier 1494, il fonde sur l'île d'Hispaniola (aujourd'hui partagée entre la République dominicaine et Haïti) la ville d'Isabela, en l'honneur de la reine de Castille. Ce sera la première cité européenne de ce côté de l'Atlantique et l'acte un de la grande entreprise de colonisation que vont opérer différents pays européens (Espagnols, Portugais, Anglais, Français, Hollandais...), lors du siècle suivant. En février, Colomb fait semer pour la première fois des plantes venues d'Europe, parmi lesquelles la canne à sucre. On sait désormais que des espèces endémiques de canne à sucre existaient déjà à l'état sauvage en Amérique mais, a priori, elles n'y étaient pas cultivées pour donner du sucre.

En résumé

Après un long voyage de la Nouvelle-Guinée vers l'Europe, la canne à sucre traverse l'océan Atlantique avec Christophe Colomb. Dans ses nouveaux territoires américains et caribéens, elle va s'épanouir et devenir une véritable industrie dont la force motrice sera le goût des Européens pour le sucre.

Ci-contre : Christophe Colomb à bord du Santa Maria, en route vers le Nouveau Monde.

LES DÉBUTS DU RHUM

L'histoire du rhum débute véritablement lorsque la canne à sucre traverse l'océan Atlantique et s'acclimate au Nouveau Monde. La colonisation et la production en masse du sucre vont entraîner la destruction des peuples autochtones des Caraïbes et des Amériques, mais aussi la naissance des ancêtres du rhum, afin de fournir de l'alcool aux colons, aux esclaves ou encore aux marins.

La distillation, un apport des Européens

À partir de 1505, Hispaniola produit du sucre et, en 1516, un premier chargement est envoyé vers l'Espagne. Porto Rico, Cuba, la Jamaïque, puis le Mexique (1519) et le Pérou (1533) deviennent producteurs de sucre au fur et à mesure que les Espagnols conquièrent ces territoires. Les Portugais font de même au Brésil à partir de 1520. De leur côté, les Français prennent pied dans les Petites Antilles, à Saint-Christophe, à la Guadeloupe et à la Martinique au siècle suivant, entre 1618 et 1635. Quant aux Anglais, ils s'installent à la Barbade en 1627. Là où les Européens s'établissent, ils apportent souvent des alambics afin de produire leur propre alcool. En effet, les spiritueux venus d'Europe, comme les brandies et le cognac, sont réservés à l'élite, et trop onéreux pour la plupart des colons, sans parler des esclaves !

Le rôle des Hollandais

Les Hollandais ont eu une importance majeure dans l'histoire de la distillation et des spiritueux. Jusqu'au xve siècle, produire de l'eau-de-vie coûte très cher, et celle-ci est d'abord utilisée comme un médicament. Puis les alambics commencent à être construits en cuivre (meilleur conducteur de chaleur), ce qui permet d'en produire en plus grande quantité. Grands amateurs de brandwin ou brandy, les Hollandais favorisent l'essor de la fabrication d'eau-de-vie et de leur commerce, notamment en Charentes, la région du cognac. Ils tentent ensuite de conquérir des territoires en Amérique du Sud et dans les Antilles. Perdant au fur et à mesure leurs possessions dans les Caraïbes, ils s'éparpillent alors dans ses îles et dans le nord du Brésil, apportant leur savoir-faire en matière de distillation et leurs alambics là où ils s'établissent.

ZOOM

LES GUERRES DU SUCRE

De 1627 à 1697, les Anglais, les Français et les Hollandais établissent des comptoirs, puis des colonies dans les îles des Caraïbes. Les trois nations se font plusieurs fois la guerre à la fin du XVIIe siècle, au XVIIIe siècle et même au XIXe siècle. À chaque fois, les colonies sont le théâtre d'opérations militaires, faisant écho aux conflits européens. Il s'agit de prendre le contrôle du marché du sucre, du tabac, de l'indigo et du rhum, notamment en détruisant les plantations des autres, et d'empêcher le ravitaillement des métropoles par les colonies. Ces combats engagent les marines nationales, mais aussi pirates et corsaires. Tout au long des XVIIe et XVIIIe siècles, les mers des Caraïbes ne sont pas des plus sûres ! À chaque conflit, ces territoires lointains producteurs de sucre et de rhum, souvent mal défendus, passent d'une nation à l'autre. En 1672 par exemple, les Français envoyés par Louis XIV échouent à conquérir l'île hollandaise de Curaçao. Les Hollandais répliquent en 1674 en envoyant 18 navires attaquer la Martinique. Certains Battaves parviennent à prendre pied sur l'île antillaise et font main basse sur un stock de rhum. Ils s'enivrent, ce qui leur donne le courage (un peu trop) d'attaquer la puissante forteresse de Fort-Royal. Ils se font décimer ! Les Hollandais doivent battre en retraite et quitter la Martinique. Les Anglais parviennent à se rendre maîtres de la Martinique à plusieurs reprises, en 1762, en 1794 et au début du XIXe siècle. De 1759 à 1763, la perfide Albion occupe aussi la Guadeloupe, ce qui a pour effet de booster la production de sucre de l'île : 1 300 tonnes de sucre sont exportées chaque année entre 1749 et 1752, contre près de 15 000 tonnes entre 1760 et 1763 ! Puis la Guadeloupe est de nouveau occupée sporadiquement par les Anglais entre 1810 et 1816. Les Français ne sont pas toujours victimes puisqu'en 1677, ils parviennent à enlever Cayenne aux Hollandais et à s'y installer de façon pérenne. Du sucre et donc du rhum y sont produits. En 1697, Louis XIV obtient la souveraineté sur l'ouest d'Hispaniola, au traité de Ryswick, l'autre partie restant attachée à la couronne d'Espagne (qui possédaient aussi les Pays-Bas). Cette colonie est nommée Saint-Domingue, puis Haïti lors de son indépendance.

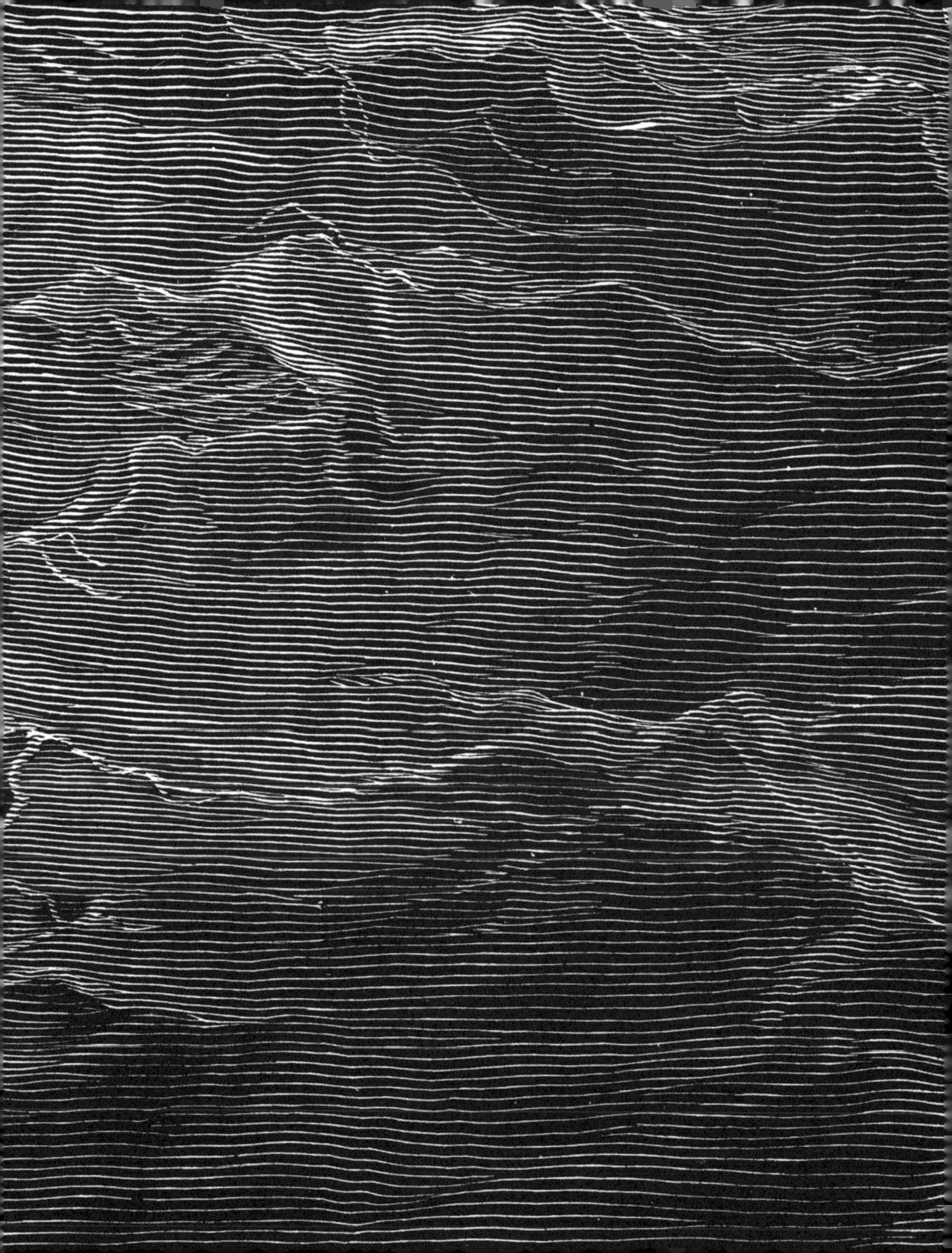

Le premier rhum est « anglais »

Munis d'alambics à repasse (servant déjà à produire le cognac et les brandies), les colons se mettent très vite à distiller le jus de canne et la mélasse. Cependant, on ne parle pas encore de rhum. Par exemple, à la Réunion, où la canne pousse déjà avant le début du peuplement au XVIIe siècle, le premier alcool à apparaître est le fangourin, qui est un vin fabriqué à partir de jus de canne fermenté et non distillé. Ensuite vient seulement l'arak, du jus de canne fermenté, puis distillé dans un alambic. Dans la zone anglo-saxonne (Jamaïque, Barbade...), on nomme ce proto-rhum « rumbullion » ou « *kill-devil* ». Ailleurs, comme dans les Antilles françaises, les ancêtres du rhum sont appelés « tafia ou guildive ». Cependant, à partir de quand peut-on réellement parler de rhum ?

Annexée par la Couronne britannique en 1627, la Barbade est considérée comme son berceau. On y produit rapidement du sucre, puis du rhum. Lequel aurait été originellement fabriqué à partir de jus de canne avant la mise en place d'une distillerie en 1642 et l'adoption des écumes de mélasse comme matière première. La première trace écrite mentionnant le « rum » (prononciation anglaise) a donc été retrouvée à la Barbade en 1650, dans un document qui recense tous les actifs de la Three Houses Plantation.

Cela ne prouve pas pour autant que le rhum a été inventé là-bas. Il a très bien pu exister ailleurs et précédemment, sans qu'une trace écrite soit parvenue jusqu'à nous. Un autre élément apporte encore un peu plus de confusion. En effet, dès 1600, au Brésil, les colons portugais inventent la cachaça, un alcool cousin du rhum obtenu après la distillation du jus de canne (vesou), fermenté... Nous dirons donc que le rhum a été inventé au XVIIe siècle dans la zone caraïbe ou en Amérique latine !

Mount Gay, la plus vieille distillerie encore en activité

Un acte notarié daté du 20 février 1703 établit l'existence d'une distillerie là où se trouvera plus tard l'actuelle distillerie de Mount Gay. En 1801, la famille Sober, qui la possède, décide de la renommer en mémoire d'un des bienfaiteurs de l'île, John Gay Alleyne. À partir de 1926, Aubrey Fitz-Osbert Ward, devenu propriétaire de Mount Gay en 1918, crée avec deux associés une société baptisée Mount Gay Distilleries Ltd, qui assemble, embouteille et commercialise les rhums de la distillerie. Depuis 1989, Mount Gay est la propriété du groupe français Rémy Cointreau.

La fabrication des ancêtres du rhum

Un ecclésiastique, le père Du Tertre, est le premier à coucher par écrit les différentes étapes de la fabrication du rhum dans les Antilles françaises lors de plusieurs voyages effectués entre 1640 et 1657. Tout part de la production du sucre. On fait bien sûr pousser la canne, on la coupe, puis on la broie en la faisant passer dans un moulin. Le jus qui en est extrait coule directement vers la sucrerie par l'intermédiaire d'une gouttière. Là, on place successivement ce jus dans plusieurs chaudières en forme de cuve, que l'on chauffe au feu de bois. Sous l'effet de la chaleur et de l'évaporation, le jus se transforme en sirop, puis il est rafraîchi, et mis dans des formes de terre pour qu'il cristallise en pains de sucre. Et ce sont les écumes que l'on tire des chaudières, ainsi que les fonds de cuves que l'on commence à distiller pour donner une eau-de-vie, le tafia. En effet, les chutes sont distillées dans un alambic rudimentaire. Voici comment l'historien du rhum Matthieu Lange le décrit : « un petit ensemble sur lequel se trouve un chapiteau, duquel sort une couleuvre droite, où circule la vapeur, et qui s'introduit dans un petit tonneau, rempli d'eau, situé à proximité, dans lequel se termine la condensation ». Ces « proto-rhums » ont probablement d'une qualité laissant à désirer et on se rend vite compte qu'utiliser les mélasses ou le vin de canne donne de meilleurs résultats.

Le Brésil invente la cachaça

Conquis par le Portugal, le Brésil devient un des grands fournisseurs de sucre de l'Europe. Cependant, les Brésiliens se mettent à développer un spiritueux cousin du rhum tout à fait particulier car, contrairement à ce qui se fait partout ailleurs en Amérique du Sud, en Amérique centrale ou dans les Caraïbes, ils ne tirent pas leur distillat de la mélasse – sous-produit du sucre –, mais directement du jus de canne frais fermenté. Ce produit est appelé *agua ardente*, puis *cachaça*. Comme souvent aux XVIIe et XVIIIe siècles, ses premiers consommateurs sont les blancs pauvres, les esclaves africains et les peuples autochtones. Et comme ailleurs, les autorités coloniales interdisent longtemps son exportation. Aussi, jusqu'au XXe siècle, la cachaça reste un alcool consommé presque uniquement au Brésil. Depuis les années 1990, elle connaît pourtant un véritable renouveau et les exportations s'envolent.

LE PÈRE LABAT MODERNISE LE RHUM

Comme souvent lorsqu'il s'agit de vins et de spiritueux, c'est un religieux qui va aider le rhum à aller vers la modernité (Dom Pérignon en Champagne, saint Émilion à Bordeaux, les cisterciens en Bourgogne, les trappistes pour la bière...). Le père Jean-Baptiste Labat (1663-1738) débarque pour la première fois en Martinique en 1693 et, s'il n'invente pas le rhum, il tente d'en améliorer et d'en rationaliser les processus de fabrication. Il faut dire qu'il y a du travail ! Voici comment il décrit le tafia dans son livre rédigé à son retour en France en 1706, le célèbre *Nouveau Voyage aux isles de l'Amérique* : « L'eau-de-vie qu'on tire des cannes est appelée guildive. Les sauvages et les nègres l'appellent « taffia », elle est très forte & a une odeur désagréable, & de l'âcreté à peu près comme l'eau-de-vie de grain, qu'on a de la peine à lui ôter. » Le père Labat a notamment contribué à moderniser la distillation avec sa méthode de distillation à repasse, autrement dite « à alambics charentais », qui servaient déjà à distiller le cognac. Ses conseils ne furent pas toujours suivis. Ainsi, à la fin du XVIIIe siècle, les distillateurs français mélangeaient toujours le liquide de première distillation (fort en alcool et en arômes intéressants) et le liquide de seconde distillation appelé « petite eau » (faible en alcool et de mauvais goût)... alors qu'il conseillait de distiller à nouveau cette petite eau avant de la mélanger au reste de la production afin de lui faire perdre ses défauts. Jean-Baptiste Labat était aussi botaniste à ses heures, médecin et... soldat ! Il prit en effet part à la défense de la Guadeloupe contre les Anglais en 1704. Cependant, il n'avait pas réponse à tout, ni tout le temps raison. Ainsi, dans son livre (*Nouveau Voyage aux isles de l'Amérique*) publié en 1724 , il estime que la canne à sucre était une graminée indigène dans le Nouveau Monde, alors qu'elle a été apportée par Christophe Colomb en 1493. Et s'il regrette les conditions dans lesquelles les esclaves travaillent, il n'est pas opposé à l'esclavage. Aujourd'hui, une marque de rhum produite à Marie-Galante porte son nom.

Les premiers buveurs de rhum

Au XVIIe siècle, les premiers consommateurs des ancêtres du rhum sont a priori les colons pauvres, les esclaves et les Indiens caraïbes. En effet, les colons fortunés préfèrent importer des boissons venues des métropoles, réputées de meilleure qualité. Les Anglais plébiscitent les vins de madère, le porto et le brandy, les Français les vins de Bordeaux et le cognac, les Espagnols les vins d'Andalousie et les Portugais le porto. Quant aux Hollandais, ils optent pour le gin ou les brandies. Les élites finissent cependant par s'enticher de leur production locale au fur et à mesure que sa qualité progresse. Et à la fin du XVIIe siècle, le rhum commence à être consommé en Europe. Plus précisément en Angleterre. Les rhums des West Indies britanniques, notamment la Jamaïque et la Barbade, sont en effet réputés bien meilleurs que les tafias français ou l'aguardiente espagnole. Au XVIIIe siècle, le rhum est même plus consommé en Grande-Bretagne que le whisky écossais ! Les Anglais boivent alors le rhum principalement sous forme de punch. En France, c'est plutôt pendant la Révolution et le Premier Empire que la consommation de rhum va augmenter. Il faut dire que, de 1713 à 1803, la vente de tafia des colonies en métropole est compliquée, voire interdite, par une série de mesures protectionnistes. En effet, les colonies françaises des Antilles ne peuvent commercer qu'avec la métropole, et l'importation de rhum ou de mélasse est interdite afin de protéger les intérêts des producteurs hexagonaux d'eau-de-vie (cognac, armagnac, liqueurs...). Cette difficulté de trouver des marchés, alliée à un certain retard technique, explique pourquoi le rhum ne se développe pas aussi vite en Martinique ou en Guadeloupe que dans les West Indies britanniques.

En résumé

Les Européens installent de véritables colonies dans les Amériques et les Caraïbes, dans le but notamment de produire du sucre. Les colons apportent des alambics et commencent à distiller la mélasse ou le jus de canne fermenté pour étancher leur soif. Ces eaux-de-vie frustes sont au départ destinées aux pauvres et aux esclaves.

POINT DÉGUSTATION

LE RHUM DES ORIGINES

Quel était le goût de ce rhum des origines ? C'est difficile à dire car, si les savoir-faire sont demeurés traditionnels, les techniques et les connaissances ont évolué au fil du temps. Or, dans les anciens écrits, le rhum était décrit comme un alcool rustre, celui des esclaves et des pirates, sans doute parce qu'à cette époque, les colons voulaient se distinguer et montrer leur richesse en consommant des spiritueux chics venant des métropoles, comme le cognac ou les brandies. A priori, le rhum a d'abord été utilisé comme médecine pour combattre maladies et infections. S'il était effectivement efficace contre ces menaces pour la santé des marins ou des esclaves, du point de vue aromatique, il était probablement fort mauvais ! Distillé dans des vinaigreries (les vinaigriers détenaient alors le monopole de la distillation), il titrait probablement autour de 25° et devait sentir l'éthanol plus que la canne fraîche ou la réglisse, caractéristiques des rhums de mélasse. Cependant, on peut dire qu'historiquement, les premiers rhums (hors cachaça) étaient des rhums blancs, car non vieillis, issus de la fabrication du sucre.

RHUM ET ESCLAVAGE

Suite à la découverte des Amériques par Christophe Colomb, plusieurs pays, dont la France, commencent à coloniser ces nouveaux territoires. Les colons se lancent dans la culture de la canne à grande échelle. Comme ils désirent plus d'espace, ils chassent les populations autochtones et, ayant besoin de main-d'œuvre, ils font venir des esclaves africains. Les colons et les esclaves sont les premiers producteurs et consommateurs du rhum, à la base un sous-produit de l'industrie sucrière.

Le génocide des populations autochtones

Spiritueux lié aux cocktails, aux températures tropicales, au voyage et à la fête, le rhum a aussi une face sombre. Ses débuts dans l'histoire sont liés à deux drames majeurs de manière indélébile. D'abord le génocide (organisé ou via les maladies apportées par les Européens) des populations autochtones des îles caraïbes, de l'Amérique latine et centrale... Puis l'esclavage des populations africaines. Selon une étude menée par l'University College de Londres (UCL), on estime que les colons européens ont causé la mort d'environ 56 millions d'autochtones entre l'arrivée de Christophe Colomb dans les Caraïbes en 1492 et l'année 1600, soit les cent premières années de la colonisation de l'Amérique et des Caraïbes. Dans les Antilles, les Français s'installent à Saint-Domingue, Saint-Christophe, la Martinique, la Guadeloupe... Parfois, ils sont combattus pas les Indiens caraïbes qui y vivent déjà, quelquefois, ils sont aidés par ces derniers. Cependant, les colons ont besoin de plus en plus de terre pour y faire pousser des cultures vivrières (manioc, patate douce...) et du tabac, qui sera rapidement remplacé par la canne à sucre. C'est principalement ce besoin d'espace qui va motiver les Français à empiéter toujours plus loin dans le territoire de leurs voisins autochtones. Mais aussi le fait que ces derniers accueillent les esclaves africains échappés des plantations (appelés « marrons »). Ces tensions entraînent une série de guerres qui se soldent par l'exil, le massacre ou la réduction en esclavage des Indiens caraïbes avant la fin du XVIIe siècle.

Le commerce triangulaire

Dans leur volonté de développer rapidement la production et le commerce du sucre, les autorités font aussi venir des Européens (bagnards, condamnés ou simples sujets sans le sou) pour venir travailler dans les plantations. Or les conditions sont trop rudes, la mortalité trop importante. Aussi se rabat-on sur des esclaves arrachés à l'Afrique. Dans les Antilles françaises, c'est l'adoption de la culture du sucre, au détriment de celles du tabac ou de l'indigo, qui va faire augmenter de façon vertigineuse la traite des esclaves dans les colonies. Le rhum et ses ancêtres (tafia, guildive...) deviennent alors un des éléments du tristement célèbre commerce triangulaire. À la fois monstrueux et très bien organisé, ce système ne laisse rien au hasard : les bateaux partent d'Europe et mettent le cap sur l'Afrique pour échanger des objets de traite (verroterie, mais aussi rhum) contre des esclaves, que l'on désigne sous les termes de « bois d'ébène » ou de « pièce d'Inde ». Ces derniers sont ensuite emmenés dans les colonies outre-mer et échangés contre des produits tropicaux, dont du rhum, qui repartent vers l'Europe, puis les côtes africaines... et le cycle recommence.

L'exemple de la Martinique

Lors du premier recensement officiel pratiqué en Martinique, en 1660, on dénombre 5 259 habitants, dont 2 753 blancs et 2 644 esclaves noirs, 25 mulâtres et seulement 17 Indiens caraïbes.
En 1682, la population est de 14 190 habitants, dont 9 634 esclaves, soit 68 % de la population totale. Cette forte augmentation s'explique avant tout par la traite et non par les naissances. En effet, les conditions de travail dans les plantations sont tellement rudes que la mortalité y est très élevée. Les esclaves refusent souvent de procréer pour que leurs enfants ne soient pas eux-mêmes réduits en esclavage. Seule solution pour satisfaire la demande en main-d'œuvre pour les planteurs : arracher encore d'avantage d'Africains à leur terre natale.

L'amour des rois africains pour les alcools forts explique en partie le succès de ce trafic. Ces derniers se font souvent payer en eaux-de-vie les esclaves qu'ils fournissent aux Européens. Au départ, ils préfèrent les eaux-de-vie européennes de meilleure qualité (brandies, alcools de grain...) au tafia ou au rhum. Or, très vite, ce dernier devient un des principaux produits impliqués dans la traite. Certains rhums ne sont d'ailleurs produits que pour être échangés contre des esclaves. Le développement du rhum dans les Caraïbes et les Amériques a pour effet de multiplier l'offre. Français, Anglais, Américains et Espagnols se livrent ainsi à une féroce concurrence pour fourguer leur rhum en échange d'esclaves. Ainsi, selon la demande en esclaves dans les colonies, ou la pénurie sur les côtes africaines, le prix du rhum peut augmenter ou s'effondrer. On estime qu'entre le XVIe et le XIXe siècle, 12 à 13 millions d'Africains ont été réduits en esclavage. La plupart du temps pour travailler dans des plantations de canne à sucre. Cependant, la fabrication de rhum est très minoritaire dans la production coloniale totale. Par exemple, en 1789 à Saint-Domingue, le rhum représente 10 % de la richesse d'une habitation sucrière.

Des conditions de travail extrêmes

Partout où la canne est plantée, les territoires se couvrent de petits moulins. Certains fonctionnent avec le vent, d'autres avec la force de l'eau, des animaux ou des esclaves. Les plantations sont habituellement structurées en habitations, avec le planteur, sa famille, quelques employés blancs (appelés « commandeurs ») et au moins 100 esclaves. Les habitations sucrières sont très structurées : chaque colon dirige plusieurs commandeurs, qui cornaquent eux-mêmes une trentaine d'esclaves. Certains esclaves sont envoyés au « jardin » pour effectuer le travail agricole, notamment la culture de la canne, d'autres à la sucrerie pour transformer la canne en sucre et d'autres sont des employés (non rémunérés) de maison. Une journée typique, c'est lever à 5 heures, prière, appel, travail, puis à 12 heures, deux heures de repos pour déjeuner, enfin travail jusqu'à la nuit. En tout 12 heures de travail, non payé bien entendu ! Le tristement célèbre Code noir prévoit un repos dominical, rarement appliqué en réalité. Au départ, les esclaves n'ont pas le droit de boire du rhum, sauf ceux qui travaillent au sein de la sucrerie. Ces derniers sont également mieux nourris, mais leurs heures de travail sont encore plus longues. Ils peuvent aussi être victimes d'accidents, comme avoir des membres écrasés dans les moulins ou être ébouillantés par le sirop. Puis les autres esclaves obtiennent le droit de boire du rhum, ou plutôt son ancêtre, le tafia.

Ci-contre : pour les esclaves d'origine africaine, les conditions de vie dans les plantations de canne à sucre étaient inhumaines.

De Saint-Domingue à Haïti

Saint-Domingue, située sur la partie occidentale de l'île d'Hispaniola, est cédée à la France par l'Espagne après le traité de Ryswick en 1697. Très vite, les colons français y implantent des plantations de canne à sucre et font venir des esclaves africains. La colonie devient au XVIIIe siècle le premier producteur de sucre et de rhum au monde. En 1791, suite aux soubresauts de la Révolution française, les esclaves se soulèvent. Au bout d'une guerre de douze ans, auxquels ont participé Anglais, Espagnols et troupes napoléoniennes, les anciens esclaves l'emportent et créent la première république démocratique et indépendante noire en 1804. C'est aussi la fin de la prééminence de Saint-Domingue, devenue Haïti, en matière de rhum. Les créoles français s'expatrient en Louisiane ou à Cuba, et la production chute. Jusqu'alors exportatrice, Haïti ne produit peu à peu plus que du tafia (qui devient clairin à la fin du XIXe siècle) pour sa consommation locale.

En résumé

L'industrie du sucre est vorace en main-d'œuvre. Aussi, les colons font usage d'esclaves africains pour travailler dans leurs plantations. Le rhum produit grâce à leurs efforts est envoyé en Europe, puis rerouté en Afrique et échangé... contre des esclaves. Ce commerce triangulaire fait des millions de morts et déracine des millions d'Africains, qui participent à la naissance de nouvelles cultures sur leurs terres d'adoption et deviennent eux-mêmes des consommateurs de rhum.

zoom

LE CODE NOIR

L'augmentation rapide de la population d'esclaves d'origine africaine, mais aussi de métis, oblige les autorités françaises à leur donner un statut. C'est Louis XIV qui chargea son fidèle ministre Colbert de rédiger un édit, qui sera appliqué à partir de 1685 à la Martinique et à la Guadeloupe (L'Isle Bourbon, L'Isle de France et la Louisiane furent concernées dans les années 1720). Ce Code noir vient combler un vide juridique, car au XVIIIe siècle, l'esclavage n'existe pratiquement plus en métropole, même s'il y a encore des serfs. Le code avait pour but premier de favoriser la production de sucre. Aussi oblige-t-il les colons propriétaires à nourrir et à vêtir leurs esclaves. Ce qui ne les empêche pas de vivre misérablement, puisqu'ils n'avaient légalement droit qu'à un peu de farine de manioc par semaine et à deux vêtements par an ! Les esclaves participent à la production entre autres du sucre et aussi des ancêtres du rhum que sont la guildive, le tafia ou l'arak, et bien sûr en consomment eux-mêmes. Le Code noir interdit cependant aux maîtres de remplacer la nourriture par du rhum ! S'il interdit la torture, le code légitime les châtiments corporels et même les mutilations. Sans parler de la peine de mort, en cas de fuites répétées par exemple. En théorie, les esclaves pouvaient se plaindre auprès de juges en cas de mauvais traitement ; en pratique, les maîtres avaient peu ou prou tout pouvoir, en toute impunité. En matière de religion, les esclaves avaient plus ou moins les mêmes droits que leurs maîtres : baptême, enseignement religieux, sacrements, droit de se marier religieusement, de ne pas travailler le dimanche... Le Code noir traite aussi du sort des métis. Lorsqu'un homme blanc non marié a un enfant avec une femme noire, la mère et l'enfant sont affranchis et les parents doivent se marier. Si l'homme est déjà marié, la femme et l'enfant restent en esclavage, tandis que l'homme doit payer une amende. Apparemment, le code ne prévoit pas qu'une femme blanche puisse avoir un enfant avec un homme noir...

LE RHUM ET LA MER

L'imaginaire du rhum est fortement marqué par son association avec la marine. Fut-elle légale, avec le *navy rum*, célèbre ration de rhum distribuée aux marins anglais entre la fin du XVIIIe siècle et 1971... ou moins légale avec la figure du pirate fêtant un abordage réussi, une bouteille de rhum dans une main et... un crochet à la place de l'autre !

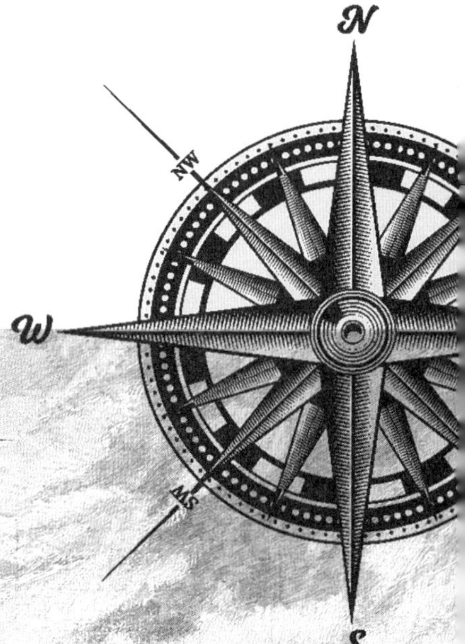

Rhum et piraterie, entre fantasme et réalité

Dans l'imaginaire collectif, le rhum est souvent associé à la figure du pirate. Si cela correspond à une réalité historique, la littérature, le cinéma et le marketing ont contribué à rendre ces liens plus forts qu'ils ne l'étaient réellement. Par exemple, dans les films *Pirates des Caraïbes* (à partir de 2003), Johnny Depp et ses comparses n'hésitent pas à abuser de la boisson à plusieurs reprises. Dans le film *Pirates* de Roman Polanski (1986), les pirates sont montrés comme des outres à rhum. Des livres comme *L'Île au trésor* de Stevenson ont aussi beaucoup fait pour lier rhum et piraterie dans l'imaginaire collectif. Une marque bien connue actuellement, Captain Morgan, a misé tout son marketing (avec un succès phénoménal) sur la figure d'un célèbre pirate, Sir Henry Morgan, qui écuma réellement les mers au XVIIIe siècle… Dans les faits, les pirates avaient pour but premier de piller les galions espagnols ou portugais qui revenaient d'Amérique du Sud chargés d'or. Et pour second objectif de piller les bateaux qui transportaient de l'alcool : vins français ou espagnols, brandies qui étaient convoyés vers les colonies et bien sûr le rhum qui était envoyé vers l'Europe. Ce n'était pas forcément pour revendre le rhum ensuite, mais plutôt pour leur consommation personnelle. Eh oui, le temps peut parfois paraître long en mer ! Il leur arrivait même d'attaquer directement les plantations qui produisaient le rhum ou les villes qui abritaient des stocks. Certains pirates réinvestissaient le fruit de leurs rapines dans des plantations et devenaient eux-mêmes producteurs de rhum. Déjà à l'époque, il y avait du blanchiment d'argent sale. Le rhum jouait aussi un rôle dans le « recrutement » des équipages des bateaux, puisqu'il n'était pas rare que les pirates écumassent les tavernes au petit matin à la recherche de marins qui avaient un peu trop forcé sur la bouteille (de rhum). Ivres morts, les malheureux manquaient le départ de leur bateau et se retrouvaient de fait déserteurs. Une cible de choix pour les recruteurs pirates…

Le rhum est aussi l'ennemi des pirates

Certains pirates furent trahis par leur passion du rhum. Selon la légende, le fameux Rackham le Rouge (que l'on retrouve dans Tintin notamment) finit sa série d'aventures en étant capturé sans opposer de résistance, puis pendu par la marine anglaise. Comment ? Le pirate et son équipage s'étaient emparés d'un navire transportant du rhum et étaient ivres morts au moment de l'assaut des troupes royales…

L'invention du grog

Le mot « grog » viendrait de l'amiral anglais Vernon, surnommé par ses marins Old Grog, car il portait toujours une veste imperméable composée de laine et de soie que l'on appelait « grogram ». L'amiral décida en 1740 de couper le rhum distribué aux équipages des bateaux avec de l'eau afin de lutter contre l'alcoolisme qui y sévissait. Old Grog eu aussi l'idée d'y ajouter du citron, afin de lutter contre le scorbut. Le grog était né.

Le meilleur ami des marins

Le rhum a pendant longtemps été le meilleur ami des marins. Il a même été le principal liquide consommé à bord des bateaux jusqu'au XIXe siècle. En effet, lors des longues traversées, l'eau croupissait, le vin tournait au vinaigre et la bière devenait imbuvable. Seuls les spiritueux, et parmi eux le rhum, restaient stables. Chaque bateau au long cours avait donc son stock de rhum. En manquer, c'était la mutinerie assurée ! Au départ, il s'agissait de rhum pur, c'est-à-dire à 50°, voire plus. Il n'était donc pas rare que l'équipage soit fin saoul une bonne partie de la traversée. Cependant, au fur et à mesure du temps, le rhum a été coupé avec de l'eau, tandis que les rations ont été réduites. Les amiraux se trouvant devant un éternel dilemme : donner trop de rhum entraînait un état d'ébriété chez leurs marins, tandis que sa suppression gâtait leur moral....

Les Anglais ont même systématisé ce rapport entre marine et rhum. Dès 1655 et la prise de la Jamaïque (principale pourvoyeuse du *navy rum*), les marins de la Royal Navy disposèrent d'une ration d'une pinte de rhum par jour, qui devint réglementaire à partir de 1724, soit 57 cl qui titraient alors à 50 %. En 1740, la ration n'était plus « que » d'une demi-pinte. En 1850, elle fut réduite à 1/8e de pinte par jour. Il faut dire que les bateaux devenaient de plus en plus sophistiqués, les armes qu'ils transportaient de plus en plus dangereuses et qu'un état d'ébriété pendant leur manipulation pouvait s'avérer problématique ! Au début des années 1970, la quantité de rhum distribué n'était plus que de deux onces (environ 6 cl). Et le 31 juillet 1970, lors du fameux Black Tot Day, les marins britanniques, portant pour l'occasion un brassard noir, reçurent leur dernière ration de rhum. Quant aux derniers litres de *navy rum*, ils furent mis en vente en 2010 et dorment probablement dans les vitrines de collectionneurs.

Ci-contre : les pirates étaient de grands consommateurs de rhum. Cela pouvait leur donner de l'ardeur au combat... ou les rendre incapables de se battre !

Un doigt de Nelson ?

Le rhum servait aussi aux marchands à la conservation de leurs produits lors des longues traversés en bateau vers l'Europe ou vers les colonies. Un baril de rhum pouvait fort bien contenir des anchois à l'aller et des mangues au retour. Cette pratique permit par exemple l'invention du rhum arrangé, et est toujours célébrée, de nos jours, à travers la fameuse régate qui relie la Bretagne à la Guadeloupe, la Route du Rhum. Mais ce n'est pas tout, car, après la bataille de Trafalgar (1805), le corps de l'amiral anglais Nelson fut conservé dans du rhum (ou était-ce du brandy ?) jusqu'à son inhumation. La légende dit que le breuvage fut goûté par des marins et qu'il était très bon...

En résumé

Encore aujourd'hui, le rhum, une boisson qui, contrairement à l'eau, à la bière ou au vin, ne se détériorait pas au bout de quelques semaines de voyage, est associé à la mer et à la navigation. C'est une image d'Épinal qui repose sur des faits historiques, puisque les marins anglais reçurent une ration de rhum quotidienne jusque dans les années 1970. Les pirates furent eux aussi de fieffés consommateurs de rhum, même s'ils n'étaient probablement pas ivres du soir au matin comme le veut la légende.

LE RHUM DEVIENT MONDIAL

Au cours du XVIIIe siècle, de puissants producteurs de sucre vont aussi devenir de gros producteurs de rhum (Saint-Domingue, la Barbade...). De même, le rhum commence à conquérir de plus en plus de consommateurs, dans les pays producteurs bien sûr, mais aussi dans les futurs États-Unis et en Angleterre. Il termine même son tour du monde, puisqu'il commence à être produit en Nouvelle-Guinée et aux Philippines, la zone qui a vu naître la canne à sucre.

Le rhum s'étend à la planète

La canne à sucre et le rhum conquièrent peu à peu de nouveaux territoires, dans l'océan Indien (La Réunion, l'île Maurice...), les Philippines, l'Australie... Il gagne aussi de nouveaux consommateurs. À la base, le rhum est donc la boisson des esclaves et des gens de peu. Cependant, à partir de la seconde moitié du XVIIIe siècle, la production de rhum se rationalise, le matériel se perfectionne, le spiritueux se complexifie et convient mieux à des palais plus délicats. Le rhum devient tendance, et il commence à apparaître dans les métropoles, provoquant vite l'ire des producteurs de vins et de spiritueux locaux. En Europe, le rhum a connu un engouement au XVIIIe siècle. Les marchands anglais et français importent d'abord des mélasses, puis directement du rhum en vrac pour le faire vieillir sur leurs docks – en France, Nantes, La Rochelle, Bordeaux et Marseille sont de véritables places rhumières. Certaines origines sont plus prisées que d'autres. Par exemple, dans les catalogues des marchands de l'époque, le rhum de Jamaïque est toujours le plus cher, tandis que les rhums de la Barbade sont déjà connus pour leur qualité.

Rum, romme, ron : rhum

Les premiers à parler de « rum » furent les Anglais. Les Français utilisaient couramment les mots « tafia » et « guildive », tandis que les Espagnols parlaient « d'aguardiente ». C'est dans la deuxième moitié du XVIIIe siècle que les Français commencèrent timidement à utiliser le mot « romme » et les Espagnols le mot « ron ». Si le mot « rhum » fut gravé dans le marbre de l'*Encyclopédie* de Diderot et de d'Alembert (1751-1772) au XVIIIe siècle, il n'a été couramment utilisé qu'au XIXe siècle. En France, la production de tafia fut rapidement bridée par des taxes et des contingentements dès 1680, par l'interdiction de vendre à des pays étrangers et même, en 1713 (sous le soleil finissant du roi Louis XIV), par l'interdiction de toute importation d'eau-de-vie coloniale sur le territoire métropolitain ! Les producteurs de rhums contournèrent ces édits en vendant sous le manteau leurs mélasses ou leurs tafias aux pays étrangers, notamment aux Treize Colonies.

Le meilleur rhum du monde est jamaïcain

Aux XVIIIe et XIXe siècles, le rum de Jamaïque est considéré comme le plus qualitatif. Au début du XVIIIe siècle, les Jamaïcains optent pour la double distillation, une méthode utilisée avec succès en Grande-Bretagne pour élaborer des alcools de grain (whisky). Le rhum ainsi obtenu est plus fort et plus aromatique. Il supplante rapidement le rum de la Barbade et est exporté en masse au Royaume-Uni, mais aussi dans les Treize Colonies d'Amérique du Nord. Le rum de Jamaïque est alors réputé dans le monde entier, même en France, où on le préfère au tafia des Antilles.

Les États-Unis, premiers consommateurs de rhum au monde

L'appétit pour le rhum des Treize Colonies, puis des États-Unis, fait beaucoup pour le développement de cette boisson. Dès les débuts de la colonisation de l'Amérique du Nord, Anglais et Français utilisent le rhum pour faire du troc avec les peuples autochtones, l'échangeant notamment contre des fourrures. Durant la guerre de Sept Ans (1756-1763), entre les Anglais et les Français dans l'actuel Canada, le rhum est utilisé comme monnaie d'échange pour s'attirer les faveurs des tribus indiennes. Les Français décident de cesser ces échanges, ce qui a pour conséquence de jeter certaines tribus dans les bras de leurs ennemis et participe à précipiter leur défaite. Or, aux XVIIIe et XIXe siècles, les plus gros consommateurs de rhum sont les Treize Colonies, devenues les États-Unis d'Amérique.

Le rhum consommé par les colons au début du siècle provient plutôt de la Barbade. Cependant, dès la seconde moitié du XVIIe siècle, les colonies commencent à importer de la mélasse et à la distiller sur place, notamment à Boston. Au XVIIIe siècle, le rhum devient un alcool extrêmement populaire, et la production locale peine à satisfaire la demande. Du rhum et de la mélasse sont alors importés des Caraïbes, des Antilles françaises et surtout anglaises. Le rhum américain est aussi utilisé comme monnaie d'échange lors du commerce triangulaire. Il est parfois donné aux esclaves dans les plantations, une pratique que met en œuvre George Washington lui-même. Pendant la guerre d'Indépendance, une partie de la solde des soldats des Treize Colonies est constituée de rhum. John Adams, second président des États-Unis, écrit même que « la mélasse [est] un ingrédient essentiel dans l'indépendance américaine ». On dit aussi que ce sont les taxes sur les mélasses qui ont provoqué la guerre d'Indépendance. Et à l'issue de la guerre, la légende raconte que George Washington commande deux tonneaux de rhum pour fêter la victoire.

Quand les Danois faisaient du rhum

On le sait peu, mais les Danois furent producteurs de rhum. L'île caribéenne de Sainte-Croix passa sous leur contrôle en 1754. Elle devint une île sucrière couverte de plantations, accueillant pas moins de 264 moulins à sucre en 1795. Les premiers acheteurs des rhums danois furent les Treize Colonies d'Amérique du Nord. Les possessions danoises furent d'ailleurs vendues aux États-Unis en 1917 et devinrent les Îles Vierges américaines, berceau de la marque Captain Morgan.

Les Espagnols optent pour la prohibition

Aux XVIIe et XIXe siècles, l'Espagne possède un immense empire colonial : Argentine, Chili, Pérou, Venezuela, Mexique, Cuba... Partout où le climat le permet, la culture de la canne à sucre se répand et de l'eau-de-vie, appelée « aguardiente », est produite. Cependant, durant cette période, la production peine à décoller, tandis que la qualité n'est pas au rendez-vous. Le rhum a en effet de sérieux concurrents avec les boissons déjà consommées par les autochtones (le « pulque » à partir d'agave, la « chicha » à partir de maïs...). Surtout soucieuses de lutter contre les ravages de l'alcool et cherchant à protéger les intérêts des producteurs espagnols de vins ou de spiritueux, les autorités appliquent une prohibition avant la lettre tout au long du XVIIIe siècle. La production et la vente d'aguardiente, ou « chinguirito », sont ainsi sévèrement punies au Mexique ou au Venezuela, même s'il existe bien sûr des distilleries clandestines. Ce n'est qu'à partir de 1796 que cette prohibition, qui a bien peu d'effets, est officiellement levée au Mexique – en 1783 au Venezuela.

Le rhum revient aux Philippines

La canne à sucre est cultivée aux Philippines depuis des millénaires. En fait, c'est même son point de départ. Cependant, si les Philippins consomment leurs alcools traditionnels, dont un vin de canne (jus de canne fermenté) appelé « basi », ils ne produisent pas de rhum jusqu'à l'arrivée des colonisateurs espagnols au XVIe siècle. Et malgré l'interdiction de leurs boissons autochtones par les Espagnols, les Philippins continuent de les consommer sans montrer de penchant pour le rhum, par ailleurs lui aussi interdit. Ce blocus se fissure en 1796, lorsqu'un navire américain débarque du rhum à Manille. Les blancs et les métis commencent alors à le consommer. Si bien qu'en 1823, les Espagnols autorisent la construction de distilleries. Puis la production du sucre et de rhum continue d'augmenter aux XIXe et XXe siècles.

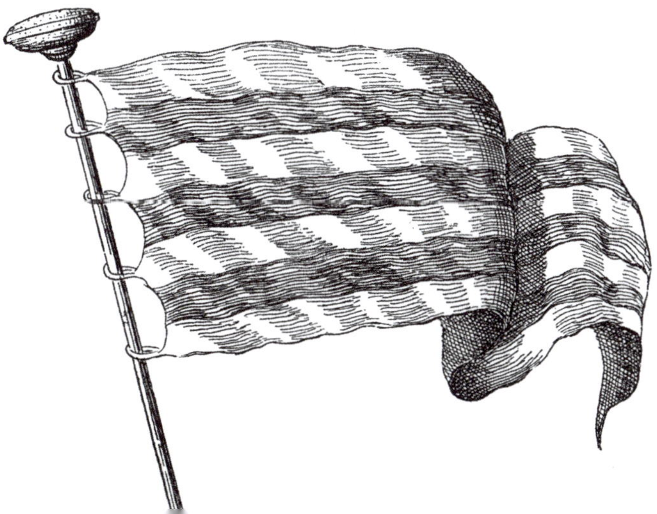

En Australie, le rhum devient une monnaie

Au départ, l'Australie, colonie anglaise, est peuplée par des condamnés. En 1792, le lieutenant-gouverneur Grose décide de payer ses fonctionnaires grâce à du rhum. Ces derniers l'utilisent comme monnaie d'échange, et le rhum devient la rémunération des forçats. Le rhum sert ainsi de monnaie jusqu'en 1813.

En résumé

Le rhum est désormais devenu un alcool mondial. Mieux : il commence à être consommé en Europe et conquiert le cœur des Américains.
Les rhums de tradition anglaise sont les plus réputés, tandis que ceux des traditions espagnole et française, frappés de taxes ou d'interdits et en retard techniquement, sont surtout consommés localement ou utilisés pour la traite des esclaves.

LE RHUM ENTRE MODERNITÉ ET BOULEVERSEMENTS

Pour le rhum, le XIXe siècle est une période de perfectionnement et de modernisation. La qualité, comme la quantité, ne cesse d'évoluer grâce aux progrès techniques. C'est aussi le siècle qui voit l'esclavage prendre fin et la betterave à sucre apparaître. Les anciens champions du rhum, comme la Jamaïque, perdent petit à petit leur prééminence au profit par exemple des Antilles françaises, de la Guyane anglaise et de Cuba. Le rhum s'enracine dans de nouveaux territoires, notamment en Asie.

La menace de la betterave

En 1805, Napoléon 1er perd le contrôle des mers après la défaite de Trafalgar. Il cherche alors à nuire à son ennemi anglais en imposant le blocus continental à ses alliés (consentants ou non), concernant tous les produits britanniques. Figurent parmi eux le sucre et le rum. De leur côté, les Anglais, grâce à leur flotte, empêchent les produits des colonies françaises, dont le sucre, d'être acheminés vers la métropole. Le sucre devient rare et cher en France. Napoléon encourage la recherche de produits de substitution à la canne. Après avoir un temps penché pour le raisin, il choisit finalement la betterave en 1811, quand Benjamin Delessert lui présente deux pains de sucre parfaitement cristallisés. L'Empereur encourage la culture de la betterave sucrière. Cette dernière devient un concurrent sérieux pour la canne, car elle permet non seulement de produire du sucre, mais aussi de l'alcool ! Malgré un départ en fanfare, le sucre de betterave connaît des années difficiles à partir de 1815 et la défaite finale de Waterloo. Une fois Napoléon exilé pour de bon à Sainte-Hélène, le sucre de canne venant des îles peut à nouveau déferler sur le continent européen. C'est finalement l'abolition de l'esclavage en 1848 et les progrès techniques qui donneront l'avantage au sucre de betterave par rapport à celui de canne. En effet, la production de ce dernier baisse, tandis que son prix augmente. Les colons sont désormais obligés de payer leurs anciens esclaves un minimum, ce qui augmente les coûts de production. Les techniques de fabrication du sucre blanc ne cessant de progresser, son prix, lui, ne cesse de baisser. Si bien que la France en devient le premier pays producteur européen.

En 1900, le sucre de betterave français représente plus de 1/9e de la production mondiale, avec 1 million de tonnes. Ce succès du sucre de betterave entraîne dans les années 1880 une baisse du prix du sucre. Cette crise du sucre provoque une industrialisation de la filière dans les colonies, et de nombreux propriétaires doivent fermer leurs moulins. Fabriquer du sucre devient bientôt moins intéressant que de produire du rhum.

La Révolution et le rhum

La période révolutionnaire fut mouvementée pour les colonies des Caraïbes. Haïti déclara son indépendance. La Guadeloupe fut frappée par « la terreur noire », c'est-à-dire la mise à mort de nombreux propriétaires blancs de sucrerie et de distillerie. En conséquence, la production chuta. À la Martinique alors occupée, les Békés furent au contraire protégés par les Anglais, qui favorisèrent la production de sucre et de rhum.

Le rhum français vers la prééminence

Au début du XIXe siècle, malgré la levée de l'interdiction d'importer du rhum des colonies sous la Révolution française, ce dernier se développe assez peu dans l'Hexagone. En effet, les taxes douanières restent élevées. Le rhum n'est donc pas bon marché. De plus, produit dans les colonies françaises, il souffre toujours d'une mauvaise réputation. Il est d'abord vu comme un sous-produit de l'industrie sucrière. La mélasse utilisée est souvent appauvrie, les alambics ne sont pas à la pointe de la technologie… Il faut attendre la deuxième moitié du XIXe siècle pour que de réels progrès soient faits en termes de qualité, notamment grâce à l'adoption de nouveaux alambics (à colonne). Durant la guerre de Crimée, Napoléon III souhaite alimenter le front en rhum et décide de supprimer les taxes à l'entrée du territoire, qui freinaient jusqu'alors le développement du rhum. Du milieu à la fin du siècle, les vignobles hexagonaux sont de plus frappés par une série de crises sanitaires (l'oïdium et le phylloxéra) et peinent désormais à fournir de l'eau-de-vie à une population française qui consomme de plus en plus d'alcool. Une île, la Martinique, se spécialise plus particulièrement dans la production de rhum, jusqu'à devenir, à la fin du siècle, le plus gros producteur au monde (190 210 hectolitres de rhum en 1892), tandis que la ville de Saint-Pierre devient une sorte de capitale du rhum et concentre plus de 20 distilleries industrielles.

C'est aussi à cette époque, que certains producteurs de canne décident de fabriquer eux-mêmes du rhum à partir de jus de canne cuit ou frais, plutôt que d'envoyer leurs cannes aux distilleries de Saint-Pierre. C'est la naissance du rhum « agricole », qui sera aussi adopté en Guadeloupe ou à Marie-Galante. Au cours du siècle, les rhums des *West Indies* britanniques (Jamaïque, Barbade, Trinidad…) perdent peu à peu leur prééminence, minés par les crises du sucre.

La colère du volcan

En 1902, l'éruption de la montagne Pelée, le volcan qui surplombait Saint-Pierre, rase la « capitale du rhum ». Plus de 30 000 personnes sont tuées (trois seulement survivent), la vingtaine de distilleries est détruite. Il faut tout reconstruire. À partir de ce drame, la Martinique, tout en conservant sa capacité à produire du sucre, fait le pari de développer son rhum agricole.

Les rhums de l'autre côté du monde

Les îles des océans Indien et Pacifique (Madagascar, Réunion, Maurice…) ont dès leur colonisation produit du sucre et du rhum. Cependant, ce dernier était au départ réservé à une consommation locale. À partir de la seconde moitié du XIXe siècle pourtant, elles commencent à exporter leur production dans les pays voisins, mais aussi dans l'Hexagone, via le port de Marseille notamment.
À la Réunion, on plébiscite le rhum arrangé, c'est-à-dire un rhum blanc dans lequel on a fait macérer des fruits et parfois des épices. D'autres pays producteurs de sucre, tels que les Philippines ou l'Inde, commencent eux aussi à produire du rhum en masse, mais surtout pour le marché local.

La fin de l'esclavage

Le XIXe siècle est un tournant primordial, car il voit la fin de l'esclavage dans de nombreux pays. En Haïti dès la fin du XVIIIe siècle, dans les années 1820 dans un grand nombre de pays de l'Amérique latine et centrale (Pérou, Panama, Bolivie, Mexique...), puis en Angleterre et dans ses colonies à partir de 1833 (Jamaïque, Grenade, Barbade...), en France et dans ses colonies en 1848 (Guadeloupe, Martinique, Réunion, Guyane et Sénégal), au Venezuela en 1854, aux États-Unis en 1865, à Cuba en 1886... Cette grande vague d'abolition de l'esclavage a des répercussions sur la production de rhum. En effet, il faut désormais payer les gens qui travaillent dans les champs de canne, les usines qui produisent du sucre et les distilleries. Cela renchérit le prix de production du rhum dans un premier temps, mais c'est compensé par plusieurs phénomènes. D'abord, les anciens esclaves sont très peu payés. Ensuite, les progrès techniques, notamment l'adoption de machines à vapeur, permettent de produire davantage, à un moindre coût.

Le négoce porte le rhum

Aux XVIIIe et XIXe siècles, la grande majorité du rhum exporté vers les États-Unis et l'Europe est transporté en vrac dans des fûts. Au temps de la marine à voile, un premier vieillissement est alors opéré. Ce n'est qu'une fois arrivé dans les ports que ce rhum est assemblé, trafiqué, parfois vieilli et embouteillé. En France, Bordeaux est longtemps le principal port accueillant du rhum, abritant des sucreries, mais aussi les installations de fameux négociants, tels que Bardinet, Marie Brizard, Teisseire...

En résumé

Au XIXe siècle, la production de rhum continue de s'étendre sur la planète et s'industrialise, portée par des avancées techniques majeures. Mieux : il commence à être véritablement bu et apprécié en Europe. C'est aussi le siècle où les rhums français vont pénétrer le marché métropolitain et gagner en qualité. Des places fortes du rhum, notamment les *West Indies*, perdent en superbe. Les crises du sucre font peser une menace sur de nombreuses distilleries à travers le monde, mais poussent aussi certains producteurs à opter pour le rhum agricole, par exemple en Martinique.

2011

LE TAFIA DEVIENT DU RHUM

Les rums anglais (Jamaïque, Barbade) sont les premiers à être considérés comme des spiritueux de qualité. D'ailleurs, au XVIIIe siècle, les rhums français sont encore appelés « tafia ». Les rhums anglais et français ont au départ la même base, appelée « grappe », constituée de gros sirops, d'eau, de résidus de fermentation et de résidus de la distillation, fermentant 8 à 12 jours. Le liquide fermenté est ensuite distillé. C'est là où se joue la différence de qualité. Contrairement aux Français, les Anglais redistillent la petite eau pour lui faire perdre ses défauts. Les alambics utilisés par les Français sont aussi moins modernes et de trop petite taille pour produire un spiritueux de qualité. À la fin du XVIIIe siècle, ces derniers commencent à s'inspirer des méthodes anglaises : la qualité s'en trouve améliorée.

C'est au XIXe siècle que le rhum français va véritablement obtenir ses lettres de noblesse et son caractère propre. Cette petite révolution est possible par l'arrivée de nouveaux types d'alambics. Ainsi, après plusieurs tentatives infructueuses, la colonne Savalle est adoptée dans la seconde moitié du siècle, tout comme les alambics de type Privat et Wendelken. Jugés moins performants, les alambics de type Labat sont délaissés. L'adoption de la colonne à distiller, l'édification d'usines fonctionnant à la vapeur, la construction de chemins de fer, la mécanisation et le perfectionnement des moulins vont donner un véritable coup de fouet à la production de rhum dans les Antilles françaises, notamment à la Martinique, qui va progressivement devenir le premier producteur de rhum au monde à la fin du siècle.

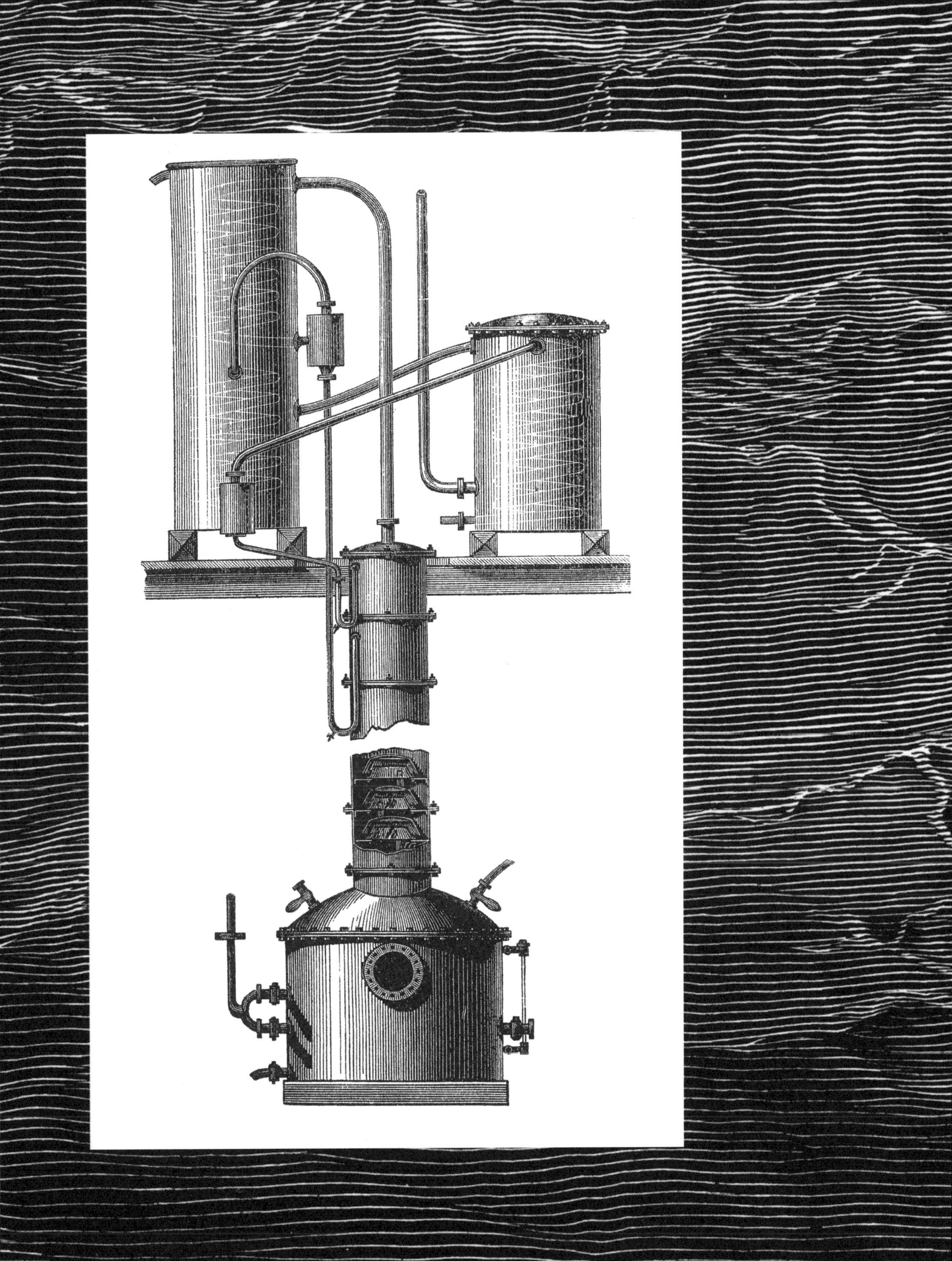

LE RHUM AU XXE SIÈCLE

Le xxe siècle est un siècle contrasté pour le rhum. Certains pays, comme Cuba, Porto Rico ou Guyana, voient leur production exploser, tandis que des marques mondiales comme Bacardi ou Havana Club émergent. C'est aussi le siècle de la prohibition, de la guerre froide, de la révolution cubaine, de la chute du mur… Autant d'événements qui impacteront directement le rhum.

LE RHUM S'IMPOSE DANS L'HEXAGONE

Au cours du xxe siècle, les Antilles françaises et la Réunion vont connaître de grandes difficultés mais amorcer aussi un spectaculaire redressement en misant sur la qualité.

Le rhum en France

Le rhum a de longue date été un des compagnons favoris des soldats. Nous l'avons vu, les marins en recevaient une ration journalière. Cependant, l'Armée de terre n'était pas en reste. Ainsi, les officiers de l'armée de Napoléon avaient droit à 2,95 litres de rhum par mois, ce qui s'ajoutait à pas moins de 14,25 litres de vin ! Pendant la guerre de Crimée et le siège de Sébastopol (1854-1855), les soldats transis de froid recevaient aussi des rations de rhum. Or c'est véritablement la guerre de 1914-1918 qui a établi un compagnonnage tenace entre le rhum et les militaires. Mieux : à l'issue de la Grande Guerre, le rhum est devenu un alcool populaire auprès des populations de l'Hexagone et sa production a énormément augmenté. Comment ? D'abord parce que certains départements producteurs d'alcool sont occupés ou le théâtre de combats acharnés pendant près de quatre longues années. C'est par exemple le cas de la Champagne, ou encore des départements du nord de la France, producteurs de betteraves et donc de sucre et d'alcool – 2 166 600 hectolitres par an en 1914. Une manne qui disparaît tout ou partie une fois le conflit engagé. Les autorités décident donc de réquisitionner ou de taxer fortement l'alcool industriel. Le rhum n'est quant à lui pas immédiatement concerné par la réquisition et la taxation, et sa consommation commence à se répandre fortement sur le front, comme à l'arrière. Les colonies (notamment la Guadeloupe et la Réunion) sont d'abord mises à contribution pour faire face à la pénurie de sucre mais, très vite, la Martinique se spécialise dans le rhum, bientôt imitée par la Guadeloupe, car le sucre devient moins intéressant à produire. Si bien qu'en 1917, les importations de rhums coloniaux sont de 461 800 hectolitres, soit 30 000 hectolitres de plus qu'en 1916. Le nombre de distilleries en Martinique passe de 80 en 1914 à 117 en 1919. En métropole, le rhum est utilisé dans la confection des produits pharmaceutiques, dans les hôpitaux, mais aussi pour approvisionner les soldats au front. Ils ont droit à 6,2 cl d'eau-de-vie par jour, ce à quoi il faut ajouter un quart de litre de vin. Les soldats s'en servent surtout pour se réconforter et endurer les conditions de vies dantesques dans les tranchées. Il arrive aussi que les officiers distribuent des rations supplémentaires avant un assaut pour leur donner du courage. Le rhum est également utile pour fabriquer des explosifs : la poudre B. À la fin du conflit, les poilus comme les civils ont pris goût au rhum et sa consommation se répand réellement en métropole.

Le contingentement

À l'issue de la première guerre mondiale, le rhum est devenu populaire. L'armée en a acheté des quantités très importantes pour le distribuer aux soldats, s'en servir dans les hôpitaux et fabriquer de la poudre. Cependant, le conflit s'étant arrêté, elle tente de vendre ses stocks, tandis que les territoires d'outre-mer continuent de produire à plein régime.

De plus, le rhum est utilisé pour guérir la grippe espagnole, notamment sous forme de grog. Or, une fois la guerre terminée et l'épidémie enrayée en 1922, la production est trop importante, tandis que les prix s'effondrent. Une nouvelle fois, les producteurs de spiritueux hexagonaux vont tenter de mettre des bâtons dans les roues de leur concurrent exotique. Ainsi, en décembre 1922, ils font en sorte que les rhums des Antilles soient frappés des mêmes taxes qui frappaient les rhums étrangers à l'entrée du territoire français.... sauf pour un contingent fixé à l'avance, qui sera affranchi de taxe. En 1922, il est de 160 000 litres d'alcool pur. Chaque colonie ayant droit à une part du gâteau. Ce contingentement entraîne une hausse rapide du prix du rhum et la part contingentée est rapidement augmentée pour arriver à 200 000 hectolitres d'alcool pur (HAP) en 1926. Cependant, le mal est fait et, dans les bars de l'Hexagone, le rhum perd sa place prééminente au profit du cognac, du calva ou de l'armagnac. Le contingentement, la baisse de la consommation et la crise économique de 1930 ont de désastreuses répercussions sur les producteurs de rhum. Les prix baissent à nouveau et la surproduction guette. Une dizaine de négociants bordelais, qui importaient du rhum en vrac pour le revendre sous différentes marques, font faillite.

Ci-contre : le rhum faisait partie de la ration quotidienne des poilus et permettait d'adoucir quelque peu des conditions de vie exécrables.

En résumé

En ce début de xxe siècle, le rhum devient réellement un alcool populaire en métropole, en partie à l'occasion de crises majeures qui secouent l'Hexagone : le phylloxéra, la guerre de 1914-1918 ou la grippe espagnole. Ce succès ravivera la rancœur des producteurs d'eaux-de-vie métropolitaines, ce qui provoquera son contingentement. La crise de 1929, puis la seconde guerre mondiale lui feront amorcer une lente mais inexorable décrue.

UDDING LANE
GARGLE WITH
ASPRO

LE RHUM EN AMÉRIQUE DU NORD

Dans l'imaginaire populaire, le rhum est indissociable de la prohibition, et donc, des gangsters et autres trafiquants qui le firent entrer illégalement aux États-Unis et au Canada dans les années 1920.

La mauvaise réputation

Le rhum a très tôt eu maille à partir avec les autorités civiles et religieuses, au-delà même de sa réputation de boisson de pirates. Partout où il est introduit, on constate une consommation excessive, des morts dues à l'alcoolisme, des troubles à l'ordre public. C'est ainsi que, bien avant la prohibition aux États-Unis, les colonies espagnoles du Mexique et du Venezuela tentent de restaurer la morale publique en interdisant la production de rhum au XVIIIe siècle... sans succès. Aux États-Unis, la consommation de rhum est un problème de longue date. En 1770 déjà, la population des Treize Colonies dispose de 280 000 hectolitres de rhum. Si l'on excepte les femmes et les esclaves qui boivent peu, cela laisse 30 litres de rhum par an et par homme blanc adulte. Une consommation que, selon nos critères d'aujourd'hui, nous pouvons qualifier de dantesque. Au fur et à mesure du XIXe siècle, le rhum est remplacé dans le cœur des Américains par les alcools de grains locaux, comme le whisky. Pourtant, le rhum conserve sa réputation d'alcool mauvais pour la santé, alors que le whisky est relativement épargné. Il reste pourtant populaire et continue d'être consommé dans le pays. Trop peut-être, car le rhum est l'une des cibles des hygiénistes, lorsque ceux-ci parviennent à imposer la prohibition, entre 1920 et 1933.

Le rhum est en effet combattu par certains médecins et les milieux religieux. L'alcool étant rendu responsable du fort taux de violences conjugales et de viols, des mouvements de femmes se joignent aux promoteurs de la prohibition.

Bill McCoy, le caviste flottant

Célèbre *rumrunner*, William McCoy (1877-1948) a importé illégalement l'équivalent de plus de 2 millions de bouteilles (whisky, rhum, cognac...) entre 1920 et 1923, avant d'être arrêté aux États-Unis. Son astuce ? Faire le plein de caisses d'alcool et poster son bateau en face de New York, à la limite des eaux internationales – soit à 3 miles. Les amateurs de voile et de boissons fortes pouvaient alors lui rendre visite pour acheter de quoi étancher leur soif, tout en restant hors de portée de la patrouille. « Bill » McCoy était aussi célèbre pour la qualité des spiritueux qu'il importait. On peut notamment le voir dans la saison 4, épisode 6, de la série *Boardwalk Empire*. Aujourd'hui, une marque de rhum, The Real McCoy Rhum, porte toujours son nom.

Le *demerara rum*

Pendant la prohibition, encore plus que Saint-Pierre-et-Miquelon ou Cuba, c'est la Guyane anglaise, ou Guyana, qui est la plaque tournante du trafic de rhum en direction des États-Unis. D'abord colonisée par la Hollande, elle devient anglaise en 1813. Au XIXe siècle, c'est le second producteur de rhum derrière la Martinique. Lors de la prohibition, la majorité du rhum vendu dans les speakeasies est du rhum guyanais, aussi appelé *demerara rum*.

La prohibition

Le 29 janvier 1919, un 18e amendement est ajouté à la constitution des États-Unis d'Amérique. Il interdit purement et simplement la production et la vente d'alcool dans les 32 États qui composent alors les États-Unis. Le matériel des distilleries est détruit ou confisqué, tandis que de nombreux débits de boissons ferment ou se convertissent dans la vente de sodas et de bières sans alcool. Parallèlement, des milliers de distilleries sauvages (les *moonshiners*) et de bars illégaux (les speakeasies) ouvrent, et on y consomme bien sûr notamment du rhum. Loin de régler le problème de l'alcoolisme ou d'empêcher la consommation d'alcool, la prohibition la rend souterraine. Le rhum devient alors un des produits de contrebande. L'alcool produit par les distilleries clandestines l'est souvent en petite quantité, tandis que la qualité n'est pas au rendez-vous. Il faut donc importer pour satisfaire la demande ! Des milliers de *rumrunners* et les *bootleggers* se lancent dans le commerce illégal. Située au large du Canada, la petite île française de Saint-Pierre-et-Miquelon devient l'arrière-base du trafic d'alcool en Amérique du Nord – certaines provinces du Canada sont elles aussi prohibitionnistes.

Les caisses de rhum et de whisky destinées au marché clandestin sont envoyées sur l'île, avant d'être convoyées illégalement aux États-Unis et au Canada. Elles sont transportées dans des goélettes à voile ou de petits bateaux à moteur (appelés *rumboats*) et souvent débarquées de nuit. Il n'est pas rare que les garde-côtes américains ouvrent le feu sur les trafiquants, voire coulent leurs embarcations. Une des astuces préférées des *rumrunners* pour éviter la douane est de faire entrer du rhum et du whisky dans des cercueils plombés. Les douaniers n'osent en général pas les ouvrir, de peur de manquer de respect au défunt !

Les rhums des Antilles françaises (Martinique et Guadeloupe) trouvent alors un débouché, mais ce sont surtout les rhums d'obédience anglaise, en provenance de Guyana notamment (le *demerara rum*), plus fort et plus au goût des Nord-Américains, qui se taillent la part du lion. Or la prohibition a aussi pour effet de faire de Cuba, et plus particulièrement de La Havane, un des hauts lieux de la production et de la consommation du rhum. Et n'oublions pas que, si les Américains consomment force spiritueux importés pendant la prohibition, ils éclusent aussi énormément d'alcools produits illégalement sur place : vin familial, gin de baignoire... dont beaucoup sont frelatés, donc encore plus dangereux pour la santé !

Ci-contre : aux États-Unis, les trafiquants d'alcool ne reculaient devant aucune combine pour écouler leur marchandise pendant la prohibition.

Al Capone et le rhum

Le célèbre gangster Al Capone (1899-1947) connut son heure de gloire pendant la prohibition. Il contrôlait pas moins de 161 bars clandestins et 150 tripots à Chicago. Le gangster bâtit une véritable fortune grâce à la contrebande d'alcool (notamment de rhum) et à sa revente dans ses speakeasies. Tellement que le fisc américain décida de taxer les revenus de ce business pourtant illégal. Ceux qui évitaient l'impôt risquaient, comme Al Capone en 1931, de se retrouver... en prison !

En résumé

La prohibition aux États-Unis et au Canada a paradoxalement été une période faste pour le rhum, particulièrement en provenance de Guyana, de Porto Rico ou de Cuba. La décision de combattre l'alcoolisme en interdisant purement et simplement la production et la consommation d'alcool s'est soldée par un échec. Mieux valait tenter de contrôler les excès dus à l'alcool, plutôt que de l'interdire et de voir la montée en puissance des boissons frelatées, des trafics et de la mafia.

LE RHUM À CUBA

Au cours du xxe siècle, Cuba va devenir une terre iconique du rhum et développer un « ron » à la fois fruité et léger, qui aura un succès mondial. Cette histoire, où se mêlent des artistes comme Ernest Hemingway, des gangsters comme Al Capone et des dirigeants comme Fidel Castro, épouse aussi les soubresauts du siècle avec la prohibition, la révolution cubaine, la chute de l'URSS... Une histoire encore loin d'être soldée au xxie siècle.

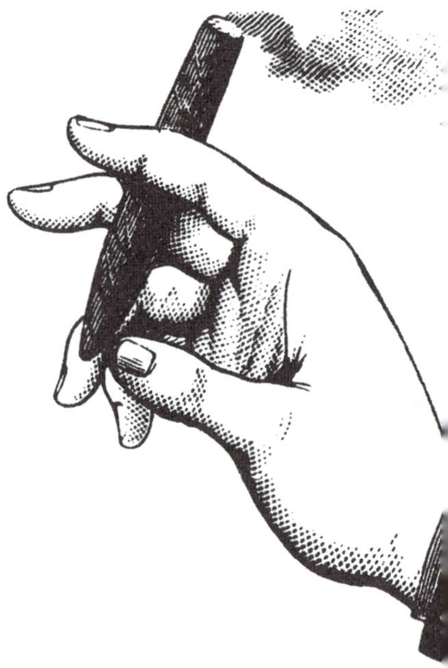

Une île sous influence

Située au large de la Floride, l'île de Cuba a arraché son indépendance aux Espagnols en 1868, pour tomber peu à peu sous la domination économique des États-Unis. En effet, à la fin du xixe siècle, les États-Unis donnent un tour impérialiste à la doctrine Monroe (du nom du 5e président) et multiplient les interventions armées, comme les investissements économiques, dans les Caraïbes et en Amérique centrale. À Cuba, les dollars américains sont notamment investis dans la production du sucre et de rhum. En 1925, 20 % de la surface de l'île est recouverte de canne à sucre. Alors que la prohibition est mise en place aux États-Unis, le rhum cubain fait l'objet d'un trafic et est envoyé illégalement chez son puissant voisin. Or c'est dangereux. Aussi de nombreux Américains préfèrent-ils prendre le bateau et aller consommer du rhum directement à Cuba. Le nombre de touristes double ainsi entre 1916 et 1928 (40 000 à 90 000). Devenus indésirables chez eux, certains bars américains sont même démontés et remontés à l'identique à La Havane. Sur place, le rhum est souvent consommé en cocktails, dont les plus appréciés sont le daïquiri, l'El Présidente et le Mary Pickford. Et le rhum le plus utilisé dans les cocktails est celui produit par la famille Bacardi.

Le vieil homme et le rhum

L'écrivain Ernest Hemingway (1899-1961) résida à Cuba de façon épisodique, puis permanente, entre 1928 et 1960. Il y écrivit certains de ses ouvrages les plus connus, dont *Pour qui sonne le glas*, ou *Le Vieil Homme et la Mer*. Hemingway était un grand amateur de rhum. Son cocktail préféré porte toujours son nom – le Hemingway Special : rhum blanc, citron vert pressé, liqueur de marasquin, jus de pamplemousse et glace pilée. On peut le commander encore aujourd'hui dans son bar favori, le Floridita, à La Havane.

Bacardi « invente » le rhum cubain

Revenons un peu en arrière. Le fondateur de la lignée et de la marque se nomme Facundo Bacardi. C'est cet émigré Espagnol ayant fait ses armes dans le vin en Catalogne qui crée l'entreprise en 1862 à Santiago de Cuba. Mieux : c'est lui qui va définir le style des rhums cubains pour les années à venir, alors que l'île produisait auparavant de l'aguardiente, le plus souvent de qualité médiocre.

Doté d'une nouvelle colonne à distiller et aidé par des Français eux aussi exilés (sa femme est d'origine française), Facundo Bacardi expérimente la filtration sur charbon actif ou encore le vieillissement en fûts de chêne blanc. Résultat : son rhum est beaucoup plus léger et aromatique. Le succès est au rendez-vous. Son fils Emilio Bacardi prend ensuite sa relève et fait de la marque à la chauve-souris une des entreprises les plus prospères de Cuba… tout en participant à l'indépendance de l'île vis-à-vis de l'Espagne. Bacardi prospère, et la prohibition qui sévit aux États-Unis va même se transformer en véritable aubaine. L'entreprise cubaine vend indirectement (car c'est illégal) des caisses de rhum aux États-Unis, tandis que l'arrivée de touristes américains à Cuba lui permet d'écouler 10 000 caisses de rhum dans les bars cubains et de vendre plus de 500 000 litres de rhum à partir de 1924. Dès la prohibition, Cuba devient la base arrière de la jet-set américaine, avec des stars de cinéma (Gary Cooper, John Wayne, Ava Gardner…), des écrivains célèbres (Ernest Hemingway, Graham Greene…), mais aussi des mafieux (Al Capone, Lucky Luciano).

Diageo prend pied à Cuba

Depuis 2019, le groupe français Pernod Ricard n'est plus le seul à pouvoir distribuer des rhums cubains. La firme d'État cubaine, Cuba Ron, a en effet créé une coentreprise avec son concurrent britannique, Diageo. Le numéro un mondial des spiritueux pourra ainsi distribuer les rhums Santiago, notamment en Europe… mais toujours pas aux États-Unis !

Double page suivante : les rues colorées de La Havane, ville iconique de l'histoire du rhum.

ERCADO
raitos de Prado
rado
P 101 178

De Castro à Trump

Entre-temps, le colonel Batista arrive au pouvoir via un coup d'État en 1934. Élu démocratiquement en 1940, il se retire du pouvoir en 1944, puis revient et le reconquiert, après avoir séjourné aux États-Unis, par un nouveau coup d'État en 1952. En 1959, les révolutionnaires cubains, menés par Fidel Castro, le chassent et prennent le pouvoir. La famille Bacardi ne prend pas directement part aux soubresauts politiques. Elle ne soutient pas Batista (certains membres de la famille doivent même s'exiler au Mexique) et reste neutre vis-à-vis du nouveau pouvoir castriste... qui se révèle rapidement être marxiste. Le dirigeant de Bacardi, Pepin Bosch, doit s'exiler. À Cuba, c'est Daniel Bacardi qui dirige la marque, jusqu'à ce qu'elle soit nationalisée en 1960. Fin de partie pour Bacardi ? Au contraire ! En effet, Pepin Bosch a commencé à internationaliser son entreprise et ouvert des filiales dans plusieurs pays. Il installe alors sa plus grosse unité de production à Porto Rico et s'établit aussi au Mexique, aux Bahamas et à Miami. Le rhum Bacardi n'est plus cubain, mais désormais international. Alors que le rhum cubain se voit refuser l'accès au fabuleux marché américain suite au blocus imposé par les États-Unis, la marque à la chauve-souris y a, elle, accès. Bacardi devient rapidement le plus gros vendeur de rhum au monde ! Pendant ce temps, Cuba se tourne vers l'URSS et son rhum se trouve ainsi un nouveau débouché... jusqu'à ce que la chute du mur de Berlin fasse s'évaporer cette manne – 400 000 caisses de 9 bouteilles sont exportées en 1986, contre seulement 500 en 1991 ! C'est alors que le groupe français Pernod Ricard vient au secours du rhum *made in Cuba*. En décembre 1993, il crée une joint-venture avec le gouvernement cubain et prend 50 % de Havana Club International. Grâce à la force de frappe et au réseau de distribution de Pernod Ricard, la marque se taille rapidement des parts de marché dans le monde entier... sauf aux États-Unis pour cause de blocus persistant. Havana Club parvient notamment à s'imposer comme le rhum de référence du mojito, qui devient le cocktail à base de rhum le plus consommé sur la planète.

Tout se complique pourtant lorsque Bacardi, voyant d'un mauvais œil le développement de ce concurrent sur sa terre d'origine, rachète la marque Havana Club aux États-Unis et la relance sur le marché américain. Depuis, les deux concurrents se livrent une guerre commerciale, ainsi que par avocats interposés, pour le contrôle de la marque. Le rhum cubain est en tout cas toujours *persona non grata* aux États-Unis. Un espoir de normalisation des relations avec Cuba a bien éclos en 2014 sous Obama, mais il a été soufflé par l'élection de Donald Trump.

Ci-contre : la marque à la chauve-souris fait la fierté de Cuba.

En résumé

L'histoire du rhum à Cuba a connu de nombreux succès retentissants et autant de vicissitudes. Jugé de mauvaise qualité jusqu'à la seconde moitié du XIXe siècle, il est réinventé par Facundo Bacardi et transformé en success-story par ses descendants. La prohibition fait ensuite de Cuba un des principaux producteurs de rhum, tandis que les touristes Américains viennent s'y délecter de cocktails. L'arrivée de Castro ferme ensuite le marché des États-Unis au rhum cubain et provoque la fuite de Bacardi. La chute de l'URSS le prive de son principal marché, tandis que la joint-venture avec Pernod Ricard et le lancement d'Havana Club à l'international le fait renaître de ses cendres.

BACARDÍ
MARCA DE FABRICA
BACARDÍ COMPANY
BACARDÍ
CARTA NEGRA
SUPERIOR BLACK RUM
PREMIADO DEL MUNDO

ENTRE DÉPÉRISSEMENT ET RENOUVEAU

Cette fin de siècle porte en elle le ferment du renouveau actuel du rhum. De nouvelles marques mondiales apparaissent, d'autres disparaissent, changent de mains et sont rachetées par de grands groupes internationaux. Partout, des distilleries mettent la clé sous la porte. En France, ce mouvement s'accompagne d'une spectaculaire montée en gamme, qui ne portera réellement ses fruits qu'au siècle suivant, le nôtre.

La mauvaise passe des rhums français

En France, la consommation de rhum se maintient jusque dans les années 1960-1970, avant de baisser fortement. Quatre départements (DOM), issus de l'empire colonial français, sont toujours producteurs de rhums. Il s'agit de la Guadeloupe, de la Martinique, de la Réunion et de la Guyane. Là, la consommation de rhum fait partie de la vie quotidienne. Les traditions du « décollage » (un verre de rhum avant d'aller au travail), du ti-punch ou du rhum arrangé (plutôt à la Réunion) y sont profondément ancrées. Pendant toute la première moitié du XXe siècle, le rhum est de loin la principale boisson alcoolisée consommée dans les DOM. Puis, comme ailleurs, la mondialisation fait son œuvre et le rhum est concurrencé sur ses terres par le whisky, le vin ou la bière. Sa consommation chute alors, malgré un régime fiscal aménagé – les rhums sont moins taxés que les autres alcools. Cette baisse de la consommation locale est pourtant atténuée par la montée en puissance du tourisme. Les touristes qui viennent séjourner en Guadeloupe, en Martinique ou à la Réunion (dans une moindre mesure en Guyane) manquent rarement une opportunité de déguster les rhums locaux ! Dans l'Hexagone, qui reste le premier marché des rhums des DOM, la baisse de la consommation de rhum est aussi palpable. De presque 200 000 HAP (hectolitres d'alcool pur) pur au début des années 1950, on passe en 1970 à une consommation de rhum 135 000 HAP, laquelle a presque baissé de moitié au début des années 1990 – 72 000 HAP.

Ceci alors que la consommation globale de spiritueux (whisky en tête) est en augmentation. De même, les ventes à l'étranger régressent fortement. Mécaniquement, le contingent, qui permet de vendre des rhums sur le territoire métropolitain avec un régime fiscal favorable, se contracte au fil du siècle.

Des pays leaders du marché du rhum ne produisent pas ou peu de canne...

Devenu territoire associé aux États-Unis en 1998, Porto Rico s'est spécialisée dans la production de rhum. Elle bénéficie du fait qu'il n'y a pas de droit de douane avec le géant américain et est donc devenue un des principaux producteurs de rhum (léger). On y trouve notamment la plus grosse distillerie au monde, possédée par Bacardi. Pourtant, la canne ne poussant quasiment plus sur place, le rhum portoricain est élaboré à partir de mélasses venues d'ailleurs.

Des distilleries disparaissent

Le déclin a déjà débuté au XIXe siècle avec les crises du sucre successives. Dans tous les pays producteurs de sucre et de rhums, les moulins et les distilleries disparaissent de façon alarmante au XXe siècle. Les DOM ne sont pas épargnés. La consommation de rhum baissant localement et en métropole, de nombreuses distilleries ferment leurs portes, des marques disparaissent, d'autres sont rachetées par des concurrents. Ainsi, en 1945, la Martinique comptait 105 distilleries agricoles, et celles-ci ne sont plus que 9 à la fin du siècle. Autre exemple : en Guadeloupe, 55 distilleries de sucrerie se dressaient en 1939, et elles sont 9 au début des années 1970 et 2 en 2016. Un grand mouvement de concentration des moyens de production s'opère, avec notamment l'émergence de groupes puissants, comme La Martiniquaise, ou le rachat de marques par des opérateurs étrangers. Certains petits producteurs prennent très tôt le virage de la qualité et parviennent à se maintenir à flot, puis à prospérer. En cette fin de siècle (1996), l'obtention d'une appellation d'origine contrôlée (AOP) par la Martinique est un véritable marqueur de qualité pour les rhums de l'île. Même si les DOM continuent de produire des rhums de sucrerie d'un excellent niveau (à partir de mélasse), ils commencent à être internationalement connus pour leurs rhums agricoles (à partir de jus de canne fraîche).

La mondialisation passe la seconde

Le XXe siècle, c'est l'émergence de marques mondialement connues, mais aussi de groupes internationaux, véritables géants des vins et des spiritueux et menant le marché du rhum à la baguette. Bacardi bien sûr, mais aussi le britannique Diageo, ou le français Pernod Ricard. Chez ces mastodontes, le rhum est parfois le produit le plus vendu (comme pour Bacardi), mais il n'est quelquefois qu'un spiritueux parmi les autres vendus par leur groupe (le whisky, le cognac, les brandies...). Beaucoup des marques de rhum qui dominent encore aujourd'hui sont nées au XXe siècle et ont surfé sur la mondialisation : Havana Club, Zacapa, Barcelo... Si la consommation de rhum ne progresse pas et même décroît au XXe siècle en France, à l'international, elle monte en flèche dans la seconde moitié du siècle. On voit aussi la montée en puissance de pays du rhum, comme l'Inde, énorme producteur, mais dont le rhum est en immense majorité consommé par le marché local. Ou les Philippines, qui sont devenues un des dix plus gros producteurs de sucre, et donc de rhum. Lequel a pendant longtemps été consommé sur place. Or, l'émergence de marques, comme Tanduay (marque de rhum la plus vendue au monde en 2018) ou Don Papa, va faire des Philippines un des pays majeurs du rhum à la fin du XXe siècle et au début du XXIe siècle.

En résumé

Le XXe siècle fut l'âge de raison du rhum. Un âge où de véritables success-stories furent bâties (Bacardi, Havana...), mais aussi où un monde, celui des petites distilleries artisanales, a failli disparaître. Si beaucoup de distilleries et de marques appartiennent désormais à de grands groupes internationaux, il existe cependant encore, notamment dans les DOM, de nombreux petits producteurs, souvent familiaux, qui continuent l'aventure et ont abordé le XXIe siècle en misant sur la qualité. Le XXe siècle fut à la fois celui des révolutionnaires (Castro à Cuba), des gangsters (les *rumrunners* pendant la prohibition) et des hommes d'affaires adossés à des géants des spiritueux.

Même chose pour les rhums des Bermudes (Gosling's), la matière première provient des Caraïbes (Jamaïque, Barbade...), et non des 123 îles qui les composent, car elles sont impropres à la culture de la canne. Les Bermudes sont aussi le siège social de... Bacardi !

Années 2000 : le renouveau du rhum

Ce début de XXIe siècle s'apparente à tous égards à un nouvel âge d'or du rhum. Les DOM commencent à récolter les fruits de leurs efforts pour gagner en qualité, sont désormais reconnus internationalement et régulièrement distingués dans les concours du rhum. Les ventes en métropole, comme à l'international, ne cessent de progresser. Au niveau mondial, cette appétence pour la qualité se concrétise par l'importance toujours croissante des rhums vieux. Si bien que presque toutes les marques possèdent désormais des chais de vieillissement. On voit aussi apparaître de plus en plus de cuvées spéciales : single casks, rhums millésimés, parcellaires, variétaux... Les collectionneurs et les geeks du rhum sont au paradis ! Le rhum s'accompagne aussi de la montée en gamme de la mixologie. Les *bartenders*/mixologistes stars ont toujours besoin de spiritueux de qualité pour élaborer leurs cocktails cousus main. De nouvelles marques mondiales, comme Diplomatico, sont également en train de conquérir les marchés internationaux. Cette effervescence du rhum est extrêmement enthousiasmante pour les consommateurs, qui disposent de toujours plus de choix. C'est aussi un facteur de confusion, car la définition du rhum varie selon que l'on se trouve à la Guadeloupe, aux Philippines ou à Cuba. Des catégories pas toujours bien définies, comme les *dark rums* ou les rhums épicés, gagnent des parts de marché. Dans le même temps, nous voyons apparaître des rhums bio ou éthiques. Dernier mouvement en date : celui des rhums « craft », c'est-à-dire produits par des passionnés en petite quantité, dans des lieux où la canne ne pousse pas – au cœur des villes européennes ou américaines par exemple. Ce sont toutes ces questions et tous ces thèmes qui traversent la galaxie rhum en 2020, que nous allons traiter dans les parties suivantes de cet ouvrage.

PRODUIRE LE RHUM

À première vue, la production d'un rhum varie peu selon l'endroit où l'on se trouve sur la planète. En effet, les étapes sont peu ou prou les mêmes : culture de la canne, broyage, fermentation, distillation, brassage et mise en bouteille. À y regarder de plus près, il existe une infinité de variations petites et grandes. Et chaque détail, chaque décision, provoquera des changements au niveau des arômes et, au final, donnera un produit différent. Pour commencer, sur quel terroir poussera la canne ? Calcaire, volcanique ou argileux ? Sous quel climat ? Humide et lourd, sec et chaud, marin ? La matière première du rhum sera-t-elle de la mélasse ? Du pur jus de canne ? Ou du miel de canne ? Et la canne utilisée sera-t-elle bleue ou rouge ? Les levures utilisées seront-elles sauvages, indigènes ou industrielles ? L'appareil à distiller sera-t-il un alambic, une colonne ou une multicolonne ? À quel degré sortira le rhum ? Quel type d'eau y sera adjoint ? La période de repos post-distillation sera-t-elle longue ou courte ? Tous ces critères composent une palette, où les producteurs de rhum peuvent puiser pour donner une certaine couleur aromatique à leur nectar. Et c'est ce qui explique l'exceptionnelle diversité du rhum à travers le monde, ou d'une distillerie à l'autre à quelques kilomètres de distance.

LA CANNE, MATIÈRE PREMIÈRE DU RHUM

C'est de cette graminée, qui a petit à petit conquis l'ensemble des pays tropicaux et subtropicaux (ou peu s'en faut), que naît le rhum. Plante vivace, la canne pousse vite, du moment que la Sainte Trinité soleil, chaleur et pluie est au rendez-vous. Il n'existe pas une, mais des cannes (plus de 4 000 sortes !), souvent hybridées, même si on trouve encore des spécimens « antiques » qui sont utilisés pour faire du rhum. Chaque type de canne donne au rhum des arômes et des goûts particuliers, et chaque terroir a son influence sur le produit fini.

Saccharum

La canne à sucre est une plante de la famille des graminées originaire de la Papouasie-Nouvelle-Guinée. Elle a ensuite voyagé vers l'Inde, la Chine, la Perse, le monde arabe et l'Europe, avant de traverser l'océan Atlantique et de débarquer aux Caraïbes à la fin du XVe siècle, puis de se répandre sur le continent américain. C'est donc au XVIe siècle qu'elle commence à être utilisée pour faire de l'eau-de-vie, puis du rhum. Jusqu'alors, elle a exclusivement servi à produire du sucre. La canne à sucre appartient au genre botanique *Saccharum*. Cette famille comprend elle-même trois espèces sucrées : *Saccharum officinarum*, aussi appelé « canne noble », *S. sinense* et *S. barberi*. Ainsi que trois espèces non sucrées : *S. robustum*, *S. spontaneum* et *S. edule*. Cependant, ces types de canne à sucre ne sont quasiment plus cultivés tels quels. Depuis les années 1880, la canne noble a été croisée avec les autres types de cannes, afin de créer des cannes hybrides plus productives et plus résistantes aux maladies. La plupart des cannes cultivées aujourd'hui afin de produire du sucre et/ou du rhum sont des *S. officinarum* résultant d'hybridations, souvent avec *S. robustum*. Aujourd'hui, plusieurs milliers de types de cannes ont été identifiés (ou créés).

Soleil, chaleur et pluie

La canne à sucre ne pousse pas sous toutes les latitudes. Elle a besoin de soleil, de chaleur et d'eau. Elle craint particulièrement le froid. C'est pourquoi on la qualifie souvent de plante tropicale. On la trouve donc dans des zones peu éloignées de l'équateur (on parle en général de 35° de latitude nord et de 30° de latitude sud), principalement dans les Caraïbes, en Amérique du Sud, en Amérique centrale, en Afrique subsaharienne, en Indonésie et en Asie. Mais très peu en Europe, où le climat est plus tempéré, moins chaud et humide – à part à Madère et dans le sud de l'Espagne. En cas de période sèche, la culture de la canne à sucre nécessite en général la mise en place de systèmes d'irrigation. Comme il est possible de faire voyager la mélasse et de la stocker, certains pays non tropicaux ou subtropicaux peuvent produire du rhum. La France métropolitaine ou même la Belgique, par exemple ! Cependant, le Brésil, l'Inde et la Chine sont les principaux producteurs de canne à sucre. Pas pour faire du rhum, mais plutôt du sucre et de l'agrocarburant.

Des cannes non hybridées

Il existe encore des cannes non hybridées sur la planète. Par exemple, en Haïti, pays qui a conservé un mode de production du rhum local, appelé « clairin », très artisanal. Pour goûter un de ces ovnis produits à partir de cannes non hybridées (en l'occurrence, la cristalline), essayez par exemple le clairin Sajous. Pour du rhum stricto sensu, le domaine Pari Pari, situé sur l'île polynésienne de Tahaa, cultive des variétés de cannes endémiques. Même chose pour le rhum Mana'o, distillé à Tahiti, toujours en Polynésie française, qui est élaboré à partir de la canne ancestrale O'Tahiti.

Double page suivante : dans les aires de production du rhum, les champs de canne à sucre façonnent le paysage.

ZOOM

LES AUTRES UTILISATIONS DE LA CANNE

La canne à sucre ne sert pas uniquement à faire du rhum. En premier lieu, et c'était sa vocation lorsqu'elle a commencé à être cultivée outre-Atlantique par les Européens, elle sert à faire du sucre. La production mondiale de sucre est à peu près de 180 millions de tonnes par an, et le sucre de canne représente près de 80 % de l'ensemble, soit environ 20 % pour la betterave sucrière. Il s'agit d'un secteur en crise constante. Des pays comme le Brésil, l'Inde ou la Chine ont planté des milliers d'hectares de canne à sucre et produisent énormément, ce qui fait baisser les prix, lesquels ont été récemment libéralisés en Europe. Dans les années à venir, on devrait assister à un nouveau phénomène de concentration des sucreries, donc à la disparition de distilleries de rhum de mélasse. À moins que celles-ci n'optent pour le rhum de pur jus de canne.

Carburant, électricité, sacs, médicaments...

La canne à sucre sert aussi à fabriquer de l'éthanol, donc du biocarburant ou agrocarburant, notamment au Brésil et en Inde. On retrouve dans la fabrication de l'éthanol certaines similitudes avec la production de rhum : broyage de canne, récolte du jus, fermentation, distillation... Le problème, c'est que, pour planter de la canne, on déforeste. Ainsi, l'appellation de carburant vert est usurpée.

Une partie de la canne à sucre qui est issue de la production du rhum, la bagasse – la matière sèche qui reste, une fois la canne broyée – , est aussi utilisée pour produire de l'électricité, notamment à la Réunion, en Guadeloupe et en Martinique. Une tonne de canne produit environ 300 kg de bagasse, qui a une valeur calorifique de 7 900 kilos joules au kilogramme (kJ/kg) une fois qu'elle est brûlée, contre 16 000 kJ/kg pour le bois sec. Elle est donc un peu moins efficace en termes énergétiques. En revanche, elle pousse beaucoup plus vite !

Par ailleurs, la cire de canne à sucre, la substance qui protège en partie la plante contre les attaques d'insectes ou de champignons, peut servir à la composition de médicaments pour réduire le taux de cholestérol. Enfin, il est possible de fabriquer du bioplastique à partir de la paille de canne, donc de produire des sacs de course biodégradables.

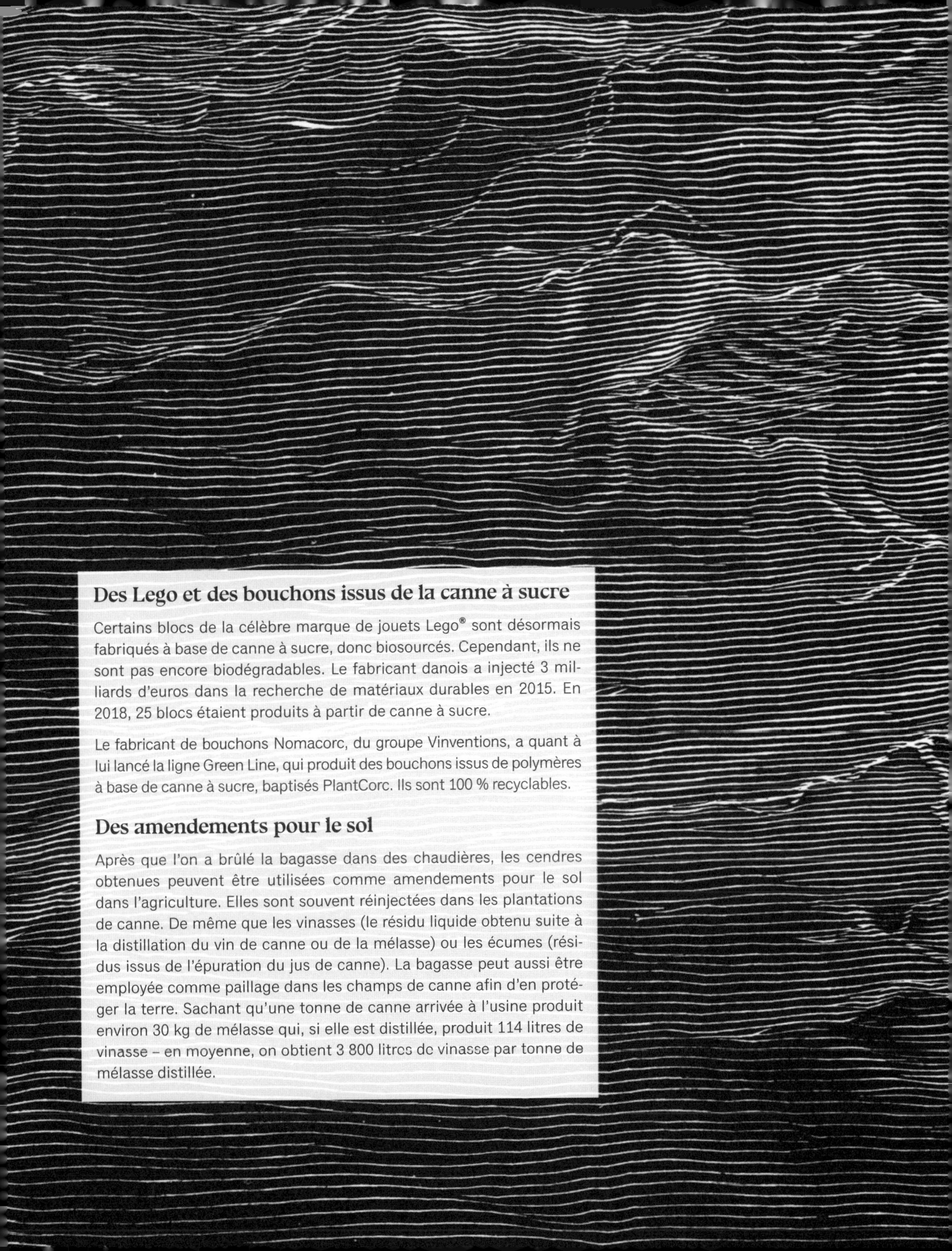

Des Lego et des bouchons issus de la canne à sucre

Certains blocs de la célèbre marque de jouets Lego® sont désormais fabriqués à base de canne à sucre, donc biosourcés. Cependant, ils ne sont pas encore biodégradables. Le fabricant danois a injecté 3 milliards d'euros dans la recherche de matériaux durables en 2015. En 2018, 25 blocs étaient produits à partir de canne à sucre.

Le fabricant de bouchons Nomacorc, du groupe Vinventions, a quant à lui lancé la ligne Green Line, qui produit des bouchons issus de polymères à base de canne à sucre, baptisés PlantCorc. Ils sont 100 % recyclables.

Des amendements pour le sol

Après que l'on a brûlé la bagasse dans des chaudières, les cendres obtenues peuvent être utilisées comme amendements pour le sol dans l'agriculture. Elles sont souvent réinjectées dans les plantations de canne. De même que les vinasses (le résidu liquide obtenu suite à la distillation du vin de canne ou de la mélasse) ou les écumes (résidus issus de l'épuration du jus de canne). La bagasse peut aussi être employée comme paillage dans les champs de canne afin d'en protéger la terre. Sachant qu'une tonne de canne arrivée à l'usine produit environ 30 kg de mélasse qui, si elle est distillée, produit 114 litres de vinasse – en moyenne, on obtient 3 800 litres de vinasse par tonne de mélasse distillée.

Les couleurs de la canne

La canne à sucre est divisée tous les 10 à 20 cm par des nœuds, et se termine par une panicule argentée et élancée qui porte des fleurs et des graines. Elle peut atteindre 5 m de hauteur pour 3 à 6 cm de diamètre. Son écorce, résistante et cireuse, peut arborer plusieurs couleurs – rouge, bleue, verte, dorée... Celles-ci donnent leur nom à des types de cannes particuliers. Cependant, les professionnels utilisent plutôt leurs appellations scientifiques : la canne rouge répond par exemple au sobriquet de R.579, la bleue s'appelle en réalité B.69-566 et la verte B.76-56... Cela fait tout de suite moins rêver ! Le saccharose, l'élément qui intéresse en priorité l'être humain, se trouve dans la moelle de la canne.

La canne est une plante dite « vivace », c'est-à-dire que, si on la coupe pour la récolter, on n'a pas besoin de l'arracher, puis de planter un autre spécimen à la place. Elle repoussera d'elle-même spontanément, au contraire du blé par exemple. Quand ils coupent la canne, les planteurs laissent l'appareil racinaire et un petit bout de tige, qui permettra à la plante de repousser et de faire des feuilles favorisant la photosynthèse et la croissance. Sachant que, selon le type de sol, les racines peuvent atteindre 2 mètres. Au bout de 5 ou 6 récoltes (ou années), la canne arrêtera de repousser et/ou de donner du sucre et il faudra la remplacer. Dans la nature, la canne se reproduit de façon asexuée. Elle croît jusqu'à ce qu'elle ne supporte plus son poids et se couche. Les graines qui se trouvent sur la tête de la plante sont donc en contact avec le sol et peuvent s'y développer. Lorsqu'elle est cultivée, la canne est coupée sur une longueur de 2 nœuds, puis placée horizontalement dans des sillons.

Les ennemis de la canne à sucre

De nombreuses menaces planent sur les cannes amoureusement cultivées par les planteurs. D'abord les « mauvaises » herbes. C'est-à-dire des plantes non désirées par les planteurs, et qui viennent entrer en compétition avec la canne. Ces herbes ont tendance à se développer très rapidement sous les tropiques et à envahir les champs de canne si on n'y prend pas garde. Elles viendront priver la canne de soleil et/ou d'eau. Pour les combattre, les planteurs français disposent de moins en moins d'armes chimiques, au fur et à mesure que les autorités françaises et européennes classent comme potentiellement dangereux les pesticides et les herbicides qu'ils utilisaient jusqu'à présent. Ainsi, ce fut récemment le cas pour l'Asulox. Le désherbage autour des champs de canne et entre les rangs peut se faire à la main, mais il s'agit d'un travail très pénible qui demande beaucoup de main-d'œuvre. Il n'existe pas encore de machine véritablement efficace pour l'effectuer, même si les planteurs et les producteurs de rhum cherchent sans relâche des solutions. La canne peut aussi être attaquée par des champignons ou des insectes (chenille foreuse ou défoliatrice, nématode, vers, hanneton...), mais aussi des rats. Dans les Antilles françaises, en Guyane ou à la Réunion, les producteurs de rhum n'utilisent presque plus de fongicides ou d'insecticides de synthèse. Ils préfèrent la plupart du temps opter pour des méthodes de biocontrôle. Cependant, cette relative retenue dans l'utilisation des produits chimiques n'est pas forcément de mise à l'étranger. Ce qui permet à certains producteurs de faire baisser leurs coûts de production.

Les trois saisons de la canne

Dans les Antilles françaises, il faut approximativement un an (jusqu'à 18 mois) pour qu'une canne repousse après avoir été coupée – quelques mois de plus pour une canne vierge ou nouvelle – et qu'elle arrive à maturité. Période durant laquelle elle passe par trois grandes phases. Voici comment cela se passe en Martinique ou en Guadeloupe : d'avril à novembre, c'est la phase de végétalisation pendant laquelle la canne pousse à partir du semis, ou de la plante coupée à la récolte précédente.

En décembre vient ensuite la phase de reproduction. La canne subit un choc thermique, avec un ou deux degrés de moins. La plante se prépare du point de vue hormonal à se reproduire, et un plumeau apparaît à son sommet. On dit que la canne flèche.

De janvier à avril, c'est la phase 3. C'est aussi la période des alizés, avec beaucoup de vent, peu de pluie, la terre qui sèche et du stress hydrique. Du coup, la plante évapore l'eau qu'elle a en elle, ce qui a pour effet de concentrer le sucre. C'est alors le moment de la récolter, car la plante a atteint sa teneur en saccharose idéale (environ 12,5 % du poids de la canne). La récolte elle-même dure plusieurs mois. Par exemple de janvier à juillet en AOC Martinique. À la Réunion, dans l'océan Indien, où la canne à sucre couvre près de 60 % de la surface agricole utile, la canne est coupée à la saison fraîche, c'est-à-dire à partir de juillet.

La récolte de la canne à sucre se fait, soit à la main à l'aide de machettes, soit à la machine. La récolte mécanique est bien entendu beaucoup plus efficace en termes de temps et de tonnage. Cependant, il existe de nombreuses zones où il est difficile de passer avec ces gros engins : quand les terrains sont trop en pente, ou lorsque les parcelles sont trop petites. La coupe à la main permet de favoriser l'emploi local, même si c'est une tâche particulièrement pénible, car fatigante physiquement et pratiquée dans des conditions difficiles (chaleur et humidité).

La canne à sucre contre le réchauffement climatique

La canne à sucre est un véritable piège à carbone. Un hectare de canne peut piéger 30 tonnes de gaz carbonique et produire 21 tonnes d'oxygène neuf. Par exemple, en Martinique, la canne est un puits à carbone : les 3 000 hectares plantés fixent 25 % du CO_2 émis par les voitures de l'île. De plus, la canne a un effet rafraîchissant sur les environs où elle pousse.

La canne bleue est celle qui est la plus répandue à travers le monde, tout simplement parce que c'est la plus adaptable et qu'elle pousse sur n'importe que type de sol – argileux, calcaire ou volcanique – et que les rendements seront au rendez-vous. Tandis que la plupart des autres types de canne ne sont adaptés qu'à un seul type de sol ou de climat.

Les planteurs de canne

Que ce soit dans les DOM ou dans les autres pays producteurs de rhum, les champs de canne ne sont pas forcément la propriété des marques. Il existe même de nombreux petits planteurs dans les Antilles françaises, qui cultivent leur canne et vont la livrer aux marques au moment de la récolte. Ils sont un maillon essentiel de la production de rhum et de sucre. Cela peut être leur activité principale, ou juste une source de revenus supplémentaire. Parfois, ils laissent le travail des champs (culture, soins, récolte...) aux producteurs de rhum et se contentent de toucher un loyer pour l'utilisation de leurs champs. Cependant, les petits planteurs ont tendance à disparaître et on constate un phénomène de concentration de la propriété des surfaces agraires, lesquelles sont de plus en plus rares sur les îles.

En Martinique par exemple, les planteurs étaient 217 en 2006 et plus que 184 en 2017. Les exploitations de plus de 50 ha représentaient seulement 6 % des exploitations, tout en représentant près des trois quarts de la surface cultivée. En 2018 en Guadeloupe et à Marie-Galante, on dénombrait 3 500 exploitations pour une surface de 13 100 hectares, ce qui signifie que le nombre d'hectares par exploitation était de 3,74. À la Réunion, ils étaient 3 200 planteurs sur 23 462 ha, soit 7 hectares en moyenne. Où qu'ils se trouvent, la qualité de vie des planteurs est liée au climat et à la qualité de la récolte – ils sont souvent payés à la tonne de canne récoltée. À ce titre, la filière canne de la Martinique a lancé un cri d'alerte en 2019, car la récolte fut catastrophique : moins de 200 000 tonnes au lieu des 280 000 qu'il faut pour faire fonctionner à la fois les distilleries et la sucrerie du Galion.

En résumé

Cultiver la canne à sucre est de loin le processus le plus long et le plus difficile (conditions de travail, aléas climatiques, combats contre les mauvaises herbes, les insectes et les champignons...) dans la fabrication du rhum. Les autres étapes (broyage, fermentation, distillation, vieillissement...) sont beaucoup moins tributaires d'événements incontrôlés. N'oublions jamais qu'à l'origine du rhum que nous dégustons, il y a des paysans et la plante qu'ils ont fait pousser. Une fois récoltée, la canne est acheminée vers la distillerie, où elle sera broyée et transformée en vin de canne. Sa transformation en rhum peut alors commencer.

Ci-contre : ouvrier récoltant la canne à sucre dans une plantation colombienne.

2011

RHUM VS VIN

Y a-t-il une notion de terroir dans le rhum, comme cela est le cas pour le vin ? Les deux breuvages partagent nombre de notions. D'abord, ce sont deux boissons identitaires de nos régions. Le rhum pour les DOM et le vin pour des régions métropolitaines comme la Champagne, la Bourgogne ou Bordeaux.

Qu'est-ce que le terroir ? Il s'agit de l'influence que peuvent avoir le sol, le climat, le végétal (ou la matière première) et la main de l'être humain sur la personnalité aromatique et gustative d'un vin ou d'un spiritueux. Dans le vin, l'influence du terroir est très claire, puisqu'un cépage comme le chardonnay n'aura par exemple pas les mêmes propriétés aromatiques qu'un viognier, même s'ils produisent tous deux des vins blancs. C'est l'influence du végétal. Or, si un chardonnay planté en Bourgogne et un chardonnay cultivé en Australie ont quelques caractéristiques communes, ils divergeront sur bon nombre de critères à la dégustation. C'est l'apport du sol et du climat. La main de l'être humain, c'est-à-dire la façon dont le chardonnay sera cultivé, vinifié, puis élevé (cuve en bois ou cuve en Inox par exemple), sera aussi prépondérante dans le goût du vin.

Dans le rhum, c'est un peu la même chose. Un rhum agricole élaboré à partir de canne bleue n'aura par exemple pas le même goût qu'un rhum agricole élaboré à partir de canne dorée. Le type de canne a donc son influence. Deux rhums faits à partir de cannes bleues n'auront pas le même goût selon que celles-ci ont poussé sur un sol argileux, calcaire ou volcanique. Le type de sol influence donc le type de rhum. De même si on prend deux parcelles dont le sol est argileux, plantées de cannes bleues, mais dont l'une est localisée dans les terres et l'autre près de l'océan. Le rhum issu de la parcelle située près de l'océan aura probablement des notes iodées… à moins que ce ne soit l'influence des levures ! Autre exemple : des cannes qui poussent en climat sec n'auront pas les mêmes caractéristiques aromatiques que des cannes qui se développent en climat humide. C'est l'influence du climat.

La main de l'être humain

Comme pour le vin, on peut réellement retrouver le terroir dans le rhum. C'est surtout vrai pour les rhums agricoles et de pur jus de canne, mais cela vaut aussi pour le rhum de mélasse. Cependant, le rhum présente une différence fondamentale avec le vin : c'est un produit distillé. Comme nous le verrons plus tard dans ce livre, la distillation peut avoir pour effet de gommer le terroir ou, au contraire, de le révéler. Selon les objectifs des maîtres distillateurs. Le vieillissement ou encore l'assemblage viendront aussi altérer le terroir. C'est l'influence de la main de l'homme.

À la dégustation

Un petit nombre de producteurs de rhum n'utilisent qu'un seul type de canne pour l'ensemble de leur production ou des cuvées particulières. On appelle ces rhums « monovariétaux ». Assez aromatique, la canne rouge présentera des notes de fruits exotiques, de canne fraîche... La canne roseau aura un côté herbacé exacerbé... Par exemple, si vous souhaitez goûter un rhum fait à partir de canne zikak (B.80.08), vous pouvez déguster le Neisson (Martinique) Canne Bio 66°. Pour la canne d'or, on peut par exemple déguster la Cuvée parcellaire n° 1 de HSE (Martinique). Pour la canne rouge, cap sur la Guadeloupe avec le rhum Longueteau Sélection Parcellaire n° 1. Il existe beaucoup de rhums réalisés exclusivement à partir de canne bleue. Nous vous conseillons de commencer par les rhums de la maison Clément, à la Martinique, car ils ont été précurseurs dans la mise en avant d'une variété en particulier, donc des rhums monovariétaux.

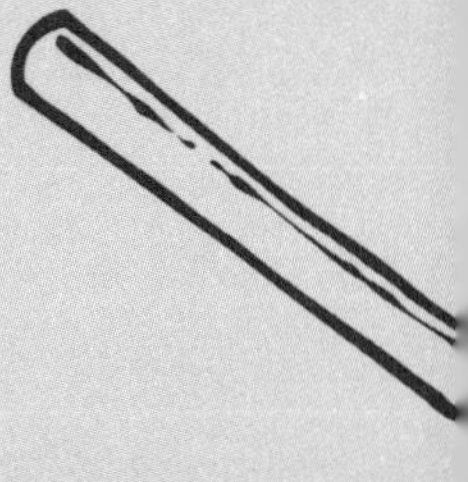

POINT DÉGUSTATION

LE RHUM DES PLANTEURS

La plupart des planteurs des DOM ne commercialisent pas eux-mêmes leur rhum. Il faut en effet du matériel (moulins, alambics ou colonnes, cuves de fermentation...), qu'ils ne possèdent en général pas. Ou alors ils gardent leur rhum pour eux ! En 2018, la marque martiniquaise La Mauny a eu l'idée de rendre hommage à ses 64 planteurs à travers une association les réunissant, et en commercialisant un rhum vieux (3 ans d'âge) en AOC Martinique, baptisé Association des planteurs.

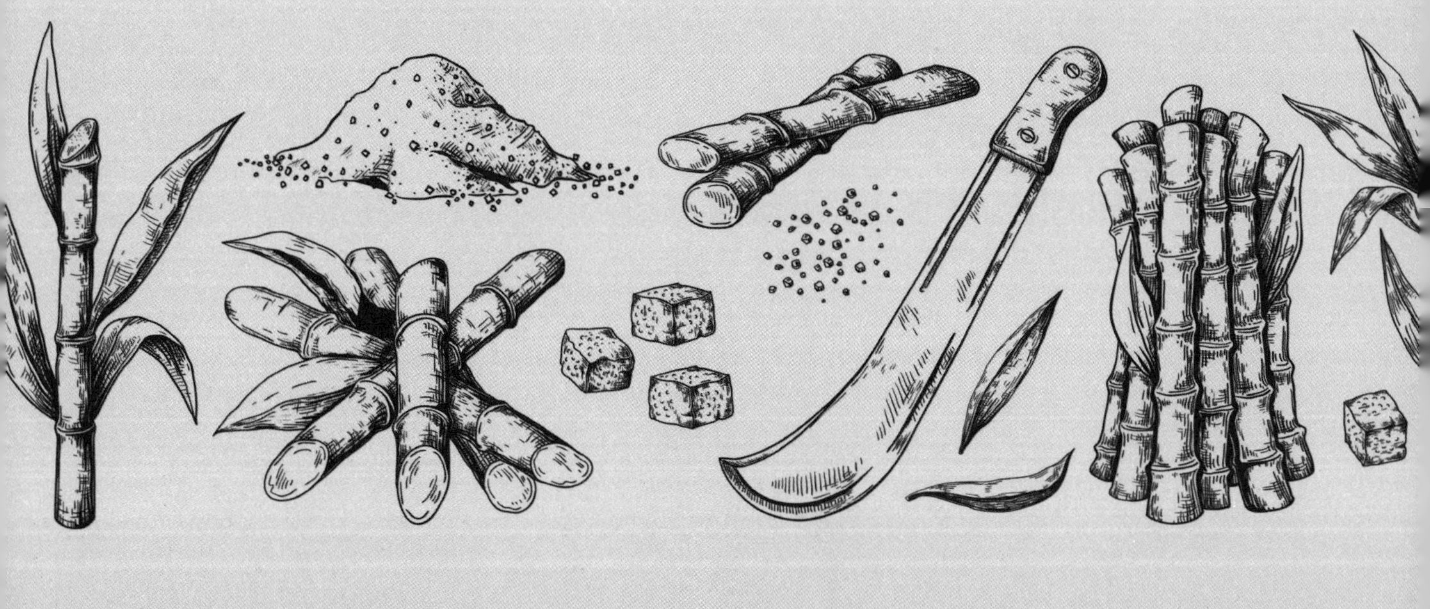

AVANT LA DISTILLATION

La distillation est sans doute le moment le plus iconique de la fabrication du rhum. Pourtant, avant ce point d'orgue, d'autres étapes ont elles aussi une importance cruciale. Par exemple, le broyage permet d'extraire le jus de canne et de le séparer des matières sèches (la bagasse). Alors que le jus de canne est directement envoyé à la fermentation dans le cas du rhum agricole, dans le rhum de sucrerie, il faut encore séparer le sucre de la mélasse. C'est cette dernière qui sera à son tour mise à fermenter. Cette étape de la fermentation est particulièrement importante, car elle permet la transformation du sucre contenu dans le jus de canne ou de la mélasse en alcool, ainsi que l'apparition d'arômes que l'on retrouvera dans le produit fini, selon le temps laissé à ce processus, ou la nature des levures utilisées (sauvages, indigènes ou industrielles).

Le broyage de la canne

Une fois récoltée, la canne est convoyée à la sucrerie ou à la distillerie. Certains coupent la canne en morceaux avant de la broyer. La plupart du temps, elle est passée entière dans une machine à déchiqueter afin d'enlever les couches supérieures de la canne et de faciliter son broyage. Elle est ensuite passée dans un moulin. Les moulins d'antan étaient construits en bois et en pierre, fonctionnaient grâce à la force des hommes, des bêtes, de l'eau ou du vent. Désormais, ce sont des moulins mécaniques fonctionnant à la vapeur ou à l'électricité.

La canne est en fait passée dans plusieurs moulins, de 3 à 6 (en général des roues en métal), qui vont exercer une pression de plus en plus importante sur la graminée. On envoie souvent de l'eau dans l'avant-dernier ou le dernier moulin afin d'imbiber la canne, devenue de plus en plus sèche au fur et à mesure du broyage – beaucoup de jus a déjà été soutiré –, afin d'extraire le maximum de jus. On appelle ce procédé « l'imbibition ».

La séparation du sucre et de la mélasse

C'est ici que les procédés de fabrication du rhum de sucrerie et du rhum de pur jus de canne diffèrent. Alors que le jus de canne frais est immédiatement mis à fermenter dans le cas du rhum agricole, dans le rhum de sucrerie, il est d'abord transformé en sucre d'une part et en mélasse d'autre part. Le jus de canne est « clarifié », c'est-à-dire qu'on y ajoute de la chaux afin de faire baisser son acidité trop importante. Avec ce procédé appelé « chaulage », on évite aussi la dégradation du saccharose en glucose et en fructose. Cette « eau de chaux » est portée à ébullition et laissée à chauffer jusqu'à ce que les impuretés contenues dans le jus fassent surface, et soient éliminées. On transfère ensuite le jus débarrassé de ses impuretés dans des évaporateurs, où il est à nouveau chauffé afin qu'il se concentre par évaporation. Le « jus clair » devient alors un sirop. Lequel est ensuite passé dans des centrifugeuses, qui font séparer les cristaux de sucre de la masse sirupeuse. D'un côté, on obtient du sucre (qu'il faudra encore traiter et raffiner le cas échéant) et, de l'autre, de la mélasse, la matière première de plus de 90 % des rhums consommés sur la planète.

La deuxième vie de la bagasse

La matière sèche qui reste après le broyage de la canne est appelée « bagasse » dans les DOM. Il s'agit d'un sous-produit des industries du rhum et du sucre, qui est la plupart du temps réutilisé, sachant qu'une tonne de canne produit environ 300 kg de bagasse. La bagasse est d'abord employée comme source d'énergie, car elle a une valeur calorifique de 7 900 kJ/kg. Elle est donc brûlée afin de produire de la vapeur, qui viendra par exemple actionner les moulins, soit de la chaleur, qui ira à son tour alimenter les appareils de distillation. Elle peut aussi être épandue dans les champs de canne pour venir protéger la terre, ou empêcher un enherbement trop important.

La fermentation

La fermentation est une étape cruciale de la production du rhum. Nous l'avons vu, les cannes sont coupées, puis broyées dans une succession de moulins. On ajoute fréquemment de l'eau lors de cette opération. Dans le rhum agricole, le liquide, appelé « vesou », qui en ressort est ensuite acheminé dans des cuves de fermentation. Le vesou est avant tout composé d'eau (au moins 70 %), de matières ligneuses, d'impuretés (1 ou 2 %) et de saccharose (entre 14 et 24 % selon les cas). C'est ce dernier qui intéresse particulièrement les producteurs de rhum, car c'est lui qui, en se transformant sous l'action de levures, va se métamorphoser en alcool durant la fermentation. Dans le rhum de sucrerie, c'est la mélasse qui est mise à fermenter. Elle est diluée afin de faire baisser quelque peu sa forte concentration en sucre – de 50 à 20 % par exemple. La plupart du temps, la fermentation se fait dans de grandes cuves (en Inox, en bois, en béton...), laissées à l'air libre mais protégées par un toit. Cependant, certains rhums de mélasse industriels fermentent en cuves fermées.

Le rôle des levures

Les levures sont particulièrement importantes dans le processus de la production du rhum. Ce sont de petits champignons unicellulaires qui, lorsqu'ils n'ont pas d'oxygène, utilisent du sucre comme source d'énergie pour se reproduire. Ce faisant, elles transforment le sucre en alcool (éthanol). Elles périssent lorsque le processus est terminé. La fermentation demande une attention constante de la part des producteurs de rhum, car il faut vérifier que le vesou ou la mélasse ne soient pas trop acides (ou pas assez), qu'il ne fasse ni trop chaud ni trop froid (cela endort les levures) et qu'il y ait peu ou pas de bactéries (elles apportent des arômes difficiles à maîtriser).

En effet, durant ce processus, des goûts et des arômes se développent, et il est primordial de maîtriser cette étape. Dans le cas du rhum agricole, le jus de canne est immédiatement mis à fermenter, afin d'éviter la formation d'arômes secondaires non désirés ; pour le rhum de mélasse, c'est moins crucial, car cette dernière est beaucoup plus stable.

Comment « booster » les levures ?

Certains producteurs ajouteront des éléments à leur vesou pendant la fermentation afin de la booster. Par exemple des écorces de fruits ou des jus d'agrumes dans certains clairins. À la Jamaïque, on incorpore souvent une sorte de pâte, appelée « *dunder* » ou « *mud* » et composée de résidus des précédentes distillations ayant macéré pendant des mois. La compétition entre les levures et les bactéries logeant dans le *dunder* donne des arômes particulièrement lourds et expressifs.

Industrielles, indigènes ou sauvages ?

Aujourd'hui, la plupart du temps, les producteurs de rhum préfèrent contrôler ces goûts et arômes en utilisant des levures industrielles achetées dans le commerce. Celles-ci sont sélectionnées pour opérer une fermentation rapide, efficace, et apporter des goûts bien définis. Ou au contraire pour éviter l'apparition d'arômes. La plupart des rhums légers utilisent des levures peu aromatiques, alors que les rhums agricoles peuvent opter pour des Saccharomyces qui donneront des eaux-de-vie plus riches en arômes. De plus en plus utilisée dans le rhum des DOM, une autre technique consiste à faire appel à des levures dites « indigènes », c'est-à-dire qu'elles ont été repérées, puis sélectionnées, dans l'environnement immédiat du rhum (dans les champs de canne, la distillerie...). Cultiver ces levures permet aux producteurs de relier le rhum à son terroir sans y inclure un élément chimique ou industriel, tout en maîtrisant le processus. Comme à Haïti avec le clairin ou au Cap-Vert avec le grogue, ou encore dans certaines distilleries de Jamaïque, d'autres préfèrent laisser la nature faire son office. Ils laissent les levures présentes sur la canne – sans qu'elles aient été préalablement sélectionnées – se développer, et ajoutent parfois des levures de fruits comme l'ananas. On les appelle les levures « sauvages ». Si elles sont souvent très expressives, elles peuvent participer au développement de goûts et d'arômes assez peu qualitatifs. Elles mettent aussi plus de temps à agir, ce qui allonge la période de fermentation et diminue le rendement alcoolique.

Plus c'est long, plus c'est bon ?

Pendant la fermentation, de nombreux arômes et goûts se forment. Certains producteurs, comme beaucoup de producteurs de roncs, font en sorte que cette étape soit la moins longue possible. La fermentation dure alors moins de 24 heures. En effet, leur but n'est pas que des arômes apparaissent à foison, au contraire, puisqu'ils recherchent des rhums légers. Dans les rhums des DOM et en particulier le rhum agricole, la fermentation dure en général entre 36 et 48 heures. Le temps pour le vesou d'acquérir les propriétés aromatiques souhaitées. Pourtant, dans certaines contrées, loin d'être un sprint, la fermentation prend des allures de marathon ! En Jamaïque par exemple, elle peut durer plusieurs semaines et même un mois, période pendant laquelle les arômes, notamment apportés par des éléments non alcooliques, se concentrent de plus en plus. Les rhums qui en découlent sont appelés « lourds », « *heavy* » et « *high ester* » en Jamaïque, « grands arômes » à la Réunion ou à la Martinique, « clairin » en Haïti... La durée de la fermentation varie donc selon le type de rhum souhaité. Une fois la fermentation accomplie, le vin de vesou, appelé « grappe », ou le vin de mélasse titreront un peu moins de 10° d'alcool. L'un et l'autre sont désormais prêts à être distillés.

En résumé

C'est durant la fermentation que la mélasse ou le jus de canne se transforment en liquide alcoolisé sous l'action des levures. Ces dernières, ainsi que la durée de la période de fermentation, ont un impact sur les arômes que le rhum développera, une fois la distillation accomplie. Plus la fermentation sera longue et les arômes « sauvages » et plus le rhum sera expressif, les arômes « lourds ». Plus la fermentation sera courte et maîtrisée (atmosphère neutre, levures industrielles), moins le rhum sera expressif et plus ses arômes seront « légers ».

LA DISTILLATION

La distillation, c'est l'art de concentrer l'alcool, mais surtout les arômes. On trouve les premiers alambics rudimentaires en Mésopotamie plus de 6 000 ans avant notre ère, puis en Inde et en Chine. Aujourd'hui, la distillation est toujours une affaire d'artisans (alambics à repasse, colonnes créoles...), mais le gros du bataillon des rhums est produit de façon industrielle dans des multicolonnes.

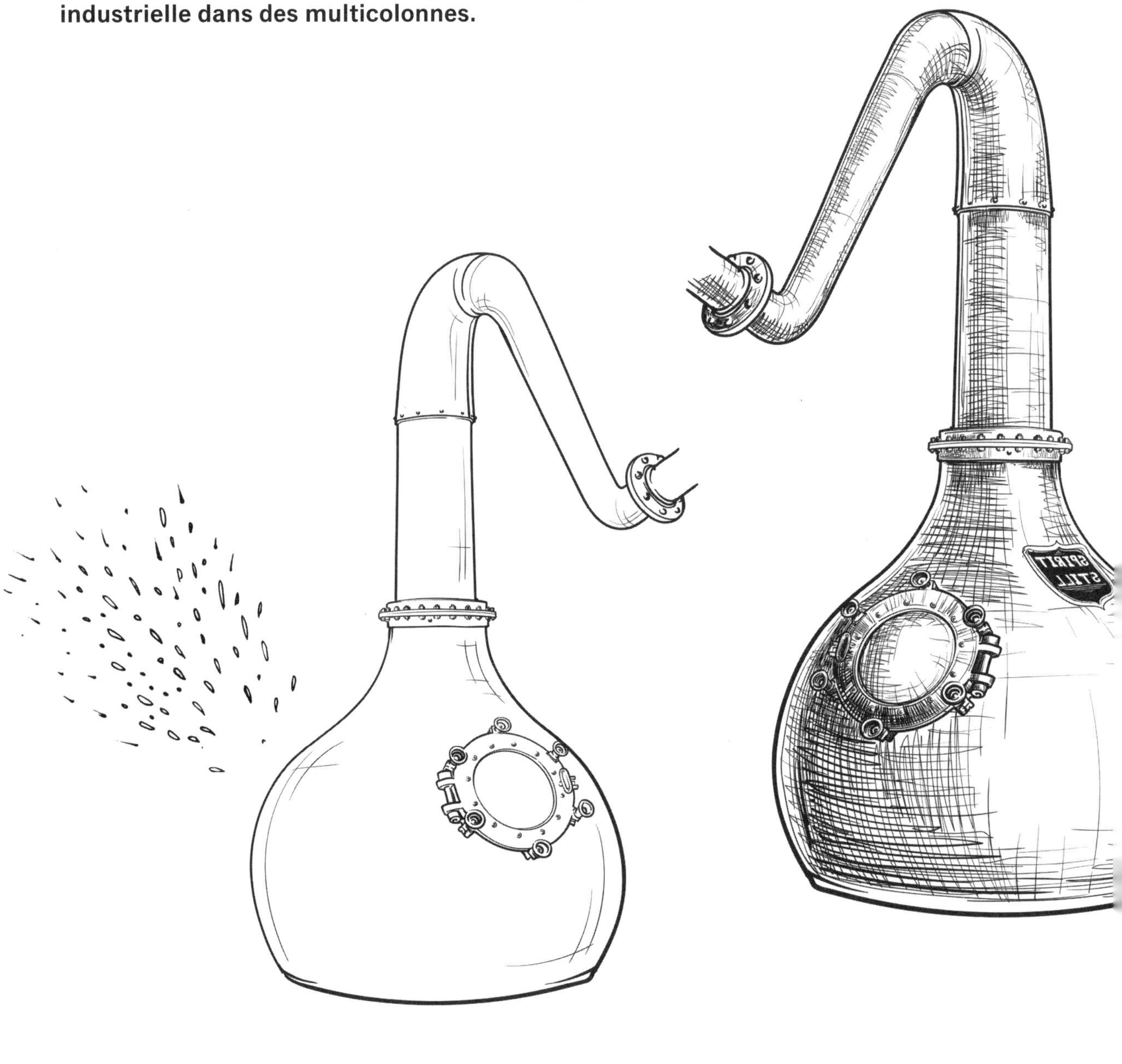

Un peu d'histoire

Savoir qui du rhum de mélasse ou du rhum de pur jus de canne a été distillé en premier relève du casse-tête. Si on parle de rhum stricto sensu, ce sera probablement le rhum de mélasse. Les premiers *kill-devil* et autres guildives ont été élaborés à partir d'écumes et de fonds de cuves récolté lors de la transformation du jus de canne en sucre au XVIIe siècle. Or, dans le même temps, les Brésiliens inventaient la cachaça, un spiritueux élaboré à partir de jus de canne fermenté, assez semblable au rhum de pur jus de canne ou au rhum agricole.

Les premiers alambics rudimentaires apportés par les colons produisaient a priori de très mauvais alcools. C'est le père Labat qui eut l'idée d'améliorer la production du tafia en proposant d'adopter des alambics cognaçais adaptés par ses soins au début du XVIIIe siècle dans les Antilles françaises. Cependant, les Français mirent du temps à adopter ces alambics charentais à double distillation, là où les Anglais firent rapidement confiance à leurs cousins écossais appelés *pot still*. Jusqu'au début du XXe siècle, les rhums de la Jamaïque ou de la Barbade eurent donc bien meilleure réputation. La colonne à distiller est quant à elle apparue au début du XXe siècle, et sa généralisation a révolutionné le monde du rhum en le faisant entrer de plain-pied dans l'industrialisation. La grande majorité des rhums produits actuellement le sont à l'aide de colonnes à distiller, simples ou multiples.

Les principes de la distillation

Le but de la distillation est d'une part de concentrer le niveau d'alcool d'un liquide hydroalcoolique composé d'eau et de jus de canne fermenté ou d'eau et de mélasse fermentée, d'autre part, d'en extraire certains composés aromatiques. Pour ce faire, on chauffe l'alambic – ou colonne, *pot still* ou hybride. Afin d'obtenir la température voulue, le liquide s'évapore et monte dans l'appareil de distillation. Les vapeurs passent dans un condensateur, qui va les refroidir pour qu'elles regagnent leur forme liquide. Le souci, c'est que les différents composés et composantes du rhum ne s'évaporent pas à la même température, donc au moment. Par exemple, l'éthanol pur s'évapore à 78,4 °C, alors que l'eau se transforme en vapeur à 100 °C. Tout le savoir-faire des distillateurs consiste alors à séparer les composants aromatiques qu'ils souhaitent utiliser dans l'élaboration du rhum et les autres. Le degré d'alcool du distillat suit une courbe ascendante, puis descendante jusqu'à l'épuisement en alcool du moût.

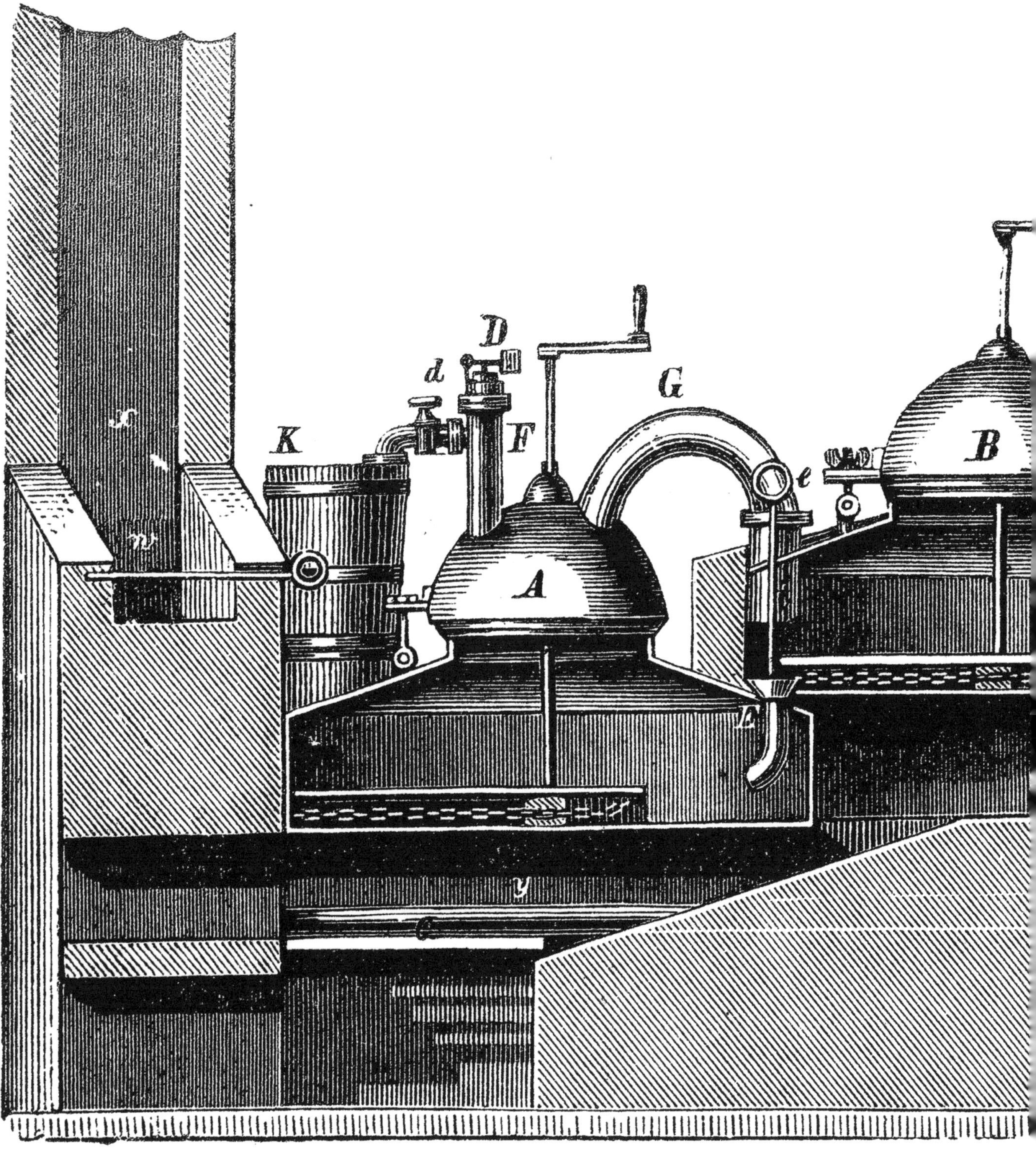
D
d
K
F
G
A
B
e
y

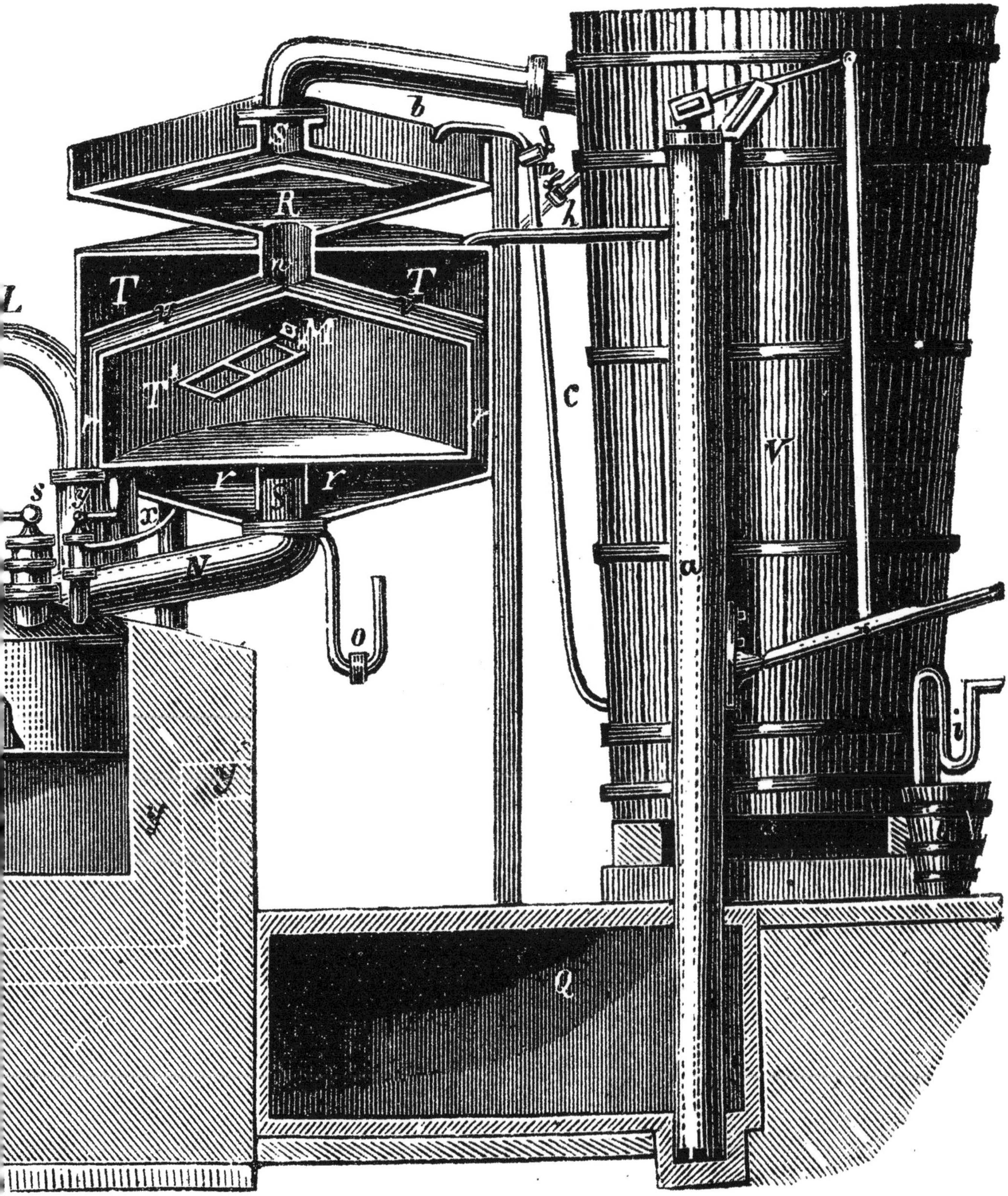
b
S
R
n
T
T
M
L
C
V
r
r
S
s
y
x
N
o
a
Q
i

La distillation discontinue

Les alambics charentais ou *pot still* (hormis ceux à double retors) subissent ce que l'on appelle une « double distillation », aussi appelée « à repasse ou discontinue ». Il s'agit de la plus ancienne méthode de distillation encore utilisée. En général, elle est donc plus artisanale et demande davantage de travail que la distillation en colonne. Une fois la chaudière remplie en jus de canne ou en mélasse fermentée, le processus est lancé. Il faudra faire chauffer le liquide hydroalcooleux deux fois avant qu'il n'atteigne le degré d'alcool et de concentration voulu. La première chauffe atteint en général entre 25 et 30° d'alcool. Cependant, il faut la remplir à chaque distillation et, entre deux distillations, on doit vider et nettoyer complètement le système. On parle alors de « cuvées » pour différencier les chargements. Souvent manuel, ce travail supplémentaire explique pourquoi, dans une grande partie du monde, les alambics ont été abandonnés au profit des colonnes. L'utilisation du cuivre, la forme des alambics, ainsi que la discontinuité du processus de distillation donnent en principe une meilleure qualité aromatique que celle des colonnes. Le distillateur peut jouer avec les trois distillats qui sortiront de l'alambic : la tête (le premier distillat sorti, qui contient souvent des éléments indésirables), le cœur de chauffe (qui contient les arômes les plus recherchés) et la queue (moins aromatique), afin de les mélanger à nouveau ou de les redistiller.

La distillation continue

La colonne simple, double ou plus permet au distillateur de ne jamais arrêter son installation. La distillation se fait en continue, tant qu'il y a de la matière première. On n'a donc besoin de vider ou de nettoyer le système que lorsque cette dernière vient à manquer ou qu'il faut faire une maintenance. La mélasse ou le jus de canne fermenté entrent d'un côté, et du rhum ressort de l'autre. La colonne est composée de différents plateaux, qui permettent au distillateur de maîtriser l'évaporation, de séparer des éléments, de les faire disparaître ou de les réinjecter. Les premiers plateaux sont dédiés à la concentration : il en ressortira un alcool à 65-75 % environ en Martinique, et jusqu'à 95 % pour les rhums légers. Les plateaux du bas sont appelés « plateaux d'épuisement » et récupèrent les composantes les plus lourdes pour les évaporer également. Les vinasses sont évacuées en bas de la colonne.

Il existe différents types de colonnes, avec leurs caractéristiques propres : Savalle, Barbet, Crepelle, Coffey, créole...

Des alambics pour tous les goûts

Le monde des alambics est sans limites, et c'est le royaume des bricoleurs. Il existe ainsi des alambics dits « à retors », qui permettent d'atteindre un degré de distillation appréciable (plus de 85°), en une seule distillation. Or celle-ci sera tout de même discontinue. Il existe aussi des hybrides entre colonne et *pot still*... Certaines colonnes ont une assise en cuivre pour faciliter la chauffe et purifier le distillat, tandis que le reste est en Inox.

On rencontre donc des colonnes simples, doubles, voire quintuples. Chaque colonne permet d'affiner encore plus le rhum et d'élever le degré d'alcool, de le purifier, d'en extraire des composés et de les réinjecter ou non. Cependant, un rhum trop affiné ou léger perdra en puissance aromatique. Une colonne permet à la fois de faire des rhums légers, des rhums agricoles ou de mélasse de type français, ainsi que des rhums lourds de type anglo-saxon, selon les réglages qui y sont effectués. Une colonne créole de Martinique fera sortir du rhum agricole titrant entre 65 et 75°, avec un taux d'éléments non-alcool de plus 225 g par hectolitre – 275 g pour le rhum élevé sous bois et 325 g pour le rhum vieux. Ailleurs dans les DOM, un rhum traditionnel pourra aller jusqu'à 90°. Les rhums distillés par Don Papa, aux Philippines, titreront en sortie d'alambics entre 91 et 93° et comporteront peu d'éléments non-alcool. Les rhums lourds traditionnels, notamment les rhums jamaïcains, monteront à 600 g, et les grands arômes/*dunder* à 1 600 g. Ce sont ces éléments non-alcool qui donneront ses arômes au rhum, hors vieillissement.

Qui fait quoi, où ?

La plupart des rhums des DOM français (Guyane, Guadeloupe, Réunion, Martinique) se font à partir de colonnes simples dites « créoles ». Elles permettent d'élaborer des rhums à la fois très aromatiques et dotés d'un fort degré d'alcool. On peut dire qu'ils sont équilibrés. Les producteurs de rhums de style anglais (Jamaïque, Barbade...) sont souvent équipés d'alambics à retors et de colonnes. La Jamaïque s'était fait une spécialité de la distillation discontinue mais, depuis 50 ans, la colonne y progresse. À la Barbade, on n'hésite pas à assembler des rhums issus de colonne et des rhums issus d'alambics (Foursquare, Mount Gay). La plupart des rhums de type ron, ou légers, sont élaborés à partir de colonnes multiples. Cependant, comme rien n'est simple dans le monde du rhum, beaucoup de distilleries possèdent à la fois des colonnes et des alambics. Cela permet de produire à la fois des rhums industriels et d'autres rhums qui ont une patine artisanale. C'est le cas de grosses distilleries comme Dememara Distillers, Guyana ou D États-Unis (Diplomatico), mais aussi de distilleries de taille plus modeste. Ainsi, la distillerie du Simon, en Martinique, fait des rhums différents selon qu'elle utilise une Savalle, une Barbet ou une colonne créole, alors que la matière première est la même. Parmi tout cela, il y a des exceptions, comme la distillerie Appleton en Jamaïque, qui n'utilise pas uniquement des rhums distillés en *pot still*, mais pratique également l'assemblage à la manière de la Barbade.

Double page suivante : distillateur en cuivre de la distillerie Chamarel, île Maurice.

Le rôle des esters

On appelle « ester » le produit de la déshydratation entre le groupe hydroxyle (constitué d'un atome d'oxygène et d'un atome d'hydrogène) d'un acide organique et celui d'un alcool. Dit comme cela, c'est un peu technique. Sachez seulement que les esters se développent lors de la fermentation du jus de canne ou de la mélasse, sont sélectionnés au moment de la distillation par le maître distillateur et sont responsables d'une foule d'arômes, notamment de fruits. Ils sont ce que l'on appelle des « éléments non-alcool ». Pour produire des esters, on booste les bactéries lors de la fermentation de la mélasse ou du jus de canne afin que les levures lient les acides à l'alcool et produisent les esters. Cela peut se faire en ajoutant des vinasses, ou des éléments exogènes, comme des écorces de fruits, des épices... Durant la distillation, ces esters sont régulés par le maître distillateur. Les arômes développés par les esters sont particulièrement puissants. On trouve les plus beaux spécimens de rhums à forte concentration en esters à la Jamaïque, mais on peut aussi lorgner du côté des rhums de la Réunion ou de la Martinique, sans oublier le clairin haïtien et le grogue capverdien.

ZOOM

LA DISTILLATION DANS L'HISTOIRE

On ne sait pas avec certitude quel fut le peuple qui inventa l'art de la distillation. On a retrouvé des traces d'alambics rudimentaires en Irak vers 3 500 avant J.-C., mais tous les experts ne sont pas d'accord. La civilisation de l'Indus (3 000 ans avant J.-C.), puis les Chinois et les Grecs maîtrisaient quant à eux la distillation – Aristote en fait état dans ses écrits au IVe siècle avant J.-C. Il s'agissait de distiller l'eau de mer pour la rendre propre à la consommation, ou des essences florales pour la parfumerie. Les Arabes perfectionnèrent par étapes les alambics au Moyen Âge, ce qui leur permit de distiller de l'alcool (ou *Al Kol* en arabe). C'est le médecin Abulcasis, au Xe siècle, qui aurait le premier distillé du vin. À cette époque, le distillat était considéré comme quasi magique et avait la réputation de rendre immortel, d'où son nom latin d'*aqua vitae*, ou eau-de-vie. À partir de la Reconquista en Espagne et des croisades, les Européens commencèrent eux aussi à produire de l'eau-de-vie, mais elle était toujours considérée comme un médicament plutôt que comme un spiritueux. Au XIIIe siècle, en Catalogne, puis à Montpellier, Arnau de Vilanova, dit Arnaud de Villeneuve, aurait été le premier à pratiquer le mutage des vins, c'est-à-dire l'adjonction d'eau-de-vie dans les vins, afin d'en améliorer la conservation.

La naissance des spiritueux

À partir des XVe et XVIe siècles, on commença en Europe à utiliser l'eau-de-vie en cuisine. C'est aussi au XVe siècle que les alambics furent perfectionnés afin de produire des alcools de meilleure qualité, dans le but de les consommer. C'est au cours de ce siècle que naquirent l'armagnac, puis le cognac et le whisky. Les spiritueux étaient nés. Les alambics traversèrent l'Atlantique à la fin du siècle, et les ancêtres du rhum commencèrent probablement à être distillés au XVIe siècle au Brésil (cachaça) et dans les Caraïbes (*kill-devil*).

La réduction

Le rhum blanc n'est pas forcément mis en bouteille juste après la distillation. Il faut dire qu'il titre en général entre 60 et 95° d'alcool. La plupart du temps, on lui ajoute alors de l'eau (la plus pure possible) pour faire baisser ce degré à un niveau plus consensuel, c'est-à-dire autour de 40°. Le rhum agricole fait exception, puisqu'il est souvent embouteillé à 50 ou 55° pour l'export, voire 60 ou 70° sur place. Cette étape, appelée « réduction », se fait en général dans des cuves en Inox afin de ne pas colorer le rhum. Elle peut durer quelques heures, juste le temps de mélanger l'eau avec le rhum afin d'atteindre le niveau souhaité. La réduction rapide est la règle pour les rhums industriels. Or, plus la réduction se fera en douceur et plus les arômes seront préservés. Elle peut donc se prolonger jusqu'à plusieurs mois, voire plusieurs années. Dans l'AOC Martinique, la période de repos et de dilution doit durer 6 semaines au minimum. Lorsque le rhum est vieilli, c'est-à-dire qu'il passe plusieurs mois ou plusieurs années en fûts de bois, la réduction (l'ajout d'eau) se passe durant le vieillissement, soit juste avant la mise en bouteille.

La mise en bouteille

La réduction n'est pas la dernière étape avant la mise en bouteille. Lorsque le rhum est vieilli, on va souvent lui ajouter du caramel. Ici, en principe, l'idée n'est pas d'édulcorer le produit – en tout cas en Europe –, mais d'ajuster sa couleur. Le rhum peut aussi être filtré afin d'enlever d'éventuelles impuretés, voire – lorsque cela est fait sur charbon de bois – de lui enlever sa couleur – comme c'est le cas pour certains rhums Bacardi ou Havana âgés – et de le rendre à nouveau translucide. Cette filtration peut avoir pour effet d'effacer un peu les arômes. Toujours est-il que le rhum est désormais prêt à être embouteillé… et bu.

Des rhums « bruts »

Certains rhums ne sont pas réduits. Ils sont mis en bouteille au degré de sortie de l'alambic ou de la colonne. On les appelle alors « bruts de colonne ». Cela n'empêche pas de laisser le rhum se reposer quelque temps. Par exemple, le Genesis de Longueteau, en Guadeloupe, passe 24 mois en cuve en Inox avant d'être embouteillé. Lorsque les rhums vieux ne sont pas réduits à l'issue de leur période de vieillissement, ils sont appelés « bruts de fût, barrel proof ou cask strengh ». Lorsque la mention full proof apparaît, c'est a priori qu'il n'y a pas eu de réduction depuis la distillation.

En résumé

Que la méthode soit continue ou discontinue, en colonnes ou en alambics, la distillation est l'art de concentrer et d'exprimer les arômes issus du terroir. Le savoir-faire des maîtres distillateurs leur permet d'emmener le rhum vers des profils aromatiques très divers : légers, équilibrés, lourds… Certains préfèrent porter le rhum jusqu'à ses limites et dépasser les 90° au prix d'une perte de saveurs, d'autres se contenteront d'arriver à 65 ou 70° pour les préserver. Peu connues, les étapes de la réduction, de la colorisation ou de la filtration ont elles aussi leur importance.

LES DIFFÉRENTS RHUMS

L'univers du rhum est sans cesse en ébullition. Il s'appuie sur ses traditions centenaires et emprunte les codes des autres spiritueux, comme le whisky ou le cognac. Le marketing et l'imagination des maîtres de chai aidant, le nombre de types de rhum ne cesse d'augmenter. Certaines catégories sont larges et structurantes, souvent basées sur des oppositions : rhum blanc / rhum vieux, rhum de mélasse / rhum de jus de canne. D'autres sont basées sur des différenciations légales : rhum de pur jus de canne / rhum agricole, compte d'âge européen / solera, rhum / boisson spiritueuse à base de rhum... Enfin, d'aucuns sont des sous-catégories qui apportent chacune une pierre à l'édifice d'un spiritueux résolument divers : *overproof, high ester*, single estate, parcellaire, monovariétal, filtré sur charbon de bois... Le nombre de catégories et de sous-catégories, allié à celui de lieux de production (DOM, Caraïbes, Amérique du Sud, latine, du Nord, Asie, Afrique...), fait que vous ne vous ennuierez jamais avec le rhum. En effet, chacune de ces différences de couleur, de réglementation, de provenance... donne des singularités gustatives et aromatiques !

LES RHUMS BLANCS

Le rhum blanc est celui qui sort de l'alambic ou de la colonne. C'est la catégorie la plus produite et la plus consommée sur la planète. C'est aussi l'origine de toutes les autres. En effet, la totalité des rhums vieux, arrangés, dark ou épicés étaient à la base des rhums blancs. Les deux principaux types de rhums blancs sont les rhums de pur jus de canne (parmi eux les rhums agricoles des DOM) et les rhums de mélasse.

Le rhum avant le vieillissement

Lorsqu'il sort de l'alambic, le rhum est toujours blanc et translucide. La couleur vient soit de l'adjonction de colorants (du caramel en général), soit du passage du rhum en fûts, soit des deux. Il existe deux types de rhums blancs : les rhums de mélasse (les plus nombreux) et les rhums de pur jus de canne (parmi eux, les rhums agricoles). Les premiers rhums furent des rhums blancs. On buvait le *kill-devil* ou le tafia immédiatement à la sortie de l'alambic. Pas de temps à perdre ! Les premiers rhums à être colorés furent sans doute ceux qui étaient exportés vers les métropoles ou qui entraient en jeu dans le commerce triangulaire. Ils étaient conservés dans des tonneaux durant plusieurs semaines, voire plusieurs mois. Ils acquéraient alors certaines propriétés du bois, des produits qu'il avait préalablement abrité (une bonne surprise lorsque c'était du brandy, une mauvaise lorsque c'était des anchois) et une coloration ambrée. Le rhum blanc est toujours actuellement le type de rhum le plus consommé. Principalement en cocktail, car les rhums blancs premiums sont encore peu nombreux.

Vers des rhums blancs premiums

L'immense majorité des rhums blancs écoulés sur la planète sont consommés mélangés et servent à faire des cocktails (planteur, punch, mojito, daïquiri...). Certains, comme les rhums agricoles dans les DOM, sont aussi consommés purs. Ce sont en général des rhums d'entrée de gamme, que l'on trouve en grande surface et qui coûtent en métropole au moins 16 ou 17 euros les 70 cl. Cependant, il existe aussi des rhums blancs haut de gamme – hormis ceux qui ont été vieillis, puis filtrés. Ces rhums sont en général parcellaires, c'est à dire que les cannes qui ont servi à son élaboration ont toutes poussé sur une parcelle bien délimitée, connue pour produire des jus d'exception. Il s'agit d'une notion très employée dans l'univers du vin. Souvent, ces rhums sont aussi monovariétaux, c'est-à-dire qu'un seul type de canne, celui qui pousse sur la parcelle, a été utilisé. Cela donne des rhums très particuliers et uniques. Un bon exemple est le rhum agricole parcellaire et monovariétal de HSE (Martinique) Canne d'Or #1. À la Guadeloupe, on peut aussi citer le rhum parcellaire n° 4 de Longueteau (assemblage de cannes rouge et bleue). Ces rhums blancs haut de gamme devraient se multiplier sous l'action de la premiumisation et de la recherche de nouveaux relais de croissance de la filière.

La filtration sur charbon actif

Vous verrez parfois des rhums blancs avec un compte d'âge. Comment cela est-il possible ? Cela peut vouloir dire que le rhum a été conservé pendant plusieurs années dans un environnement neutre au niveau de la prise d'arômes ou de la couleur, comme une cuve en Inox. Ce qui peut par exemple permettre à des rhums agricoles de gagner en complexité. Ou alors, après une période de vieillissement en fûts où le rhum s'est coloré, il a été filtré sur charbon actif ou charbon de bois pour le rendre à nouveau presque blanc (paillé). Quel intérêt ? Le rhum a absorbé les caractéristiques aromatiques du bois, mais conserve sa blancheur, ce qui le rend à nouveau intéressant pour des cocktails comme le mojito. Le plus connu d'entre eux est le 3 Anos (3 ans) d'Havana club, mais des marques comme Bacardi ou Diplomatico utilisent aussi cette technique, qui est plutôt un apanage des « rones » à la fois boisés et légers de tradition espagnole.

Rhum agricole ou rhum de mélasse ?

Au départ du processus de fabrication, il n'y a aucune différence entre le rhum agricole et celui de mélasse. Tous deux proviennent d'une canne coupée, puis broyée pour en extraire le jus. C'est après que les deux modèles divergent. En ce qui concerne le rhum agricole, on fait fermenter ce jus, qui devient du vin, puis on le distille. Pour le rhum de mélasse, le jus est chauffé et concentré, pour en extraire d'une part le sucre, d'autre part la mélasse. C'est ce liquide visqueux et marron, à forte teneur en sucre, qui sera mis à fermenter avant d'être distillé. Cette dichotomie canne/mélasse est dans toutes les têtes... en France, mais pas vraiment à l'international ! En effet, si le rhum agricole est un cador dans l'Hexagone, à l'international, c'est un Lilliputien, avec 2 ou 3 % des parts de marché. Les quelque 90 % restants (si on excepte les rhums de miel ou de sirop et les rhums de pur jus de canne) étant trustés par les rhums dits « industriels », « de sucrerie », bref les rhums de mélasse. Pour compliquer l'affaire, si nos DOM sont les seuls au monde – à part Madère – à produire du rhum agricole, ils élaborent aussi des rhums de sucrerie. Et pour couronner le tout, de nombreux pays à travers le monde ont eux aussi comme tradition de fabriquer du rhum à partir de vesou mais, selon la législation européenne, ils ne peuvent pas prétendre à l'appellation rhum agricole et doivent adopter celle de « rhums de pur jus de canne » s'ils sont commercialisés en Europe. Reste que les qualités aromatiques et gustatives des rhums agricoles ou de pur jus de cannes sont bel et bien différentes de celles des rhums de mélasse. Leur histoire, leur mode de fabrication et la culture qui les entoure divergent eux aussi. Une chance pour l'amateur de rhum, car cela lui donne une palette de sensations encore plus large à découvrir.

Ci-contre : les différents plateaux d'une colonne créole permettent de jouer avec les différents composants et les différentes températures de distillation.

KETEL 19
NOLET DISTILLERY

LES RHUMS ISSUS DE LA DISTILLATION DE JUS DE CANNE FERMENTÉ

Les rhums agricoles ou de pur jus de canne viennent directement de la canne. Après le broyage, le jus récupéré est mis à fermenter avec l'ajout de levures et d'eau. Il se transforme alors en vin et est distillé. En ressortent des rhums blancs très expressifs, dotés d'arômes de canne fraîche, de végétaux, mais aussi parfois de fruits exotiques ou d'épices. Les rhums agricoles peuvent également faire l'objet de cuvées un peu spéciales, variétales (une variété spécifique de canne), parcellaires (issus d'une parcelle en particulier)... Ce sont sans doute les rhums où la notion de terroir a le plus de sens.

Les rhums agricoles et de pur jus de canne

Ces rhums, très prisés par les connaisseurs, sont aussi ceux qui sont le plus consommés en France, car on en produit beaucoup dans les DOM (en particulier en Martinique et en Guadeloupe). Ils sont alors appelés « rhums agricoles » et sont souvent caractérisés par de puissants arômes herbacés. Ailleurs sur la planète, on parle de « rhum de pur jus de canne ».

Le rhum issu directement du jus de canne (et non de la mélasse) représente une infime partie de l'ensemble des rhums vendus sur la planète. Difficile de donner un chiffre exact, mais on estime leur part à 5 ou 6 % environ de la production mondiale. Alors pourquoi commencer par eux et ne pas parler en premier des rhums de mélasse, qui représentent peu ou prou les quatre-vingt-dix autres pourcents ? Parce le rhum issu du jus de canne est surreprésenté dans la culture et les points de vente en France. Nos DOM produisent même un type particulier de rhums de jus de canne, le plus connu et le plus apprécié d'entre eux, le rhum agricole.

Commençons par différencier le rhum agricole du rhum de pur jus de canne. Il s'agit d'une séparation géographique et légale. Rhum agricole et rhum de pur jus de canne sont tous deux élaborés à partir de la distillation de vin de canne, c'est-à-dire du jus de la canne broyée, puis fermenté (avec adjonction d'eau éventuelle) et agrémenté de levures. Sauf que le rhum dit « agricole » ne peut être produit que dans les DOM français (Martinique et Guadeloupe, Réunion et Guyane) et sur l'île portugaise de Madère, tandis que la mention « pur jus de canne » désigne tous les autres rhums produits à partir de vin de canne, quelle que soit leur origine.

On trouve les rhums de pur jus de canne dans plusieurs pays : sur l'île Maurice, au Japon, aux États-Unis, en Thaïlande...mais aussi en Polynésie française, à Tahiti. Les rhums tahitiens sont produits tantôt avec de la mélasse, tantôt avec du pur jus de canne, mais ces derniers ne peuvent pas se prévaloir de l'appellation « rhum agricole ». La Polynésie française est en effet une collectivité d'outre-mer jouissant d'une large autonomie, et non un DOM.

Un rhum très encadré

Le rhum agricole est fait directement à partir de la canne fraîche que l'on a broyée. On en tire un jus, appelé « vesou », que l'on fait ensuite fermenter. Au cours de ce processus, le sucre se transforme en alcool, si bien que le vesou titre à environ 6 ou 7° au bout de 24 heures. Ce jus est ensuite distillé, en général à l'aide d'une colonne créole. Il en sort un spiritueux blanc, qui titre à 70 ou 75°. En général, ou ajoute de l'eau pour faire descendre ce taux d'alcool entre 40 et 55°. Les rhums agricoles des DOM doivent se conformer à des règles plus strictes que les rhums des autres contrées en matière de récolte, de fermentation et de distillation, c'est-à-dire d'élaboration. Les rhums agricoles de Guadeloupe, de la Réunion et de la Guyane bénéficient d'une indication géographique protégée (IGP) et ceux de la Martinique d'une appellation d'origine contrôlée (AOC).

Au bonheur des DOM

Les DOM français sont aujourd'hui les champions du rhum agricole et des rhums élaborés à partir de vin de canne. Jusqu'au début du XXe siècle, la Martinique et la Guadeloupe exportaient en majorité du rhum de mélasse. En 1900, la Martinique en était même le plus gros producteur au monde ! C'est l'éruption de la montagne Pelée, qui éradiqua la capacité de distillation du rhum de mélasse de la Martinique – en même temps que les sucreries et les distilleries qui se trouvaient sur ses flancs –, qui va faire pencher le cours de l'histoire en faveur du rhum agricole. Plutôt que de reconstituer son industrie sucrière, la Martinique fait le choix de faire du rhum à partir de vin de canne. Très vite, l'île relève la tête et redevient un producteur majeur. Autre phénomène : en Martinique comme en Guadeloupe, les sucreries familiales ont du mal à subsister à cause de l'industrialisation du secteur et de la baisse des prix de vente que celle-ci provoque. Nombre de producteurs de sucre, donc de rhums de mélasse, se tournent vers le rhum agricole, plus rémunérateur. La part du rhum agricole dans la production des DOM (hors Réunion) ne cessera de progresser tout au long du siècle, dépassant celle du rhum de mélasse dans les années 1970. Aujourd'hui, le rhum agricole est un des types de rhums dont les ventes progressent le plus et dont le prix de vente est en hausse constante.

L'exception de Madère

Les DOM français ne sont pas les seuls à pouvoir se prévaloir de l'appellation « rhum agricole ». Plus connue pour ses vins mutés (de l'alcool vient fortifier le vin), l'île portugaise de Madère (à 600 km au large du Maroc) élabore elle aussi du rhum agricole. Elle a produit du sucre et du rhum dès le XVIe siècle. Elle a progressivement abandonné le sucre au XXe siècle au fur et à mesure des crises multiples, pour se concentrer sur le rhum agricole et le miel de canne. Madère compte actuellement 5 distilleries actives. Ses rhums vieillissent dans un climat subtropical, c'est-à-dire que la part des anges y est plus importante qu'en Europe, mais moins que sous les Tropiques. Ils bénéficient d'une indication géographique protégée (IGP : DOP en portugais) depuis 2011.

Ci-contre : la canne à sucre est broyée pour en extraire le jus.

POINT DÉGUSTATION

LES CARACTÉRISTIQUES GUSTATIVES DES RHUMS AGRICOLES ET DE PUR JUS DE CANNE

À la dégustation, les rhums de pur jus de canne se distinguent sans surprise par des arômes… de canne fraîche. Chaque type de canne aura un goût particulier, qui pourra varier selon le terroir où il a poussé. On parle souvent d'arômes végétaux, variétaux et herbacés. Il s'agit là de la trame, de la toile de fond aromatique et gustative de ces rhums. Cependant, elle ne les enferme pas dans un carcan pour autant. Un rhum agricole peut avoir des arômes de fruits exotiques (ananas, goyaves, fruits de la Passion…) qui poussent à la Martinique, à la Guadeloupe, à la Réunion ou en Guyane. C'est un peu la même musique avec les rhums de pur jus de canne. Par exemple, dans le rhum thaïlandais Issan, on sent d'emblée des notes de litchi… Très expressifs – souvent davantage que les rhums de mélasse lorsqu'ils ne sont pas vieillis –, ces rhums sont très recherchés pour réaliser des cocktails identitaires des DOM (ti-punch, planteur…), mais peuvent aussi très bien se boire purs. Ils seront peut-être plus difficiles d'accès que des rhums de mélasse pour les novices, car plus secs, moins ronds, c'est-à-dire avec une sucrosité moindre et une impression de sécheresse.

LES COUSINS DU RHUM DE CANNE

Plusieurs spiritueux issus de la fermentation du jus de canne présentent de nombreuses similitudes avec les rhums de canne et les rhums agricoles. Issus d'une histoire bien particulière et produits dans des zones bien délimitées (Cap-Vert, Brésil, Haïti), le grogue, la cachaça et le clairin sont en train de sortir de leur isolement et de grignoter des parts de marché. Un véritable renouveau pour ces alcools à l'identité particulière, longtemps laissés de côté par le commerce international. Tout amateur de rhum de pur jus de canne ou de rhum agricole se doit de goûter au moins une fois ces cousins du rhum.

La cachaça sort de son isolement

La cachaça est probablement le premier spiritueux à avoir été distillé à partir de jus de canne, vers 1600 au Brésil. Pourtant, ce n'est pas un rhum. D'abord parce que la cachaça est protégée par la loi brésilienne et que, contrairement au rhum produit partout de par le monde, elle ne peut être élaborée qu'au Brésil. D'ailleurs, les Américains ont reconnu l'appellation cachaça brésilienne en 2013. Comme le rhum agricole ou les rhums de pur jus de canne, la cachaça est produite à partir de jus de canne frais fermenté. Cependant, lors de la distillation, on peut y ajouter des éléments exogènes, comme des céréales grillées. L'alcool sorti de la distillation ne dépasse en général pas les 50° et est obtenu en une seule passe. Alors que le rhum doit faire au moins 40° et peut atteindre des degrés très élevés (70° et plus) à l'embouteillage, la cachaça ne peut contenir qu'entre 38 et 48° d'alcool. Une autre différence apparaît lors du vieillissement. Alors que le rhum est en général vieilli dans des tonneaux de chêne, la cachaça ajoute à son arsenal toute une palette de bois brésilien aux noms exotiques, tels que l'amburana, le jequitibá, l'ipé, le tapinhoã, le baumier... Chaque type de bois donnant aux spiritueux ses propres goûts et sa couleur intrinsèque.

Selon l'expert Alexandre Vingtier, on recense plus de 4 000 marques de cachaça au Brésil, qui peuvent être celles de petits artisans comme de gros industriels. L'immense majorité (99 %) est consommée localement, mais la cachaça connaît depuis quelques années un véritable engouement aux États-Unis et en Europe. La cachaça est le spiritueux le plus bu au Brésil, devant la tequila ou le rhum. C'est qu'il entre dans la composition d'un célèbre cocktail : la caïpirinha.

Double page suivante : traitement de la mélasse dans une distillerie de rhum.

Le grogue se modernise

Le grogue est une autre boisson apparentée au rhum de pur jus de canne et il est originaire du Cap-Vert. Certains disent même qu'il s'agit bien d'un rhum, mais qu'au Cap-Vert, on l'appelle autrement, c'est-à-dire grogue. Sa fabrication s'apparente à celle d'un rhum de pur jus de canne, en plus artisanal. Les parcelles où pousse la canne à sucre sont souvent peu étendues et situées à flanc de colline. La canne est en général coupée à la main – les machines ne peuvent pas atteindre les parcelles et y manœuvrer. À l'air libre, la fermentation dure entre 8 et 12 jours après le broyage de la canne. Elle se fait grâce à des levures sauvages ou indigènes. Ces spécificités font que, comme certains clairins haïtiens, les grogues sont particulièrement aromatiques et expressifs.

La distillation se fait en alambics *pot still*. La région de production la plus fameuse se situe sur l'île de Santo Antào. La consommation du grogue est longtemps restée locale. Il faut dire que l'on trouvait beaucoup de produits non maîtrisés et même dangereux pour la santé. Depuis quelques années, on en voit apparaître en France, notamment dans les caves spécialisées dans le rhum ou sur les sites Internet, comme Rhum Attitude ou Excellence Rhum. Pas de panique : ceux-ci sont sûrs et très bons !

Clairin, le rhum des origines enfin disponible

Jusqu'à la fin du XVIIIe siècle, Haïti fut une terre sucrière, qui produisait énormément de sucre, de mélasse, donc du tafia. Suite à la révolte des esclaves, à la révolution de Toussaint Louverture et à l'indépendance, l'industrie sucrière se tourna d'abord vers la consommation locale.

Cependant, les habitants continuèrent à produire un alcool issu de la canne ou d'un gros sirop pour leur consommation personnelle : le clairin. Ce dernier est un des spiritueux qui se rapproche le plus du rhum de l'ère préindustrielle, car son processus de fabrication a peu varié depuis lors. D'abord parce que certaines cannes à sucre utilisées sont peu ou prou les mêmes qu'en 1800, là où, dans le reste des Caraïbes et du monde, on cultive des hybrides. Ensuite parce que le mode de production est resté très artisanal : culture sans pesticides, coupage à la main, transport à dos de charrette à bœufs et broyage dans des moulins rudimentaires. La fermentation du jus de canne se fait souvent à l'air libre et dure au moins une semaine. Les levures sont celles qui sont contenues dans l'atmosphère – elles sont sauvages –, la distillation se fait dans des alambics très peu sophistiqués, la filtration est rare, l'embouteillage se fait au degré de sortie de l'alambic... Après avoir été cantonné à une consommation locale, le clairin commence depuis une dizaine d'années à sortir des frontières de la turbulente Haïti, pour le plus grand bonheur des amateurs de rhum. Attention cependant : l'île compte plus de 530 distilleries et toutes ne travaillent pas dans les règles. Certaines sont des distilleries industrielles, d'autres sont artisanales. Cependant, les marques distribuées en France, comme Sajous ou Vaval, sont sûres et très bonnes. Elles jouissent d'une expressivité et d'arômes de fruits exotiques débordants ! Là encore, on les trouvera surtout chez les cavistes spécialisés, notamment la Maison du Whisky (LMDW) ou les sites Internet de vente de rhums.

Ci-contre : bouteilles de grogue produites sur l'île de Santo Antão, à Cap-Vert.

En résumé

Bien que minoritaire en termes de volumes par rapport au rhum de mélasse, le rhum directement issu du jus de canne fermenté est très recherché par les amateurs. Les plus connus et appréciés d'entre eux sont les rhums agricoles des DOM français, mais il en existe un peu partout sur la planète (Amérique, Asie, Europe...). Leurs arômes herbacés et de fruits exotiques les rendent incontournables pour les cocktails, mais aussi en consommation pure. Les cousins du rhum de pur jus de canne que sont la cachaça, le clairin et le grogue commencent également à sortir de leurs frontières et à toucher les consommateurs français en quête de nouvelles sensations.

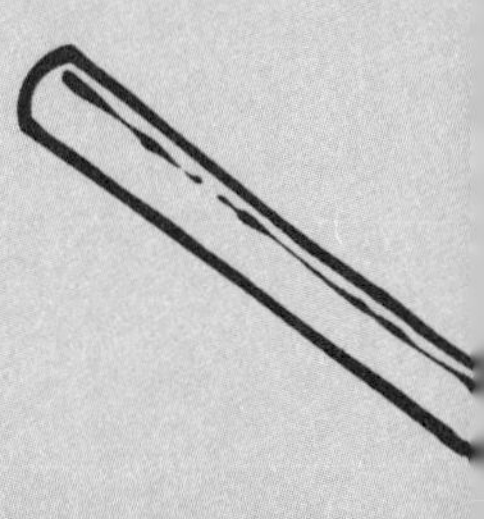

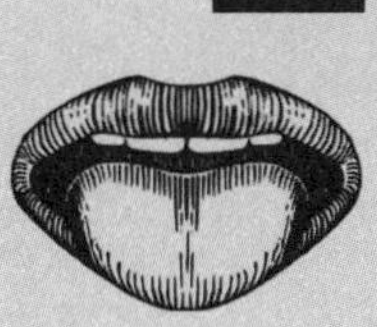

POINT DÉGUSTATION

GAYA, LA CACHAÇA FRANCO-BRÉSILIENNE PREMIUM

Des cachaças de qualité commencent à être importées en France. On les déguste en général en cocktail, mais on peut aussi les boire pures. Élaborée par le Français Nicolas Delauche et le Brésilien Ricardo Lopes, la Gaya propose des cachaças premium. Leur référence Gaya Jequitiba-MG est d'abord vieillie plusieurs mois en cuve Inox, puis fait l'objet d'un finish en fûts de jequitibá rose, un bois blanc qui ne marque pas trop la cachaça. Celle-ci conserve donc une couleur très légèrement paille. Quand on porte un verre au nez, on a l'impression d'être en présence d'un rhum agricole. À la dégustation, on remarque quelques différences dues aux arômes du bois de jequitibá, ainsi qu'une plus grande astringence.

LES RHUMS DE MÉLASSE

Rhums de sucrerie ou industriels, les rhums de mélasse sont appelés « traditionnels » en France. Est-ce un abus de langage, puisqu'ils sont souvent bien plus industriels que ceux de jus de canne ? Non, car, historiquement, les DOM produisaient bien des rhums de mélasse avant de se tourner vers le rhum agricole. Ce sont en tout cas les rhums les plus répandus sur la planète – 90 à 95 % de la production. Ils présentent une infinie variété, car on trouve parmi eux les rones légers de style espagnols (de Porto Rico par exemple), des rums lourds de type anglais (de Jamaïque notamment) et les rhums des DOM équilibrés. Certains (la majorité) sont des rhums industriels qui sont produits à l'aide de multicolonnes, d'autres des rhums plus artisanaux distillés avec des alambics *pot still*.

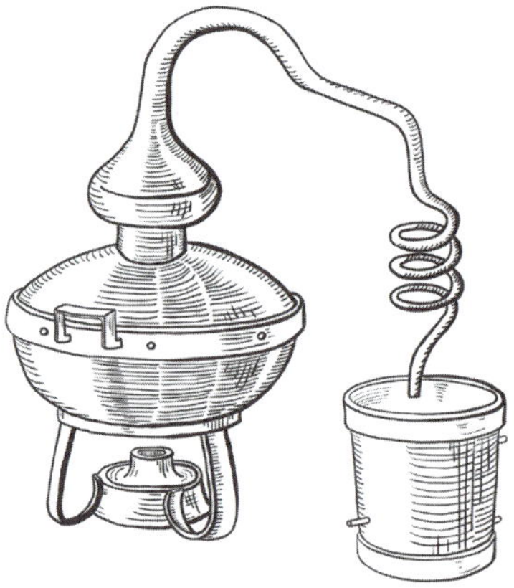

Un spiritueux associé au sucre

La mélasse peut être produite à partir de canne à sucre ou de betterave, voire de sorgho. Seuls les spiritueux ayant été distillés à partir de mélasse issue de cannes à sucre peuvent prétendre s'appeler « rhums ». On dit souvent que les premiers rhums ont été produits à partir de la mélasse, mais ce n'est probablement pas tout à fait vrai. Les éléments distillés au départ étaient plutôt des écumes, des chutes ou des fonds de cuves – donc une sorte de mélasse très fruste – qui restaient après la transformation du vin de canne en sucre. Leur matière première et la distillation à une passe expliquent en partie pourquoi ces premiers rhums avaient la réputation d'être des tord-boyaux. Au fur et à mesure que la production de sucre et donc de mélasse se perfectionne, la qualité des rhums s'améliore. Au départ en tout cas, la production de rhum est un à-côté de la production de sucre, une façon de valoriser la mélasse – au même titre que la bagasse ou les vinasses. La mélasse est toujours un produit associé à l'industrie sucrière, mais elle a gagné ses galons d'élément noble. Elle sert à faire un produit qui ne l'est pas moins, le rhum.

De la canne à la mélasse

La base du rhum de mélasse reste la canne à sucre. Celle-ci est récoltée, coupée, puis broyée. On met les résidus solides de côté (la bagasse) et on garde le jus de la canne. Or là où, dans le cas du rhum agricole (ou de pur jus de canne), ce jus est ensuite mis à fermenter afin qu'il se transforme en vin de canne, dans le cas du rhum de mélasse, il est chauffé à plusieurs reprises. Lors des premières chauffes, on extrait le sucre, c'est-à-dire la matière solide. Puis au fur et à mesure des chauffes et de l'extraction du sucre, le liquide qui reste se transforme et devient visqueux, poisseux et brun. C'est la mélasse, laquelle contient une part importante de sucre : entre 40 et 55 %. Si vous le goûtiez, vous lui trouveriez sans doute un petit goût de bonbon de réglisse – d'ailleurs faite de mélasse – ou de caramel. Plus celle-ci est chauffée et le sucre extrait, moins elle sera aromatique au final.

À la fin du processus d'extraction du sucre, la mélasse est placée dans une centrifugeuse et on lui adjoint de l'eau pour la rendre plus liquide. C'est ici que le processus de fermentation est lancé. On ajoute donc des levures souvent industrielles pour que le sucre se transforme en alcool. Puis on peut commencer la distillation à l'aide d'alambics *pot still*, et plus encre de colonnes à distiller.

Quand le jus de canne remplace la mélasse

Les crises du sucre ont fait des ravages au cours de l'histoire, provoquant la fermeture d'un nombre astronomique de distilleries adossées à des sucreries.
Et elles n'ont pas fini de sévir. Devant la baisse continue du prix de revente de la tonne de sucre, certaines îles traditionnellement productrices de rhums de sucrerie voient leur production de mélasse chuter – les usines vendent à perte et ferment. Du coup, il devient difficile de soutenir la demande en mélasse des rhumeries.
Deux choix s'imposent alors : soit importer des mélasses de l'étranger, soit se tourner vers la production de rhums de pur jus de canne, plus rémunérateur.
Ces questionnements, non tranchés à ce jour, taraudent notamment la Barbade, le Guyana ou la Jamaïque.
Cependant, nous sommes loin du remplacement du rhum de mélasse.

Des rhums parfois hors sols et industriels

Un des avantages de la mélasse est qu'elle est très stable. Contrairement au jus de canne qui doit être utilisé très rapidement sous peine de se gâter, elle peut se conserver pendant des mois, voire des années, sans perdre ses qualités. C'est pourquoi de nombreux pays producteurs de rhum ne sont pas ou plus des pays producteurs de canne. Ils importent de la mélasse venue de l'étranger, qu'ils distillent ensuite. Autre avantage : les rhums industriels peuvent être produits en flux tendu lorsqu'ils sont distillés en colonnes, toute l'année, 24 heures sur 24, et ne sont pas tributaires des récoltes. Certaines distilleries recevant des mélasses en continue ne s'arrêtent donc presque jamais, et elles peuvent produire toute l'année. Prenons l'exemple de la distillerie géante de Bacardi à Porto Rico. Elle produit 120 000 bouteilles de rhum toutes les 8 heures, alors que le pays où elle est installée ne produit que peu de canne à sucre. Toute la mélasse utilisée est donc importée, puis stockée, afin de satisfaire 7 jours sur 7 l'appétit d'ogre des immenses colonnes à distiller. Le rhum blanc non âgé produit est de type « ron », c'est-à-dire léger, sans aspérité et sans défaut. C'est un rhum très éloigné du terroir, qui prendra véritablement de la personnalité grâce au travail sur les levures ou lors du vieillissement.

La vague du « craft »

Le fait que la mélasse soit facilement transportable et stockable a permis l'industrialisation à outrance du rhum de sucrerie. Cependant, c'est aussi le ferment sur lequel repose un retour de l'artisanat. En effet, de petits distillateurs ont la possibilité d'acheter des mélasses qu'ils jugent intéressantes, afin de produire des rhums très personnels en édition limitée. C'est la mode du « craft ». Ce mouvement, qui a d'abord traversé les mondes du whisky et de la bière et a permis d'y faire souffler un vent de renouveau, déferle à présent sur le rhum.

Les États-Unis sont la tête de pont du mouvement craft mais, du moment qu'il y a une distillerie et que l'on peut importer de la mélasse, on peut produire du rhum craft n'importe où. C'est ainsi que l'on trouve désormais du rhum estampillé *made in* New York, Boston ou Paris. La Distillerie de Paris, installée dans l'arrière-cour de l'épicerie *Maison Julhès* dans le 10ᵉ arrondissement de la capitale, produit en effet du whisky, du gin... et du rhum *made in* Paris donc. Son rhum ambré est par exemple réalisé à partir de mélasse provenant d'Amérique latine.

Donner de la confiture aux cochons et de la mélasse aux vaches

La mélasse ne sert pas uniquement à produire du rhum. Elle est aussi utilisée pour nourrir les animaux d'élevage, en particulier les ruminants comme les vaches ou les chèvres. Sa teneur en sucre, en acides aminés et en sels la rend à la fois appétissante et bonne pour la santé des animaux. Riche en azote, elle favorise de plus leur digestion. Cependant, comme elle est très riche en sucre, il ne faut pas en abuser. Aussi est-elle d'abord un complément alimentaire.

L'attaque de la mélasse tueuse

Le 15 janvier 1919, c'est le drame dans le quartier de North End, à Boston. La ville, compte encore quelques distilleries après avoir été un centre très important de la production du rhum au XIXᵉ siècle. Un réservoir à mélasse de 15 m de haut et de 27 m de diamètre pouvant contenir jusqu'à 8 700 000 litres de mélasse rompt et laisse son contenu se déverser dans les environs. Une vague brune et poisseuse de 2,5 m de haut dévaste tout sur son passage, emportant hommes, femmes, enfants, chiens, chevaux... tuant 21 personnes et en blessant 150. Ironie du sort, le lendemain, le 18ᵉ amendement de la constitution américaine portant sur la prohibition est voté.

La vogue des embouteilleurs

Le rhum est un marché porteur, tout le monde veut en produire. Pour cela, rien de plus simple : il suffit d'acheter de la mélasse et de la distiller. Il s'agit de la vague « craft ». Encore plus simple : on peut acheter du rhum en vrac et éventuellement l'assembler et l'embouteiller sous une marque que l'on a créée. Aujourd'hui, le plus gros marché du rhum en vrac se trouve en Europe (Hollande et Liverpool). Des négociants et des embouteilleurs vont y acheter des rhums en fûts, dont ils choisissent l'origine, le compte d'âge... ça coûte moins cher que d'acheter une distillerie, même si de gros moyens financiers sont mis dans le packaging et le marketing.

En résumé

Les rhums de mélasse représentent un univers encore plus vaste et divers que celui des rhums agricoles. Il y a peu de choses en commun entre un ron portoricain très léger et un rum jamaïcain très riche en esters. Les rhums dits « de sucrerie » ou industriels sont en général assez ronds et sucrés, et particulièrement appréciés en cocktails lorsqu'ils sont légers.
Ils sont littéralement produits partout sur la planète, même là où la canne ne pousse pas, puisqu'il est possible d'importer et de stocker de la mélasse.
Ils peuvent être industrialisés à outrance, comme issus de l'artisanat via notamment la vague du craft. Le rhum de mélasse est parvenu à gagner ses lettres de noblesse et à se dégager de l'ombre encombrante du sucre grâce au vieillissement.

zoom

LES RHUMS DE MIEL OU DE SIROP DE CANNE

Il n'existe pas réellement de définition précise du miel, ou du sirop de canne. D'ailleurs pour certains, miel et sirop désignent le même produit, pour d'autres non. Le miel de canne est issu de la chauffe continue pendant plusieurs jours du jus de première presse de la canne, c'est-à-dire sans adjonction d'eau. L'évaporation et la concentration dues à la chauffe lente transforment le jus de canne frais en un miel, ou un sirop très sucré. Dans certains pays, ce n'est pas le premier jus qui est utilisé, ou le jus est chauffé en plusieurs fois… Reste qu'en général, le miel de canne est un sirop qui est plus concentré et se conserve mieux que le jus de canne fraîche, mais il est moins concentré et plus subtil aromatiquement que la mélasse. Le taux de saccharose est de 70 % au minimum. Comme pour le rhum de mélasse ou le rhum agricole, on ajoute de l'eau et des levures au miel de canne au sirop pour lancer une fermentation alcoolique. Une fois l'opération effectuée et le sucre transformé en alcool, le sirop/miel est distillé. Les rhums de miel de canne ne se ressemblent bien sûr pas tous. Cependant, si nous devions leur trouver des points communs, ce serait une suavité et une rondeur exacerbées. Certains rhums sont issus à la fois de mélasse et de sirop/miel. Le miel de canne est principalement utilisé dans 5 pays et pas des moindres : au Venezuela (Diplomatico), au Pérou (Millonario), au Paraguay (Fortin), au Guatemala (Botran ou Zacapa) et à Cuba (Conde des Cuba). Sachant que l'indication géographique des rhums du Guatemala rend obligatoire l'utilisation de miel de canne.

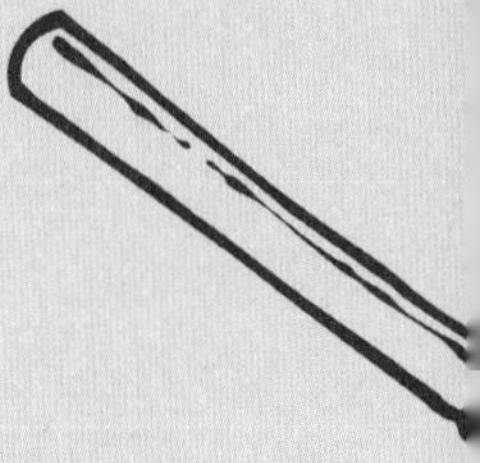

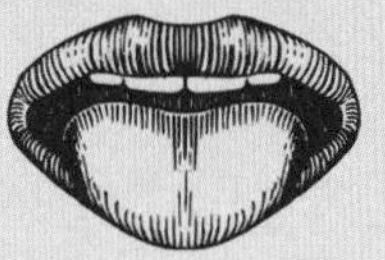

POINT DÉGUSTATION

LES CARACTÉRISTIQUES DES RHUMS DE SUCRERIE

On pourrait imaginer qu'un rhum de sucrerie sera moins aromatique qu'un rhum agricole ou de pur jus de canne. Cela peut être le cas des rhums blancs. Ils sont souvent moins expressifs, mais plus ronds. On n'y retrouve pas le côté végétal des rhums agricoles, mais on peut tout à fait y apprécier par exemple des arômes de fruits exotiques. Certains rhums blancs de sucrerie, issus d'une distillation très poussée et sortant à plus de 90°, sont appelés « légers » ou purs. Problème : cette légèreté ou cette pureté impliquent moins d'arômes. Ils sont cependant très appréciés comme base de cocktails. Comme pour les cannes des rhums agricoles, la mélasse n'aura pas les mêmes qualités aromatiques selon qu'elle sera issue de tel ou tel terroir ou de tel ou tel millésime – de façon moins marquée. Même chose pour les rhums qui en découleront. Les rhums de mélasse se prêtent particulièrement bien au vieillissement. Ils absorbent alors les arômes relâchés par les fûts qui les accueillent et dans l'atmosphère du chai. Les rhums vieux gagneront des notes de caramel, de vanille ou de bonbon de réglisse caractéristiques. Là encore, les vieux rhums de mélasse sont plus ronds que les rhums vieux de pur jus de canne. Comme pour les rhums agricoles, il existe des rhums de mélasse millésimés.

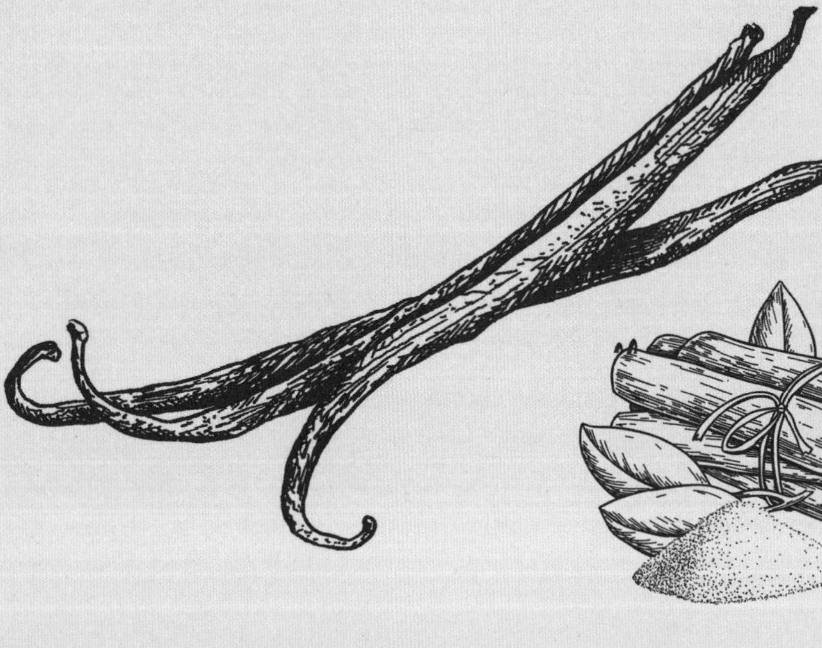

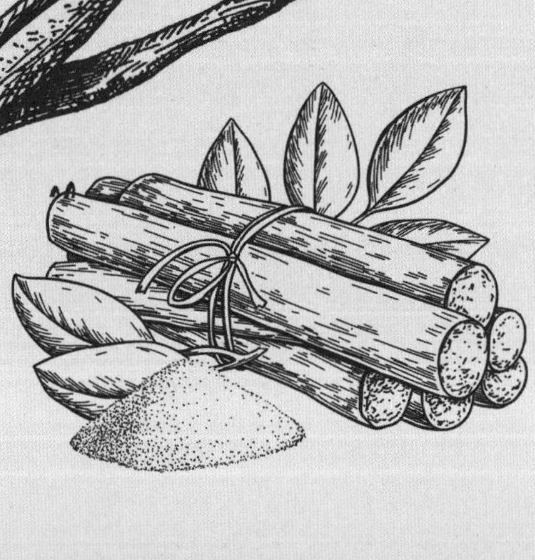

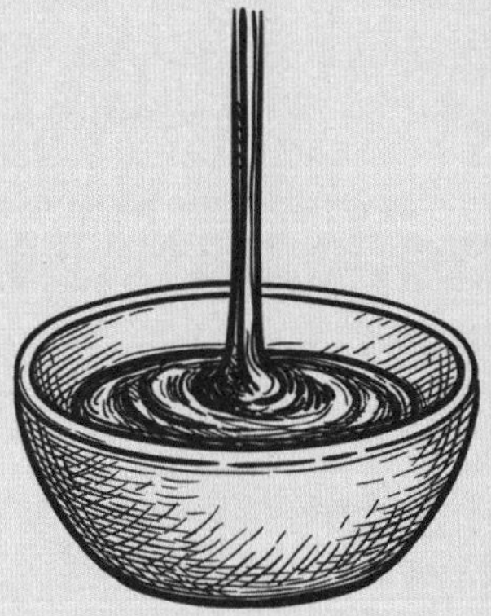

LES RHUMS VIEILLIS

Faire vieillir, maturer un rhum est tout un art. Cela permet au spiritueux d'entrer dans une nouvelle sphère, celle des alcools d'exception. Cela sert aussi au producteur de gagner davantage d'argent et de toucher un public d'amateurs avertis. Le maître de chai devra dompter la part des anges, maîtriser l'ouillage, choisir avec soin ses fûts selon leur bois, leur chauffe ou le spiritueux qu'ils ont accueilli auparavant et les déguster sans faiblir afin qu'une fois mariés, tous ces éléments forgent un rhum équilibré.

Pourquoi vieillit-on le rhum ?

Bonne question ! En effet, contrairement au whisky (3 ans de vieillissement au minimum) et au cognac (3 ans aussi), le rhum peut fort bien se boire jeune. En plus, le vieillissement coûte cher, car cela immobilise pendant des années des spiritueux qu'on aurait pu vendre blancs. C'est un véritable impact financier pour les producteurs. Pourtant, le vieillissement du rhum est un phénomène de plus en plus répandu. Les producteurs rivalisent même d'inventivité pour proposer toujours plus de références vieillies aux consommateurs. Pourquoi ? Parce que ces derniers sont très friands de ces spiritueux vénérables et aussi parce qu'ils sont prêts à payer plus cher pour les acquérir. Faire vieillir un rhum, c'est aussi le transformer, allonger sa vie afin qu'il acquière une nouvelle couleur (dorée, orangée, sombre...) et de nouveaux arômes, notamment grâce aux échanges avec le bois des fûts qui le contiendront. Cela permet aussi aux rhums de canne et de mélasse, assez différents lorsqu'ils sont blancs, d'avoir en commun des arômes tels que la vanille, le caramel, les fruits confits, les épices... apportés par le vieillissement. Le vieillissement permet aux rhums de pur jus de canne ou de mélasse de gagner une nouvelle couche d'arômes et de goûts. Lesquels sont apportés par le bois des fûts, où patientent pendant des mois, et parfois des années, telles des notes de caramel, toastées, de vanille, de fruits confits, de cacao, dc bois... L'éventail des possibilités est aussi divers que le choix des barriques. Si la majorité des rhums vieillissent dans des fûts de chêne ayant accueilli du bourbon, on utilise aussi des fûts neufs, des fûts de cognac, d'acacia... Grâce à la technique du finish, il est aussi possible de marier le rhum avec d'autres spiritueux comme le whisky, et même des vins (sauternes, bordeaux, porto...). Les maîtres assembleurs jouent en permanence avec le contenu des tonneaux dont ils ont la garde. Ils les remplissent pour se prémunir des effets indésirables de la part des anges, les assemblent pour marier leurs qualités ou les âges. Le chemin peut être long et sinueux jusqu'à la mise en bouteille d'un rhum ! Mais force est de constater que ces rhums vénérables ont de plus en plus de succès auprès des consommateurs. D'où la nécessité de bien les renseigner sur leur âge véritable.

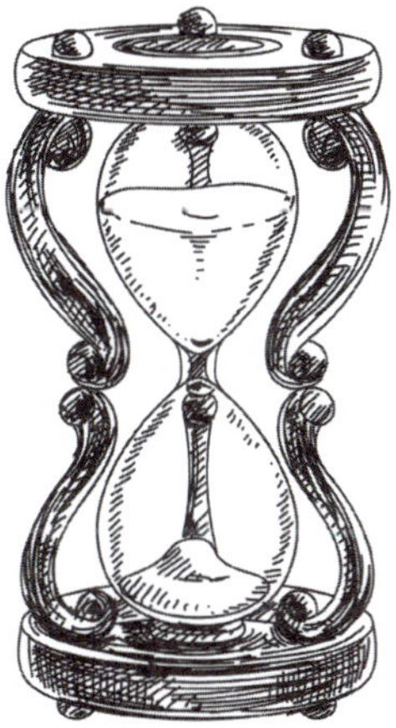

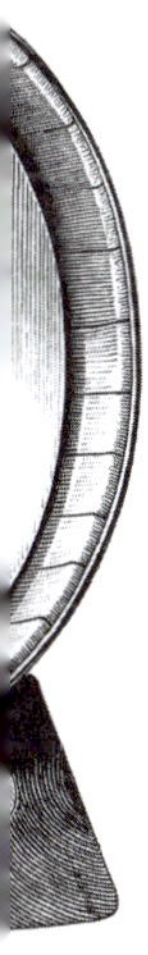

La marine à l'origine du vieillissement ?

Les premiers consommateurs de cet alcool de jus de canne ou de mélasse ne s'embarrassaient sans doute pas de questions d'âges ni de millésimes. Ils buvaient le *kill-devil*, ou guildive, presque à la sortie de l'alambic. Ce sont probablement les marins qui, les premiers, ont dégusté des rhums quelque peu vieillis. À cette époque, les voyages en bateaux à voiles sur l'océan Atlantique, puis l'océan Indien, duraient facilement plusieurs mois. Les navires qui transportaient du rhum, du whisky, du brandy ou du cognac (pour le revendre ou pour remonter le moral de l'équipage), s'aperçurent que le spiritueux devenait encore meilleur lorsqu'il avait séjourné quelque temps dans un tonneau de bois.

La part des anges

Le vieillissement est une opération délicate et coûteuse à cause de la « part des anges ». Qu'est-ce qui se cache derrière cette jolie dénomination ? Une perte sèche pour le producteur, mais aussi la promesse d'une qualité supérieure pour son rhum. En effet, lorsque le rhum vieillit en barriques, un échange d'air se fait avec l'atmosphère, car les contenants ne sont pas complètement hermétiques. Ils respirent. Une partie de l'alcool s'évapore donc dans les airs, tandis que l'alcool tout comme les arômes se concentrent. Invisible à l'œil nu, cette perte est toujours attribuée en manière de clin d'œil à l'amour des anges pour les eaux-de-vie. Cette perte de liquide, et cette concentration des arômes, ne se fait pas avec la même intensité selon l'endroit où les barriques se trouvent. Alors qu'en Europe, cette évaporation est comprise entre 1 ou 2 % (en Écosse pour le scotch whisky) et 2 ou 3 % (en Charentes pour le cognac), dans les climats chauds et humides où la majorité des rhums prennent de l'âge (Amérique latine, Antilles, Caraïbes...), elle est de 6 à 10 %. Par exemple, si un producteur possède 100 fûts en vieillissement en Martinique, l'année d'après, il aura toujours 100 fûts, mais seulement de quoi en remplir 90 avec du rhum – en prenant l'hypothèse maximale d'une perte de 10 % due à la part des anges. L'année n+2, il ne lui restera que l'équivalent de 81 fûts, et ainsi de suite.

Du rhum vieilli comme dans le temps

Depuis 2015, la compagnie des Frères de la côte convoie des rhums en barriques depuis les Caraïbes jusqu'en Europe sur une brigantine à voile de 32 m, le *Tres Hombres*. Ils ressuscitent ainsi le vieillissement des origines, où le rhum était vieilli durant les mois que durait son transport avant embouteillage. Il s'agit en fait d'une sorte de finish, qui vient en plus du vieillissement tropical traditionnel. Il se fait au gré du tangage et du roulis du navire, et expose les barriques aux embruns. Des marques comme Foursquare (Barbade) ou la distillerie La Favorite (Martinique) ont sorti des références sous le patronage des Frères de la côte du *Tres Hombres*. Et le succès de ce mode de transport propre est au rendez-vous, puisqu'une nouvelle brigantine de 45 m va être lancée sur les mers.

La technique de l'ouillage

Si on laissait descendre les volumes dans un fût, au bout de 3 ou 4 ans, le niveau baisserait dangereusement, et la part de l'intérieur du tonneau composée d'air serait de plus en plus importante. Ce qui pourrait entraîner des problèmes que les producteurs de rhums et, plus largement, de spiritueux ou de vins cherchent à éviter. Par exemple, le développement de levures, de bactéries et de champignons sur les parties hautes qui ne sont plus en contact avec le rhum serait favorisé. En outre, plus un fût est vide, plus il y a d'air, donc plus il se vide rapidement. Cela aurait pour conséquence l'apparition de défauts aromatiques ou, en tout cas, de faire dévier le goût de la route souhaitée par le maître assembleur. C'est pourquoi les producteurs de rhum ont recours à la technique de l'ouillage, qui consiste à prélever du rhum sur des fûts d'un même lot et de la même année pour les remettre à niveau. L'ouillage permet aussi d'assurer le maximum de contacts entre le rhum et le bois et de maximiser ainsi la solubilisation des composés des tanins issus du bois, tout en évitant l'apparition d'arômes non désirés.

L'importance du lieu de vieillissement

L'endroit où est vieilli le rhum et la puissance de la part des anges auront aussi un impact sur le goût du rhum. Ainsi, dans un environnement humide, la part des anges sera principalement constituée d'alcool et le rhum deviendra plus rond. Dans un endroit plus sec, le rhum sera plus concentré et plus asséchant. C'est pourquoi certains producteurs, comme Plantation ou Embargo, font d'abord vieillir leurs eaux-de-vie dans les pays chauds et humides avant d'opérer un second vieillissement en France, où le climat est plus sec, afin de capter les avantages des uns et des autres. On appelle cette technique le double vieillissement. Cependant, il n'est pas obligatoire de faire voyager le rhum sur des milliers de kilomètres pour constater l'importance de l'atmosphère dans laquelle les rhums vieillissent. Dans un même chai, là où se trouvent les tonneaux, des différences de profils apparaissent. Ainsi, dans les immenses chais de Don Papa, selon que le fût a vieilli vers l'entrée où il y a de la lumière, de l'aération et une température de 40 °C et 60 % d'humidité, ou tout en haut au fond dans l'obscurité, sans aération, à 60 °C, avec 100 % d'humidité, ce ne sera pas le même rhum. C'est tout le savoir-faire du maître de chai que de comprendre comment assembler ces lots pour élaborer les différentes incarnations de Don Papa. Des rhums peuvent aussi obtenir des impressions iodées, car les cannes qui ont servi de base ont poussé près de la mer, mais aussi parce que les barriques où le spiritueux a vieilli se trouvaient exposées à l'air marin. On retrouve d'ailleurs ce phénomène chez les whiskies et les cognacs.

La prédominance des fûts de bourbon

Historiquement, l'ensemble des rhums des Antilles, de l'Amérique latine et de l'Amérique centrale sont vieillis en fûts de bourbon américain – whisky exclusivement produit aux États-Unis. Cela s'explique par la proximité géographique de ces fûts, et aussi par leur bas coût. En effet, selon son cahier des charges, le bourbon doit être vieilli dans un fût neuf. Tous les ans, les producteurs de bourbon revendent donc leurs fûts usagés vieux de 4 à 6 ans, en général aux producteurs de rhum, pour s'en acheter des neufs. Tous les fûts de bourbon sont fabriqués en chênes blancs américains. Pourquoi ? Parce que non seulement c'est dans le cahier des charges, mais aussi parce que cet arbre donne des tonneaux présentant de nombreux avantages pour le vieillissement de spiritueux. Il peut se prévaloir d'un fort taux de thylles (sortes de sécrétion gommeuse), qui permet une bonne étanchéité. Il présente aussi une forte teneur en ellagitanins, ce qui sert à maîtriser l'oxygénation du liquide contenu dans le fût. Et cerise sur le gâteau, il a naturellement des arômes de vanille et de caramel (encore plus une fois brûlé), très recherchés dans le bourbon, le whisky, le cognac et le rhum.

Cinquante nuances de fûts

Si plus de 90 % des rhums sont vieillis dans des fûts de bourbons usagers, ce n'est pas le cas de l'ensemble des rhums. Certains producteurs préféreront des chênes d'autres origines, français du Limousin par exemple, ou des fûts neufs. Isautier (Guadeloupe), Trois Rivières et HSE (Martinique) utilisent ainsi des chênes neufs en plus des fûts de bourbon, mais avec prudence, car ils ont tendance à marquer très fortement le rhum. D'autres, comme Maison La Mauny, vont faire vieillir leurs rhums pendant quelques mois, voire plusieurs années, dans des fûts de cognac. La maison martiniquaise a aussi sorti un rhum qui a passé quelques mois en fûts d'acacia, ce qui donne un spiritueux un peu doré, très plaisant et employé en cocktail. Les ex-fûts de cognac sont un choix assez répandu dans les DOM français ou chez Zacapa, au Guatemala.

Ci-contre : certains chais de vieillissement peuvent contenir des dizaines de milliers de fûts remplis de rhums d'âges divers. C'est le travail du maître de chai de s'y retrouver dans cette forêt spiritueuse.

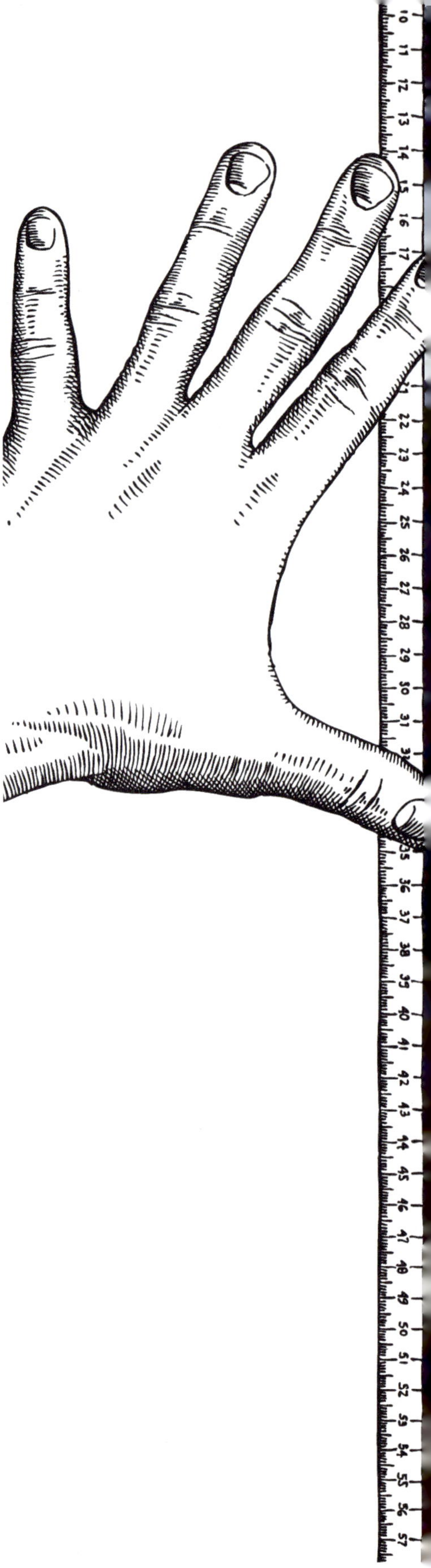

Size does matter

L'essence du bois et le fait qu'il soit neuf ou non, qu'il ait ou non préalablement accueilli un autre spiritueux, sont autant de marqueurs qui participeront à faire évoluer le goût du rhum. Mais ce n'est pas tout, car la taille du fût sera elle aussi à prendre en compte. La taille standard d'un fût de bourbon en chêne américain est de 200 litres, alors que celle d'un fût de cognac est de 350 ou 400 litres. Celle d'un fût de sherry, qui peut servir pour le finish, est de 500 à 600 litres. Cependant, on peut utiliser des fûts plus grands ou plus petits, selon que l'on veut extraire ou non davantage d'arômes. Nous allons le voir, le bois dont est constitué le fût renferme des arômes. Son rôle est de les faire passer dans le rhum au fil du temps. Comment ? À sa sortie de la colonne de distillation ou de l'alambic, le rhum titre entre 95 et 70° d'alcool. Lorsque le niveau d'alcool tourne autour des 90°, on y adjoint de l'eau pour le faire chuter en dessous de 80°, afin qu'il n'attaque pas trop le tonneau qui le protège et d'atténuer la part des anges. En effet, le rhum agit comme un solvant qui va venir décrocher au fur et à mesure les tanins et les arômes qui se trouvent sur les parois du fût. Plus ce dernier est petit et plus la quantité de liquide en contact avec le bois est proportionnellement grande, donc plus le rhum absorbe les propriétés du bois, mais acquiert aussi de la couleur. Plus le fût est grand et plus son apport au spiritueux est maîtrisable.

Ça va chauffer !

Ce n'est pas la seule variable d'ajustement. Le grain du bois et la circonférence de ses pores viennent aussi influer sur la diffusion des tanins. De même, les fûts neufs libèrent plus d'arômes que les fûts usagés – ayant déjà accueilli des vins ou des spiritueux. Autre élément important : le type de chauffe. Un brûlage léger libérera des notes épicées et de bois.

Une chauffe plus appuyée fera apparaître des arômes de fruits à coque (amandes, noisettes, noix, pistaches...). Si la chauffe est très forte (la surface du tonneau est carbonisée), la couleur sera beaucoup plus sombre et les arômes extraits seront torréfiés et caramélisés. Sachant qu'il existe d'autres façons, plus rapides, d'obtenir les arômes typiques d'une forte chauffe, sans attendre. En effet, il est possible d'ajouter du caramel ou encore des copeaux de bois lors du vieillissement. Le rhum extrait aussi différents arômes du fût en fonction de son taux d'alcool : chaque substance du bois est soluble à différents degrés d'alcool. C'est pour cela qu'en général, plus un rhum est vieux, plus il est complexe, car il a eu accès à toutes les substances que le fût a pu lui donner, à mesure que le taux d'alcool est descendu.

L'assemblage

Nous l'avons vu, chaque fût de rhum est différent au sein du lieu du chai, suivant le type de tonneau ou l'endroit où il se trouve au sein de l'espace de vieillissement. Le rhum et son fût réagiront différemment selon qu'il fait chaud, humide ou sec, que l'endroit est aéré au non... Certains tonneaux contiennent de plus des rhums d'âges différents, ce qui ajoute encore en complexité. Le travail du maître de chai consiste à goûter régulièrement tous ces fûts et à noter scrupuleusement leurs caractéristiques afin de réaliser le moment venu un assemblage, c'est-à-dire de réunir les rhums contenus dans différents fûts pour créer ou de recréer un produit qui sera commercialisable. Certains comparent le rôle du maître de chai à celui d'un parfumeur, ou d'un chef d'orchestre. La plupart des rhums du monde sont des assemblages ou *blends* en anglais, et le but des producteurs de rhum est de proposer au client des produits standardisés ayant les mêmes caractéristiques (arômes, couleur...), année après année.

Acheté en 2020, un rhum de 7 ans d'âge d'Havana Club aura le même goût qu'un rhum Havana Club de 7 ans d'âge acheté en 2021. La personnalité de la marque doit se retrouver dans l'ensemble de la gamme. Certains rhums sont des éditions limitées, des one shots, mais l'immense majorité sont en général des assemblages. Ainsi, un rhum millésimé est souvent un assemblage de rhums de la même année. Une fois que l'assemblage a été fait, il est souvent mis à reposer quelques semaines ou plusieurs mois dans des grands fûts de bois n'ayant plus grand-chose à apporter en termes de tanins et d'arômes, ou dans des cuves en Inox. À moins que le maître de chai soit joueur et décide de faire un finish.

La mode des single casks

Il existe des exceptions à la règle des assemblages, comme les rhums single casks, ou single barrels, qui ne sont tirés que d'un seul fût et n'ont donc pas été assemblés. Dans ce cas, le maître de chai décide de mettre de côté un fût qui présente des caractéristiques très marquées et de l'embouteiller. Cela permet aux marques de sortir de belles éditions limitées et de ravir à la fois les amateurs et les collectionneurs.

Le finish

Le finish est une technique héritée du whisky. Cela consiste à faire vieillir le spiritueux dans un premier fût ayant en général préalablement accueilli soit du bourbon, soit du cognac. Cela peut durer quelques années, selon la dénomination que le rhum souhaite atteindre (VO, XO...). Celui-ci est alors extrait de son fût habituel pour terminer son vieillissement dans un nouveau contenant qui a préalablement abrité un spiritueux ou même un vin moins habituel. La palette est large : porto, xérès, vin rouge de Bordeaux, de Bourgogne, de Sauternes, whisky... L'essentiel est que le rhum y reste pendant une période limitée, car il doit prendre quelques caractéristiques de ce spiritueux ou vin d'appoint, sans qu'il en soit trop marqué. La marque martiniquaise HSE fut une des pionnières en matière de finish dans le rhum, et avec sa gamme « Finitions du Monde ». Elle propose notamment des finishs plus ou moins longs en fûts de whisky d'Islay et des Highlands, fûts de sherry fino et oloroso, fûts de sauternes château La Tour Blanche ou de château Marquis de Terme à Bordeaux, fûts de porto... chaque type de fût apportant de la personnalité au rhum qui y vieillit. Plus encore qu'ailleurs, le défi est que le profil aromatique ne soit pas trop chamboulé. En effet, les rhums martiniquais n'obtiennent l'AOC qu'au terme d'une dégustation. Si leur profil diverge trop, ils en sont privés. S'il ouvre tout un champ de possibilités et participe à la belle diversité du monde du rhum, la technique du finish est donc à utiliser avec précaution !

En résumé

Faire vieillir un rhum, c'est lui apporter une nouvelle dimension grâce aux assemblages, aux différents types de fûts utilisés, à l'atmosphère du chai... Ce spiritueux translucide prend aussi une couleur ambrée, voire sombre. C'est véritablement une seconde vie qui s'ouvre à lui, alors qu'il se transforme et gagne des arômes tels que le café, le caramel, la vanille, le bois, l'écorce d'orange... Les plus grands rhums, et les plus recherchés par les collectionneurs, sont vieillis, voire millésimés.

Ci-contre : certains de ces fûts donneront des rhums vieux, d'autres feront l'objet d'une édition Single Cask, si leur contenu en vaut le détour !

LA QUESTION DE L'ÂGE DU RHUM

Goutte la plus jeune ou goutte la plus vieille ? Lorsqu'un chiffre figure en gros sur l'étiquette d'une bouteille (7, 8, 15, 23...), s'agit-il de l'âge du rhum le plus vieux de l'assemblage ou du rhum le plus jeune ? À moins que ce soit un solera. Et ces mentions énigmatiques, XO, VO, vieux, hors d'âge... que signifient-elles au juste ? Vous l'aurez compris, connaître l'âge d'un rhum n'est pas une mince affaire. Voici quelques pistes pour éclairer votre lanterne et guider votre choix.

La goutte la plus jeune

À part pour les rhums millésimés, le rhum peut être un assemblage de plusieurs années, comme d'ailleurs le whisky ou le cognac. C'est-à-dire que l'on va mélanger des rhums d'âges différents dans le but de retrouver un goût et une qualité constants d'année en année. En Europe, il existe un principe très important, celui de la « goutte la plus jeune ». Cela signifie que l'âge qui sera inscrit sur une bouteille de rhum correspond à l'âge du rhum le plus jeune figurant dans l'assemblage. Ainsi, un assemblage qui aura par exemple été réalisé à partir de rhums de 3, 4 et 5 ans sera considéré comme ayant 3 ans, même si les rhums de cet âge ne représentent que 1 % de l'ensemble. En principe, cela concerne tous les rhums vendus dans l'Union européenne. Attention : ce n'est pas le cas partout. Dans la zone caraïbe anglaise, l'âge du rhum est soit celui de la goutte la plus jeune, soit une moyenne pondérée de l'âge des rhums utilisés, soit la goutte la plus vieille (ACR). Certains rhums d'Amérique latine utilisent la méthode du comptage de l'âge à partir de la goutte la plus vieille.

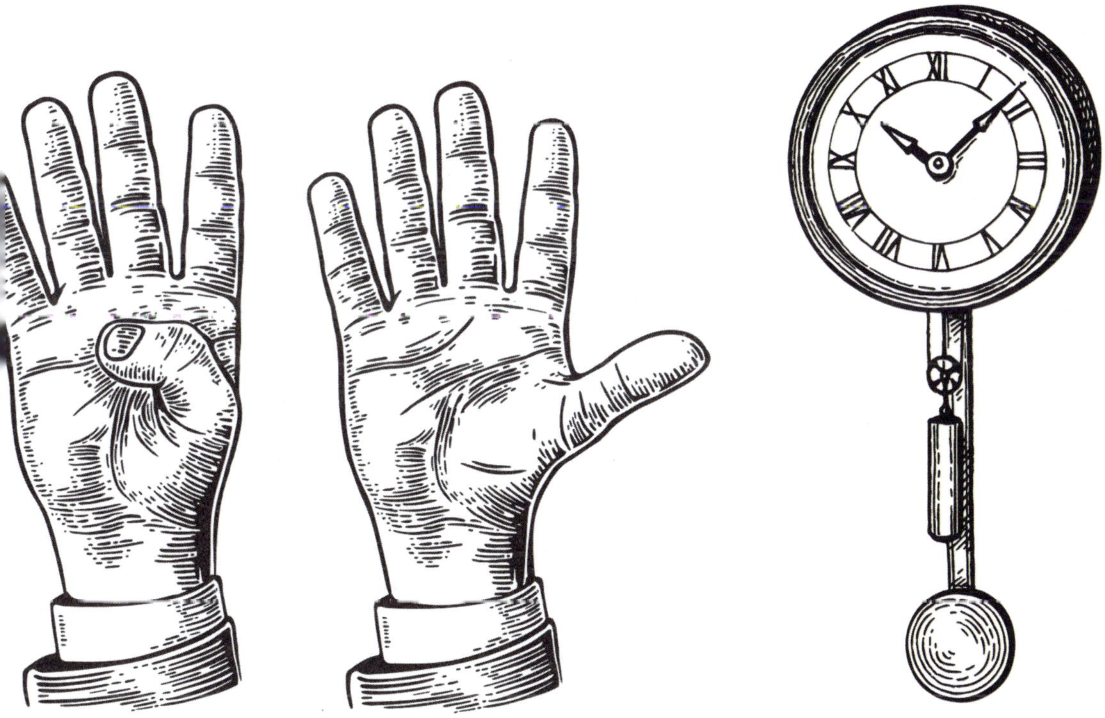

RHUM
VIEUX
Nº 30-45

OLD·JUDGE
·CHOICE·OLD·
JAMAICA RUM.
IMPORTED &
·BOTTLED BY·
PROPRIETORS
R.W. HILTON & Co
52, OXFORD ROAD,
MANCHESTER.

La méthode solera

La méthode solera a été élaborée dans le but de contrer la part des anges. Vous savez que, chaque année, un pourcentage d'un fût de spiritueux s'évapore. On parle en général de 2 à 3 % de perte par an en Europe, et de 8 % ou plus dans les pays chauds et humides. Normalement, avec la technique de l'ouillage, on remplit les tonneaux ayant perdu du rhum par évaporation avec des rhums de la même année. Avec la méthode solera, le rhum qui s'évapore avec la part des anges est remplacé par un rhum plus jeune. L'idée de départ est de placer les barriques en étages : les plus jeunes en haut, les plus vieilles en bas. L'étage du haut viendra se mélanger avec l'étage du bas, qui se mêlera à celui du dessous, etc. Aujourd'hui, on fonctionne plus par rotation que par étagement. Avec la méthode solera, l'assemblage se fait au fur et à mesure du temps et non à la fin de la période du vieillissement. Et au final, les fûts qui se trouvent au niveau du sol contiennent des rhums de plusieurs années différentes. Les défenseurs de cette technique expliquent qu'elle permet de donner de la vigueur aux rhums les plus âgés grâce à l'adjonction de rhums plus jeunes, et de les faire gagner en complexité. Ses détracteurs répondent que cela brouille le message envoyé au consommateur. En effet, sur une bouteille de méthode solera, lorsqu'il y a marqué « solera 15 » ou « solera 15 *anos* », cela ne signifie pas que le rhum le plus jeune de l'assemblage a 15 ans, mais que le plus vieux rhum de l'assemblage a 15 ans, ou parfois que l'âge moyen des rhums est de 15 ans. Selon les termes de la loi, il y a un risque de tromperie. Aussi les marques qui utilisent cette technique n'ont-elles pas le droit d'adosser une mention d'âge à un chiffre. Ils peuvent faire figurer un chiffre sur la bouteille (15, 21, 23...), mais sans les mots « ans » ou « âge ». Le mot « solera » doit au contraire figurer sur la bouteille. Le principal ambassadeur de la méthode solera est le rhum guatémaltèque Zacapa.

Les âges du rhum

Dans un marché où les rhums âgés se vendent de mieux en mieux et de plus en plus cher, la définition de l'âge du rhum est une âpre bataille. Ce sont pour l'instant l'Europe (les DOM français et Madère), avec Cuba, ou les rhums caribéens de type anglais authentiques (ACR) qui ont la définition la plus restrictive : la règle de la goutte la plus jeune. En effet, faire vieillir du rhum coûte de l'argent, et vendre un rhum avec une mention 15 ans d'âge, alors qu'il s'agit de la goutte la plus vieille et non la plus jeune, permet aux producteurs de faire plus rapidement des bénéfices. En revanche, pour le consommateur européen, cela peut être trompeur. Au fil du temps, le monde du rhum, toujours rétif à instaurer de nouvelles règles, est allé vers davantage de transparence.

L'Association des producteurs de rhum et de spiritueux des petites Antilles (WIRSPA) a annoncé la création de la marque *Authentic Caribbean Rum* (ACR) afin de garantir l'authenticité de ses rhums et notamment leur âge, en étant parfaitement aligné sur la réglementation européenne. Voici la liste des marques concernées : English Harbour, Cockspur, Doorly's, Mount Gay, St Nicholas Abbey, Travellers, Clarke's Court, El Dorado, Barbancourt, Barcelo, Brugal, Captain Bligh, Chairman's Reserve, Borgoe et Angostura.

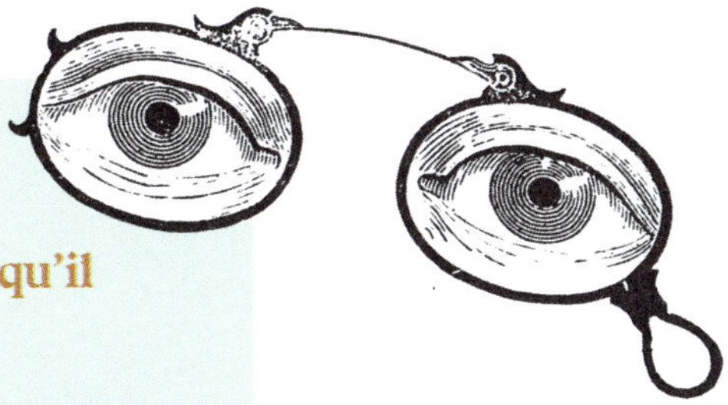

Quelques clés pour lire l'âge d'un rhum sur une étiquette... même lorsqu'il n'est pas clairement indiqué !

Un rhum blanc des DOM aura passé entre 3 semaines et 3 mois à se reposer dans une cuve en Inox – pour éviter la coloration et l'aromatisation.

Un rhum élevé sous-bois aura passé 1 an dans un fût de chêne – pour gagner en couleur notamment.

Un rhum paille aura 18 mois d'ancienneté.

Les rhums « vieux » auront passé au moins 3 ans en vieillissement.

Les VO (*very old*) ont eux aussi 3 ans d'âge au minimum.

Les VSOP (*very superior old pale*) **vieille réserve**, **réserve spéciale**... sont des rhums d'au moins 4 ans d'âge.

Les XO (*extra old*), **hors d'âge**, **extra vieux** et **grande réserve** ont vieilli au moins 6 ans.

Quant aux rhums millésimés, leur minimum de vieillissement est de 6 ans. Tous les rhums de l'assemblage doivent être de la même année. 2005 par exemple !

LES RHUMS « MÉLANGÉS »

Les rhums ne se boivent pas seulement purs. En fait, le gros du volume produit sur la planète se boit en mélange, que ce soit avec du sucre et du citron vert, des sodas, des fruits, des épices... Même si les rhums à consommer purs tiennent une large part dans ce livre, il ne faut pas passer à côté de l'univers chatoyant des cocktails, des rhums arrangés ou des rhums épicés. À vos shakers !

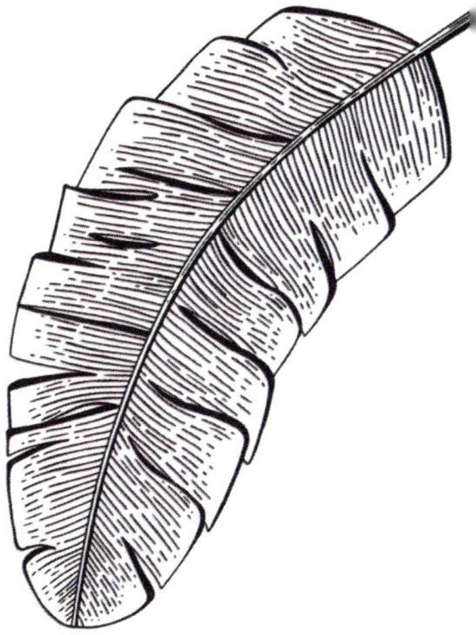

Les rhums arrangés

Les rhums arrangés font partie des types de rhums les plus populaires et dont les ventes ne cessent de progresser. D'ailleurs, de plus en plus de marques en produisent. C'est un signe qui ne trompe pas. Cette tradition qui veut que l'on mélange du rhum, des fruits et parfois des épices viendrait de la Réunion, mais on le fait désormais aussi ailleurs. De nombreux bars, et même des particuliers, ont leur bocal de rhum arrangé et leur recette – qui est forcément la meilleure ! C'est en tout cas une façon festive de déguster le rhum.

Des origines au succès actuel

Difficile de retracer exactement la naissance du rhum arrangé. La Réunion, mais aussi les Caraïbes anglophones, le Brésil et Haïti en revendiquent la paternité. À moins que son invention ait eu lieu dans la zone espagnole. Cependant, on peut raisonnablement penser que, partout où il y avait du rhum, des épices et des fruits, les gens ont très vite pensé à mélanger tous ces ingrédients. Parlons de la Réunion. Du temps de la marine à voile, les bateaux ramenaient les épices du continent indien vers l'Europe en les conservant dans du rhum fabriqué dans les « îles à sucre », c'est-à-dire l'île Bourbon (la Réunion) et l'île de France (l'île Maurice). Ces voyages pouvaient durer plusieurs mois. Aussi, le rhum prenait des arômes aux fruits et aux épices qu'il abritait. Et même si ce n'était pas le but premier, nul doute que, lorsque le mariage était heureux, les marins le consommaient. Les Réunionnais se mirent alors à faire mariner des épices et des fruits dans du rhum pour leur consommation courante. Chaque famille avait – et a toujours – sa propre recette, qui est bien entendu le meilleur rhum arrangé d'entre tous.

Aujourd'hui encore, le rhum arrangé est une des grandes spécialités et la boisson emblématique de l'île. Mieux : la pratique s'est répandue dans l'Hexagone et dans le monde entier. On ne compte plus les bars qui proposent leur propre version de l'arrangé. On voit souvent ces breuvages trôner dans des grands bocaux ou des jarres posés sur le zinc ou postés sur des étagères situées derrière le barman. La catégorie des arrangés est aussi très porteuse. La marque réunionnaise Isautier a ainsi connu un beau succès avec ses fameux rhums arrangés filtrés à consommer givrés. L'ancien basketteur pro Cédric Brément connaît un succès grandissant avec Les Rhums de Ced. Plus généralement, beaucoup de marques de la Martinique et de la Guadeloupe se sont mises à créer leur propre version du rhum arrangé. La plupart du temps, les arrangés sont produits à partir de rhum blanc de mélasse, mais on en trouve aussi élaborés à partir de rhum de pur jus de canne en Martinique – ils perdent la mention agricole à cause de l'ajout de fruits. Les rhums arrangés sont une des sortes de rhums dont la consommation croît le plus vite. En effet, leur côté fruité et festif séduit bien au-delà de la communauté des amateurs et des connaisseurs de rhum. Ils sont aussi résolument ludiques, puisque chacun peut en faire un dans sa cuisine, pour peu qu'il dispose d'un bocal, de fruits frais et de rhum blanc.

Autant de recettes que de consommateurs

Alors concrètement, comment fait-on un rhum arrangé ? C'est assez facile, puisqu'il suffit de faire macérer des fruits en morceaux dans du rhum pendant quelques mois. Cependant, au-delà de trois, les fruits commencent à s'oxyder. Certaines marques vendent leurs arrangés avec des morceaux de fruits, d'autres préfèrent les filtrer avant la mise en bouteille. Il y a autant de recettes que de marques ou même d'amateurs, mais on constate une forte prévalence des fruits exotiques (ananas, litchis, goyaves, fruits de la Passion...). On retrouve aussi des épices (vanille, cannelle...) dans certaines recettes, mais elles sont en général moins présentes que les fruits. Toutes les combinaisons sont donc possibles du moment que c'est bon ! Or, nous l'avons vu, selon la législation européenne, un rhum ne peut s'appeler rhum s'il a été aromatisé. Les arrangés ne seraient donc pas du rhum. Les producteurs ne peuvent pas marquer rhum tout seul sur la bouteille si celle-ci contient des ajouts (fruits, épices...). Ainsi, le mot « d'arrangé » signifie clairement à l'attention du consommateur qu'il y a macération de fruits, sauf que, pour le moment, ce n'est pas gravé dans le marbre législatif.

Les rhums épicés

Les rhums épicés sont la catégorie qui a le plus progressé ces dernières années. Avec le succès insolent de Captain Morgan, ou le lancement de marques comme Kraken et Sailor Jerry. En général, il s'agit de rhum de mélasse dans lequel on a fait macérer des épices, comme la vanille, le clou de girofle, la cannelle..., puis que l'on a filtré, ou auquel on a jouté des essences naturelles ou artificielles.

Les rhums épicés sont-ils vraiment des rhums ? En Europe légalement non, puisque, s'ils ont comme base du rhum de mélasse en général vieilli quelques mois, on y ajoute toujours des épices ou des liqueurs d'épices et on fait macérer le tout. Les épices utilisées sont très variées, leur nombre aussi : clou de girofle, vanille, cannelle, mais aussi cacao, café... Tout est possible. J'en ai même vu avec du curry ! Souvent, le rhum est ensuite filtré pour qu'il ne reste plus que le spiritueux lui-même. On obtient la plupart du temps une couleur qui va du doré au marron sombre. Cependant, on ajoute parfois du colorant et on ne fait pas vieillir le rhum.

Ci-contre : toujours plus créative, la catégorie des rhums épicés offre une large variété : il y en a pour tous les goûts !

L'arrangé est-il un rhum ?

C'est une bonne question quand on sait que, selon la législation européenne, on ne doit rien ajouter au spiritueux issu de la mélasse ou du jus de canne pour qu'il soit considéré comme un rhum. Et si on le mélange avec des fruits ? Normalement, dans les DOM, les producteurs sont autorisés à ajouter la mention « arrangé » au mot « rhum ». Pourtant dans les faits, quand on regarde les bouteilles, on se rend compte que le mot « rhum » figure rarement sur les arrangés des marques Isautier et Rivière du Mât (la Réunion), des rhums La Mauny (Martinique) ou de ceux de Ced... Bref, si les arrangés sont incontestablement des rhums, il ne fait pas forcément bon l'écrire sur une étiquette...

POIVRE VERT
FENUGREC
POIVRE BLANC
SEL EPICE
CANELLE
ANIS,
EPICE POUR DU RHUME ARANGER
Lait concentré sucré

Les rhums épicés sont donc considérés comme des boissons spiritueuses à base de rhum, puisque l'on y ajoute des éléments exogènes au rhum. Vous l'aurez compris, les rhums épicés, ou *spiced rums*, sont d'abord une catégorie marketing et des rhums industriels. Contrairement à l'arrangé, on trouve peu de particuliers ou même de bars qui livrent leur propre version d'un rhum épicé. Pourtant, certaines marques artisanales commencent à se lancer sur ce marché porteur.

La vague Captain Morgan

Produit aux îles Vierges américaines, Captain Morgan, la marque au pirate, pourrait symboliser à elle seule l'entrée de plain-pied des rhums épicés dans l'industrialisation. Selon le rapport IWSR 2016, 140 103 000 bouteilles (70 cl) de Captain Morgan Spiced Gold ont été vendues dans le monde. Captain Morgan est devenue en 2016 la dixième plus grande marque de spiritueux au monde en valeur, toutes catégories confondues (whiskies, vodka, rhums...).

En 2019, c'était la troisième marque la plus vendue dans le monde derrière Bacardi et Tanduay, avec 150,4 millions de cols. En France, en 2017, la marque trustait 70 % du marché des rhums épicés. Même si elle commence à être attaquée par d'ambitieux concurrents, comme Sailor Jerry, Bacardi Oakheart, Malibu Island Spiced et, plus récemment, Kraken, sa progression reste constante. Ainsi, en juillet et en août 2019, la marque portait presque à elle seule les ventes de rhum en grande distribution – +13 % avec Captain Morgan, +4 % sans. Ce sont principalement les jeunes (18-24 ans) qui plébiscitent cette marque, mais ils ne l'achètent pas parce que c'est du rhum. Cela tombe bien puisque, légalement, cela n'en est pas. En effet, Captain Morgan, qui titre à seulement 35° et ajoute des épices dans sa recette, ne peut pas s'appeler « rhum » au sens de la législation européenne. Il doit se contenter de la mention « boisson spiritueuse à base de rhum ». Un véritable succès tout de même pour le détenteur de la marque, le numéro 1 mondial des vins et spiritueux Diageo et son distributeur en France MHD (Moët Hennessy Diageo).

En résumé

Il n'existe pas une recette de rhums arrangés, mais une infinité. Si la plupart sont faits avec du rhum de mélasse, des fruits et des épices exotiques, on en trouve réalisés à partir de rhum agricole ou de fruits de la métropole (groseilles, fraises, framboises...).

Ci-contre : l'iconique pirate de Captain Morgan inonde le marché des rhums épicés.

UM COMPAN
Captain Morgan
WITH CARIBBEAN RUM,
SPICE & OTHER NATURAL FLAVOURS
ORIGINAL
SPICED GOLD
BY THE
SPIRIT DRINK
CAPTAIN MORGAN RUM CO
WHITE RU

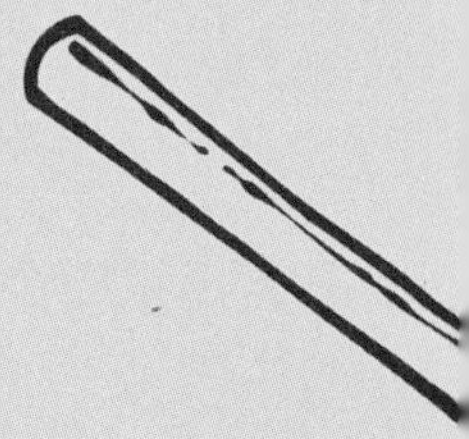

POINT DÉGUSTATION

LES RHUMS ÉPICÉS

Les rhums épicés proposent une infinie variation de saveurs, puisqu'aucun n'a la même recette ni n'utilise la même combinaison d'épices. Cependant, on peut leur trouver comme point commun une grande douceur, une sucrosité importante et, en général, un goût de vanille dû au vieillissement. Ils peuvent se déguster purs, mais ils présentent des arômes tellement forts qu'il est tout de même conseillé de les consommer en cocktails.

LES AUTRES CATÉGORIES DE RHUMS

Ces rhums sont moins courants sous nos latitudes, mais ils existent ! Ils sont souvent d'obédience anglo-saxonne (Jamaïque, Barbade, Guyana...) et particulièrement recherchés par les passionnés en quête de sensations inédites.

Les dark rums

Historiquement, ce type de rhums très sombres fut développé en Guyana (*demerara rums*), à la Jamaïque et à la Barbade et fut utilisé par la Navy pour alimenter les rations de rhums de ses marins. C'est probablement dans un de ces rhums que le corps de l'amiral Nelson a été conservé. Les *dark rums* sont en général des rhums vieillis au moins 2 ans dans des fûts que l'on a lourdement brûlés, afin de maximiser l'extraction et la coloration. Les notes de mélasse et de caramel sont très présentes, que cela soit dû à la fermentation et à la distillation, ou à la mise en présence du rhum avec de la mélasse pendant le vieillissement (dans ce cas, on parle de « *black rum* »), voire avec l'adjonction de caramel avant l'embouteillage. Comme il n'y a pas vraiment de définition des *dark rums*, on trouve un peu tout et n'importe quoi sous cette dénomination – rhums de dégustation comme rhums industriels. Il s'agit davantage d'un style que d'une véritable catégorie de rhum.

Les navy rums

Nous l'avons vu, les *navy rums* sont des rhums (souvent des *dark rums*) ayant été servis aux marins de la Royal Navy britannique (ou canadienne !) jusque dans les années 1970. Il existe peut-être encore des rhums ayant réellement voyagé sur des bateaux de guerre, mais ils sont probablement sous bonne garde chez des collectionneurs. Certains rhums actuels se revendiquent toujours de la tradition des *navy rums*. Très aromatiques, épicés et de couleur sombre, ils sont en général produits en Guyana ou en Jamaïque. Elixir Distillers a mis en vente les derniers litres de *navy rum* sous le nom de Black Tot 700 euros la bouteille tout de même ! Ils dorment probablement dans les armoires des collectionneurs. En 2020, ils ont sorti une version moderne de ces rhums iconiques à 50 euros la bouteille.

Les overproofs

Une fois encore, on retrouve la marine britannique derrière cette catégorie de rhum de mélasse. Autrefois, un rhum ne pouvait embarquer sur un bateau de la Navy que s'il pouvait donner la preuve (*proof* en anglais) qu'il titrait au moins à 57,1 %, soit le degré nécessaire pour que de la poudre imbibée par ce rhum s'enflamme tout de même. Or, il peut très bien titrer davantage – au-delà de 70°. Ses rhums sont très appréciés dans les planteurs et autres cocktails, et la Jamaïque en est très friande.

Les single estates

Cette mention signifie que les rhums qui ont été utilisés pour l'assemblage ont été distillés à partir de cannes à sucre ayant été récoltées sur le domaine, bien délimité, détenu par la marque. Des cannes venant d'ailleurs n'ont pas été utilisées. En effet, si les moyens de production (les distilleries) appartiennent aux producteurs de rhum, ce n'est pas toujours le cas des champs de cannes, qui peuvent être possédés par des dizaines ou des centaines de petits planteurs, qui vendent leur production aux marques. Par exemple, les single estates peuvent être des rhums de mélasse ou de pur jus de canne. Worthy Park (Jamaïque, mélasse), Cane Island (Barbade, mélasse) ou Chamarel (île Maurice, pur jus de canne) en proposent.

Les high esters/grands arômes

Ces rhums très (trop pour certains) aromatiques sont avant tout produits en Jamaïque, mais on en trouve aussi ailleurs, et même parfois dans les DOM, notamment à la distillerie du Galion en Martinique ou chez Savanna à la Réunion. Les *high esters* sont des rhums de mélasse qui comportent une très forte proportion d'esters, c'est-à-dire d'éléments non-alcool. En général, on ajoute de la vinasse maturée, appelée « *dunder* », dans la mélasse en train de fermenter, ce qui booste l'acidité de la mixture. En compétition avec les bactéries, les levures vont ainsi produire un maximum d'esters et donc d'arômes très puissants. De plus, en Jamaïque, la fermentation dure entre une dizaine de jours et plusieurs semaines, ce qui laisse toute latitude à des arômes de se développer et de se renforcer.

Habituellement, ces rhums ont 800 g d'éléments non-alcool par hectolitre d'alcool pur (HAP), mais cela peut monter à 1 600 g, contre 250 à 350 g/HAP pour les rhums agricoles ! Les rhums grands arômes ont en général des esters dépassant les 500 g. La plupart du temps, les rones cherchent à gommer ces esters afin d'obtenir des spiritueux dits « légers ». De plus, les rhums jamaïcains sont souvent distillés dans des alambics à retors, ce qui a pour effet d'accentuer encore la concentration aromatique.

De multiples utilisations

Les *high esters* jamaïcains peuvent fort bien se déguster tels quels, purs. Attention : attendez-vous à des arômes qui risquent de bousculer vos certitudes (fruits mûrs, olives...), voire de vous désarçonner. Aussi, n'abandonnez pas dès la première rencontre avec un *high ester*. Revenez-y et vous finirez par les apprécier. Le Galion en Martinique, Savanna à la Réunion, Hampden en Jamaïque et Demerara Distillers Limited au Guyana proposent de belles choses en la matière.

Or, historiquement, les grands arômes et les *high esters* ont surtout été vendus en vrac et utilisés pour couper des rhums ou des alcools beaucoup plus neutres, afin justement de leur léguer un peu d'arôme. En France, la marque Negrita, bien connue du grand public, contient du grand arôme. Pourtant, ces rhums sont aussi utilisés dans la cuisine, notamment la pâtisserie, la parfumerie, les cigarettes, le liquide de cigarette électronique...

LES COCKTAILS

Si le rhum peut se boire pur, il est en fait surtout bu en cocktail à travers le monde. La base par défaut de ces cocktails est composée de rhums blancs de mélasse et de type espagnol, c'est-à-dire légers. Certaines de ces mixtures sont de véritables hits mondiaux, comme le mojito ou le daïquiri. Les cocktails sont fréquemment originaires des Caraïbes et sont devenus des boissons identitaires, comme le ti-punch dans les Antilles françaises.

Du punch…

Les proto-rhums (*kill-devil*, tafia, guildive) étaient distillés à partir d'écumes, des résidus de la fabrication du sucre. Ils étaient probablement bus purs, en sortie d'alambic, ce qui faisait des ravages sur la santé des buveurs. On parle de pertes de raison (l'alcool qui rend fou) ou de cécité ! Aussi, le premier pas vers le cocktail fut d'ajouter un élément au rhum pour faire baisser le taux d'alcool : l'eau. On pense ensuite que les marins furent les premiers à déguster du rhum agrémenté d'épices ou de fruits. On transportait en effet de nombreux produits tropicaux dans des tonneaux de rhum pour les conserver pendant les voyages à la voile jusqu'aux métropoles. Ensuite, au XVIIe siècle, ce fut le début de la grande mode du punch en Grande-Bretagne, puis dans les Treize colonies. Du rhum était mélangé à des épices, parfois à du thé, à du sucre, à du citron… dans de grands bols et était consommé par la haute société. En effet, tous ces ingrédients étaient fort onéreux à l'époque. On pense aussi à l'amiral Vernon, qui inventa le grog en ajoutant de l'eau et du citron à la ration de ses marins pour lutter contre le scorbut… Les cocktails tels que nous les connaissons aujourd'hui naquirent plutôt à la fin du XIXe siècle et au début du XXe siècle, lorsqu'on cessa de faire les mélanges dans des grands bols, mais directement dans des verres (ou shakers) et que le prix de la glace (et donc des glaçons) commença à baisser.

… à la mixologie

Aujourd'hui, les cocktails au rhum sont extrêmement répandus et consommés sur la planète. Originaire de Cuba, le mojito est même probablement le cocktail le plus bu en France et dans le monde. Beaucoup de cocktails à base de rhum sont élaborés à partir de ce que le spécialiste des cocktails, Baptiste Bochet, appelle la « Sainte Trinité » : rhum, sucre et citron. D'abord parce que ces ingrédients étaient peu chers et faciles à trouver dans les Caraïbes. Ensuite parce qu'ils permettent de donner une base équilibrée au cocktail. Ce dernier est réussi lorsqu'il donne une impression de fraîcheur qui se dégage (sans les glaçons) et qu'un équilibre est atteint entre l'amertume et/ou l'acidité et le sucre. La mode des cocktails s'est récemment transformée en une véritable science appelée « mixologie » et a fait émerger de véritables barmen stars. Les marques ont bien compris l'importance de figurer sur le marché de la mixologie et d'être référencées dans les bars à la mode. Aussi sortent-elles régulièrement des références pensées pour fonctionner en cocktail et non être bues pures. Elles ont aussi suscité des compétitions de barmen, où sont sacrés ceux qui réalisent les meilleurs cocktails grâce à leurs rhums. Ainsi, les marques Clément, Saint-James ou encore Trois Rivières ont chacune leur propre compétition.

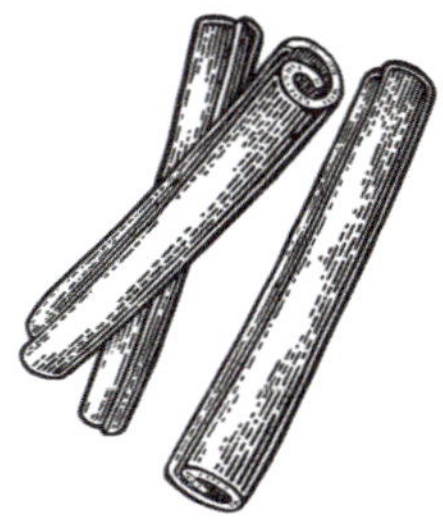

Le Tiki relance le rhum

Introduite dans les cocktails dans les années 1930 aux États-Unis, la culture Tiki trouve ses racines en Polynésie. Les barmen Donn Beach et Trader Vic lancent une série de restaurants à thème polynésien, et l'intérêt pour des cocktails tels que le mai-tai et le zombie. Encore aujourd'hui, ce courant renaît en mixologie et fait la part belle aux rhums.

Avantage aux rones

Pour réaliser de bons cocktails, vous aurez donc besoin de rhum, de sucre de canne (ou sirop) et de citrons (verts de préférence). En ce qui concerne les rhums, nous vous conseillerons d'avoir une ou deux références de rhums légers jeunes et vieux, par exemple de chez Havana Club ou Bacardi. Ces rones sont idéaux pour les cocktails, car ils ne présentent pas d'arômes trop forts qui risquent de prendre le pas sur les autres ingrédients et ainsi briser l'équilibre de l'ensemble. Nous vous conseillerons aussi un rhum anglais de type « lourd », plus difficile à travailler, mais intéressant. Pourquoi pas aussi un rhum épicé ? Les rhums agricoles seront plus difficiles à travailler en cocktail, car ils ont souvent énormément de personnalité et risquent de prendre le pas sur l'ensemble. Mais ils sont bien entendu indétrônables en ti-punch ! En plus du rhum, vous aurez besoin de verres de différentes formes (tiki, old fashioned, coupes...), d'un shaker, d'un doseur à alcool double et d'une cuillère à cocktail. Et pourquoi pas des éléments de décoration comme des mini-ombrelles ? Reste ensuite à donner libre cours à votre imagination et à tenter des expériences pour trouver les meilleurs accords.

Ci-contre : vous l'aurez reconnu, l'incontournable mojito...

Les différents types de rhums en résumé

Nous l'avons vu, il existe des dizaines de types de rhums. Cette incroyable diversité est une aubaine pour les amateurs, qui n'ont jamais fini de découvrir des nouveautés. D'autant que de plus en plus de pays se mettent à faire du rhum et qu'au sein des marques, il y a de plus en plus de références et de diversité. Les frontières ont tendance à s'estomper. De nombreuses références rassemblent aussi plusieurs types de rhums. Par exemple, en théorie, il est possible de créer un rhum de pur jus de canne, parcellaire, monovariétal, en single estate de 4 ans d'âge (VSOP), élevé en fût de bourbon, avec un finish en fût de cognac, filtré sur charbon de bois, brut de fût ! Bref, toutes les combinaisons ou presque sont possibles et c'est cela qui est beau avec le rhum.

10

COCKTAILS INCONTOURNABLES

Voici 10 recettes incontournables pour réaliser des cocktails à partir de rhum (ou de cachaça). Pour chacune, il existe une foule de techniques et de variantes. Aussi, ne vous arrêtez pas à ce que nous vous proposons, mais n'hésitez pas à expérimenter pour trouver votre propre version du mojito ou du zombie !

LE MOJITO

Ce cocktail cubain, qui a connu la progression la plus ébouriffante dans les années 1990 et 2000, a été remis au goût du jour par la marque Havana Club. La légende veut qu'il ait été inventé par l'amiral britannique Francis Drake au XVIe siècle à Cuba, entre deux batailles contre l'armada espagnole.

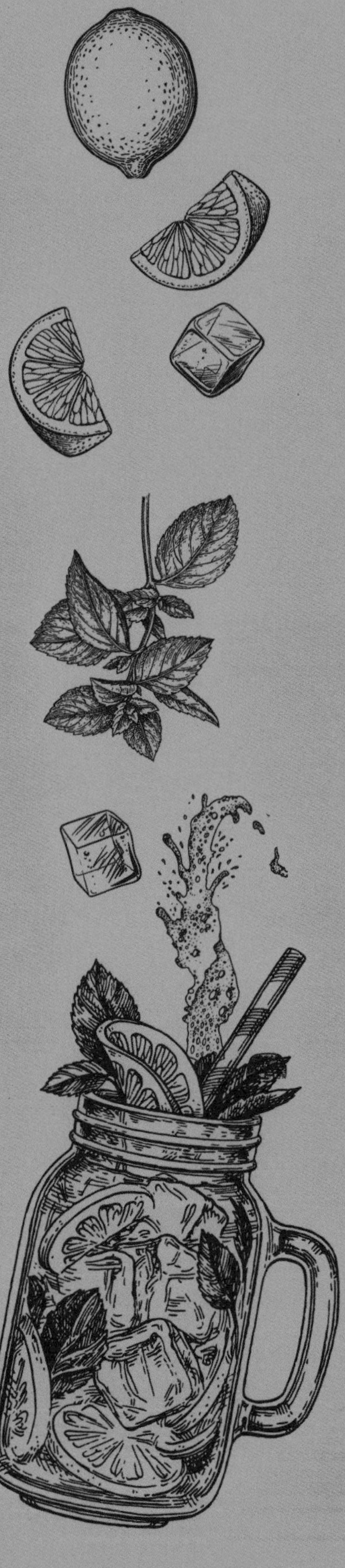

INGRÉDIENTS :

4 cl de rhum blanc (de préférence cubain)

½ citron vert

6 feuilles de menthe fraîche

2 cl de sirop de canne ou 1 cuillère à café de sucre de canne

Eau gazeuse pour remplir le verre

Glaçons

RECETTE :

Coupez le citron en petits morceaux, mettez-le dans le verre en compagnie de la menthe. Ajoutez le sucre (solide ou liquide) et pilez le tout. Incorporez les glaçons (que vous pouvez aussi piler), puis le rhum et enfin l'eau gazeuse. Mélangez et servez.

VARIANTES :

Vous pouvez bien sûr essayer le virgin mojito (sans rhum), ajouter des fruits comme les fruits de la Passion (ou en remplacement du citron), remplacer l'eau par une boisson énergisante, remplacer le rhum blanc par un rhum épicé...

LE DAÏQUIRI

Encore un cocktail d'origine cubaine, qui aurait été mis au point à Santiago à la fin du XIXe siècle. Ce cocktail est indissociable de la réussite de la marque Bacardi à partir du début du XXe siècle.

INGRÉDIENTS :

4 cl de rhum

2 cl de jus de citron vert

1 cl de sirop de sucre de canne

Glaçons

RECETTE :

Il faut un shaker pour réaliser ce cocktail. Versez tous les ingrédients dans le shaker, secouez et servez dans un verre à Martini. N'hésitez pas à décorer le verre avec des rondelles de citron.

VARIANTES :

Vous pouvez ajouter 2 cl de jus de fraise pour faire un daïquiri fraise. Si vous êtes d'humeur littéraire, ajoutez 0,5 cl de jus de pamplemousse et 0,5 cl de marasquin pour réaliser un Hemingway Special.

LA PINA COLADA

Ah, la pina colada, sa douceur et sa blancheur légendaire ! Ce cocktail aurait été inventé en 1954 par un barman du nom de Monchito Marrero à l'hôtel Hilton de San Juan, à Porto Rico, en 1954.
Le succès fut au rendez-vous et la pina colada est même devenue la boisson officielle de cette petite île des Caraïbes en 1978.

INGRÉDIENTS :

4 cl de rhum blanc

2 cl de rhum ambré

12 cl de jus d'ananas

4 cl de lait de coco

Glaçons

RECETTE :

Versez tous les ingrédients dans un blender. Faites tourner et versez dans un grand verre. Vous pouvez décorer le verre avec une rondelle d'ananas, par exemple.

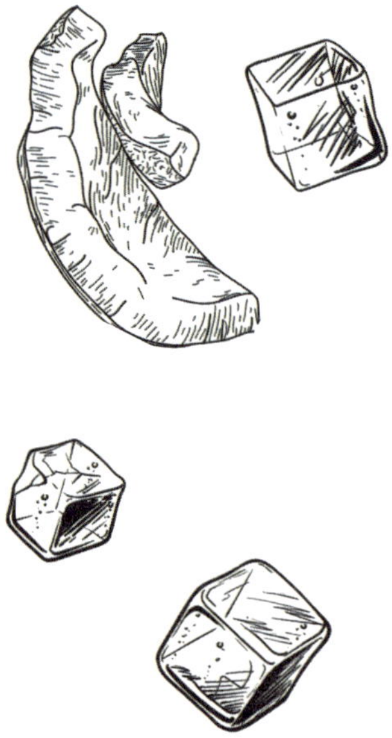

VARIANTES :

Pourquoi ne pas réaliser une pina colada royale en y ajoutant un vin effervescent (champagne, crémant, prosecco) ?

LA CAÏPIRINHA

On change un petit peu de crémerie en vous proposant un cocktail en provenance du Brésil à base de cachaça, c'est-à-dire le spiritueux brésilien fait à partir de jus de canne fermenté, puis distillé. On a longtemps prêté des vertus curatives à ce breuvage, d'abord pour combattre la grippe qui faisait des ravages chez les esclaves africains brésiliens, puis pour combattre le scorbut en mer ou encore la grippe espagnole au début du xxe siècle, toujours au Brésil.

INGRÉDIENTS :

5 cl de cachaça

1 citron vert coupé en morceaux

2 ou 3 cuillères à soupe de cassonade selon votre goût

Glaçons pilés

RECETTE :

Coupez le citron en morceaux, que vous intégrerez et pilerez dans le verre. Ajoutez ensuite la cachaça, la cassonade et les glaçons. Mélangez jusqu'à ce que le sucre soit dissous dans le divin breuvage.

VARIANTES :

Pour obtenir une version russe de la caïpirinha, remplacez la cachaça par de la vodka. Et si vous n'avez vraiment peur de rien, essayez la version japonaise avec du saké.

LE DARK 'N' STORMY

Ce cocktail est parfait pour utiliser vos rhums ambrés ou même épicés. Pour cette recette, nous opterons pour un rhum épicé, comme Kraken ou Captain Morgan, difficile à boire pur de toute manière. Le Dark 'n' Stormy est une marque déposée aux États-Unis et ne se prépare qu'avec du Gosling's.

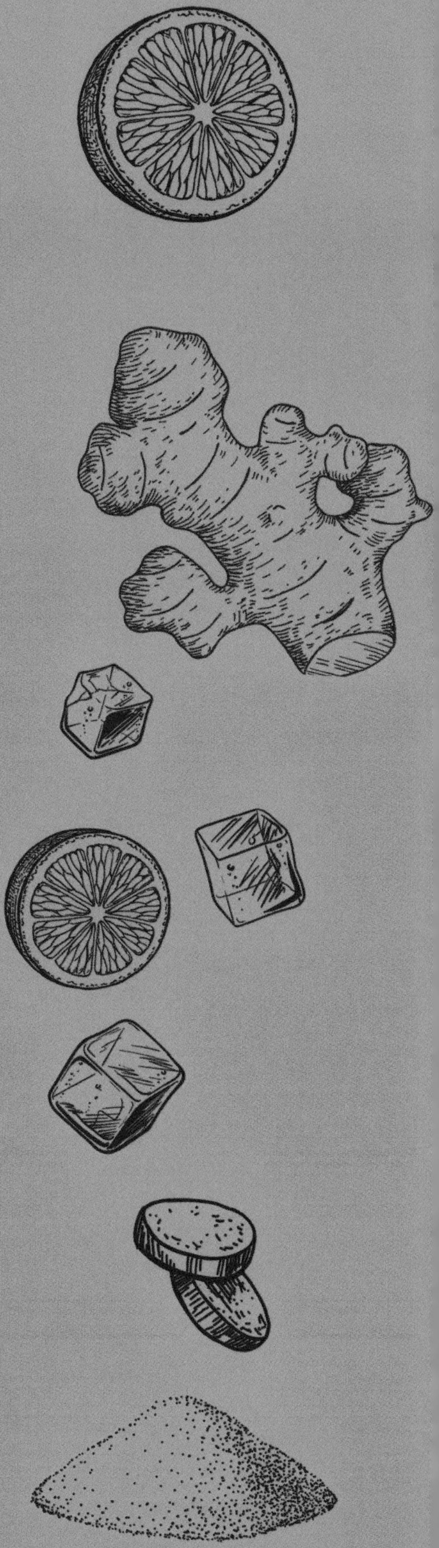

INGRÉDIENTS :

4 cl de rhum épicé

2 cl de jus de citron vert

1 cl de sirop de sucre de canne

De la ginger beer

Des glaçons

RECETTE :

Placez tous les ingrédients (sauf la ginger beer) et secouez. Versez dans un verre et complétez avec la ginger beer.

VARIANTE :

Vous pouvez utiliser un rhum ambré, par exemple un Gosling's des Bermudes.

LE TI-PUNCH

Voici le cocktail emblématique des Antilles françaises – avec le planteur.

INGRÉDIENTS :

4 à 6 cl de rhum blanc à 50 ou 55° (des Antilles !)

1 à 2 cl de sirop de sucre de canne
ou 1 cuillère à café de sucre de canne

½ citron vert

RECETTE :

Pressez le quartier de citron vert dans un verre (pas trop grand), puis déposez-le au fond. Ajoutez-y le sucre ou le sirop et enfin le rhum. Et surtout pas de glaçons, le ti-punch se boit à température ! Mélangez. Vous pouvez aussi décorer le verre en fixant un quartier de citron vert sur le bord du verre.

VARIANTES :

À la place d'un rhum blanc, vous pouvez opter pour un rhum ambré ou vieux, pour réaliser un ti-vieux.

Et si vous n'aimez pas trop le feu de ce cocktail assez fort, mettez finalement des glaçons pour lui permettre de perdre un peu en puissance.

LE PLANTEUR

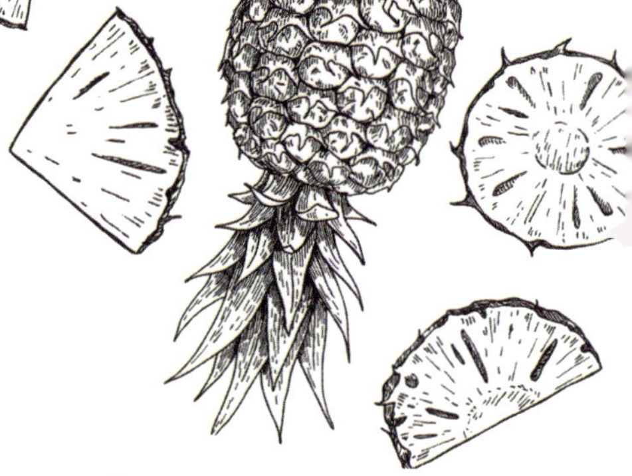

Un autre cocktail caractéristique des Antilles, aussi appelé « punch planteur » ! On trouve plusieurs légendes concernant sa création, mais toutes ont pour décor des plantations de canne à sucre. L'une d'elle parle de la femme d'un planteur de la Jamaïque qui aurait inventé cette recette pour rafraîchir les esclaves. Fred Myers utilisa cette recette pour l'inauguration de sa distillerie en 1879.

INGRÉDIENTS :

6 cl de rhum blanc

6 cl de jus d'orange

6 cl de jus d'ananas

2 cl de jus de citron vert

Un trait de grenadine

Cannelle

Une rondelle d'orange

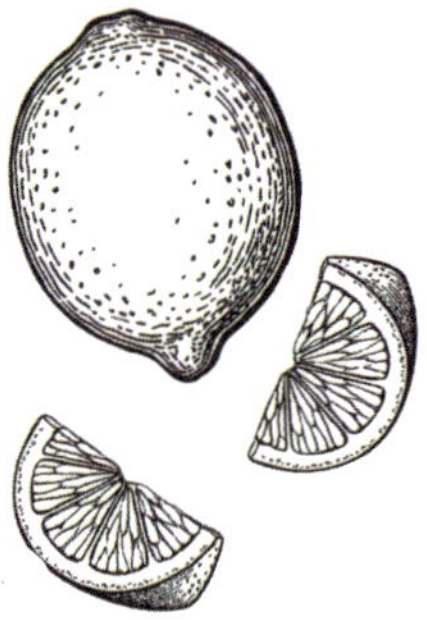

RECETTE :

Cette recette est facile. Il suffit de tout mélanger dans un grand bol ou un saladier ! Petite astuce : il est préférable de le préparer la veille et de le réserver au frais pour le servir le lendemain...

VARIANTES :

En fait, les fruits exotiques que vous pouvez ajouter varient beaucoup selon les recettes. Certaines comportent par exemple de la goyave et/ou des fruits de la Passion. Ainsi, laissez libre cours à votre imagination !

LE MAI-TAI

Voici le cocktail signature de Trader Vic, de son vrai nom Victor Bergeron, un des pères du mouvement Tiki.

INGRÉDIENTS :

3 cl de rhum ambré jamaïcain

2 cl de rhum blanc agricole

1,5 cl de jus de citron vert frais

1 cl de sirop d'orgeat

0,5 cl de curaçao orange

Glaçons

RECETTE :

Placez dans le shaker les ingrédients. Ajoutez la glace. Agitez pendant 8 à 10 secondes. Versez, sans filtrer, dans le verre. Ajoutez la décoration.

VARIANTES :

Remplacez le rhum ambré jamaïcain par du Don Papa. Ajoutez une dose d'Angostura aromatic bitters, une tranche de mangue surgelée, et vous aurez la version philippine.

LE ZOMBIE

Le cocktail qui a rendu Donn Beach (Ernest Raymond Beaumont Gantt) et son restaurant *Donn The Beachcomber* célèbres.

INGRÉDIENTS :

3 cl de rhum blanc portoricain

3 cl de rhum brun jamaïcain

3 cl de rhum vieux cubain

3 cl de rhum vieux jamaïcan

2 cl de liqueur de marasquin

2 cl de jus de citron vert frais

1 cl de jus de pamplemousse

0,5 cl de sirop de grenadine

0,5 cl de sirop de canne

4 gouttes d'Angostura aromatic bitters

4 gouttes de spiritueux aux plantes d'absinthe

Glace

RECETTE :

Placez les ingrédients dans le shaker. Ajoutez la glace. Agitez pendant 8 à 10 secondes. Versez, sans filtrer, dans le verre. Ajoutez la décoration.

VARIANTES :

Vous pouvez fort bien simplifier la recette en enlevant 2 types de rhum et en allongeant un peu les doses de sirop et de jus de fruit.

LE CAFÉ CRÉOLE

**Une recette chaud-froid pour terminer...
ou pour bien commencer la journée !**

INGRÉDIENTS :

5 cl de rhum ambré

2 cl d'expresso

1 cl de miel

0,5 cl d'Amaretto

0,5 cl de sirop de sucre de canne

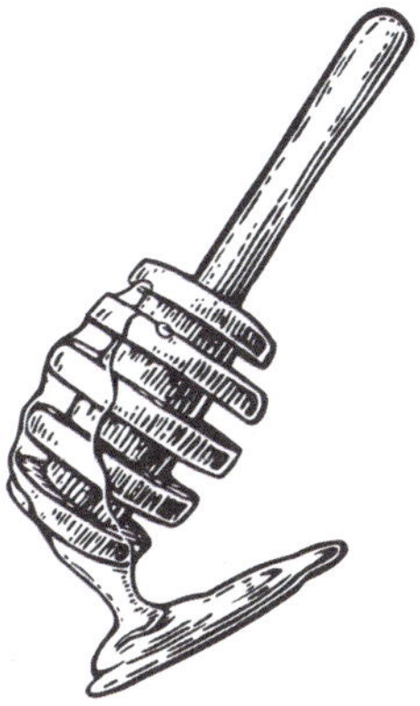

RECETTE :

Facile ! Mettez tous les ingrédients dans un shaker et mélangez ! Certains vous conseilleront de verser le café encore chaud, d'autres de le laisser refroidir et d'ajouter des glaçons pour boire un café créole frappé... En fait, cela dépendra de la température extérieure et de votre humeur !

VARIANTES :

Vous pouvez ajouter de la crème et du cacao sur le dessus du cocktail pour faire un cappuccino créole.

CHOISIR LE RHUM

Rien de plus facile ! Il existe de nombreux canaux de distribution du rhum : les grandes surfaces, les cavistes, les sites Internet, les bars... Il suffit d'avoir 18 ans ! Or bien acheter, c'est une autre affaire, car le rhum est un univers compliqué qui manque encore de règles ou de contrôles stricts (hors d'Europe), et qui est un terrain de jeu idéal pour les as du marketing. Dans ce chapitre, nous vous présenterons les caractéristiques du marché du rhum en France et à l'international, avec ses principaux acteurs, et nous vous donnerons quelques conseils pour vous y retrouver lors de votre acte d'achat.

LES MARCHÉS DU RHUM

Voici un petit cours d'économie accéléré du rhum aux niveaux mondial et national. Connaître les grands groupes internationaux et les principales marques mondiales vous permettra de mieux comprendre la géopolitique internationale et hexagonale du rhum.

Le marché mondial

Le podium des pays importateurs de spiritueux en volumes est composé des États-Unis, suivis de loin par le Royaume-Uni et l'Allemagne. La Chine est quatrième, mais deuxième en valeur, car les Chinois sont désormais tournés vers les spiritueux haut de gamme. Des pays comme l'Inde (McDowell's, Old Monk) ou le Brésil (cachaça) n'exportent pas beaucoup, mais sont de gros consommateurs. Les Philippines se positionnent comme le plus important pays consommateur (Tanduay), tandis que les îles Vierges (États-Unis) sont considérées comme le premier exportateur (Captain Morgan). Le marché mondial du rhum (943,7 millions de bouteilles de 70 cl vendues en 2018) est largement dominé par les rhums de mélasse. Les cinq premières marques les plus vendues au monde – Tanduay (Philippines), Bacardi (Porto Rico), Captain Morgan (îles Vierges), McDowell's (Inde) et Havana Club (Cuba) – sont principalement élaborées à partir de mélasse, tandis que la sixième, Barcelo (République Dominicaine), est constituée à partir de sirop. Les rhums des DOM français sont avant tout consommés sur place et en métropole (80 % des ventes) et s'exportent de mieux en mieux. Ils représentent 2 ou 3 % du marché mondial.

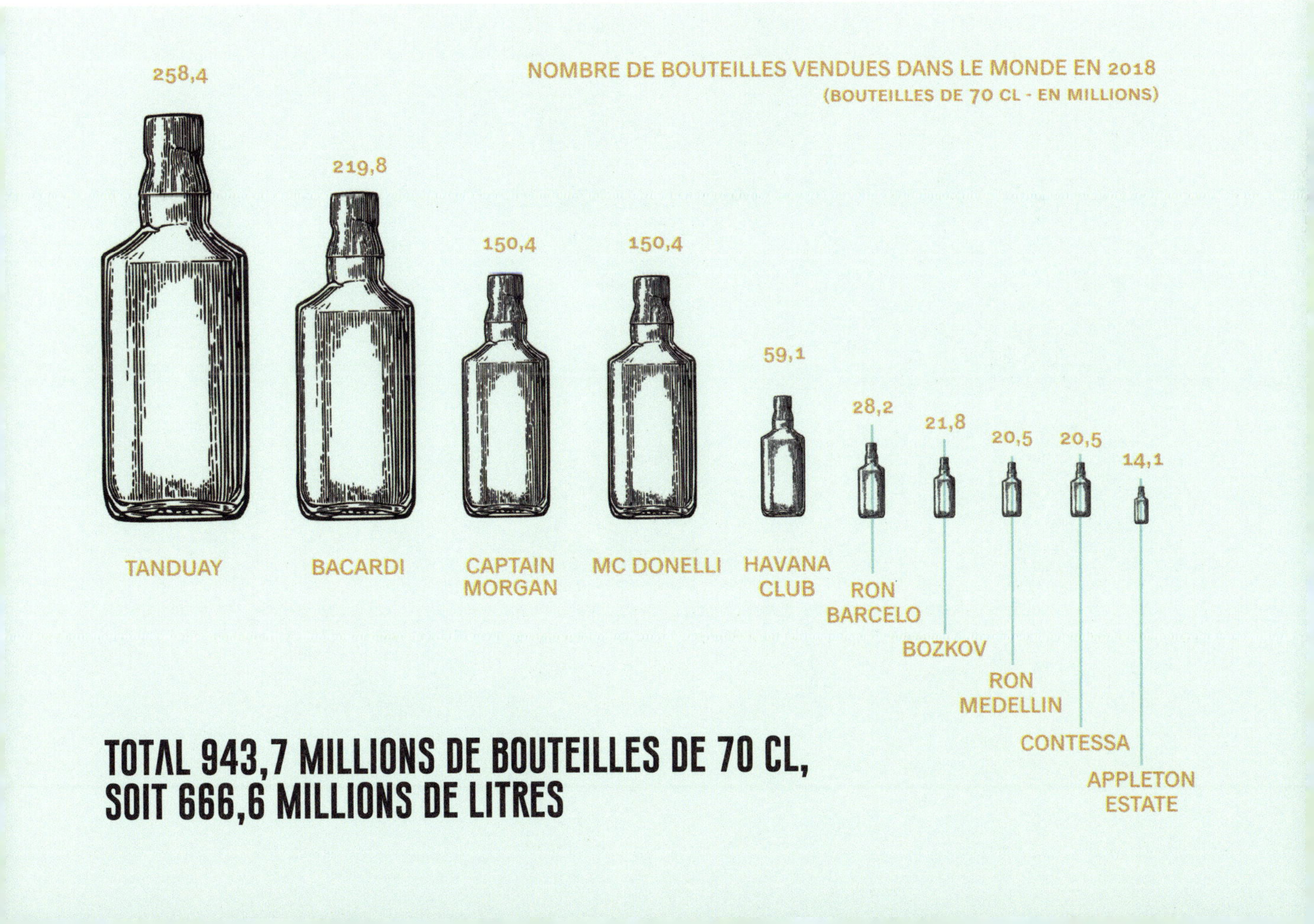

LES ACTEURS INCONTOURNABLES AU NIVEAU MONDIAL

Ces groupes sont incontournables. Certains, comme Bacardi, viennent du rhum et ont bâti leur succès grâce à lui. Pour d'autres comme Diageo ou Pernod, le rhum est un des nombreux spiritueux qu'ils produisent et distribuent, mais c'est un des secteurs les plus vigoureux de leur portefeuille.

BACARDI

La marque à la chauve-souris est née en 1862 à Cuba, lorsque Facundo Bacardi acheta une distillerie à Santiago. Ce Cubain d'origine espagnole redéfinit le style des rhums de l'île en leur faisant gagner en qualité et en imposant des spiritueux légers, très appréciés dans les cocktails. La marque se déploya à Cuba, puis aux États-Unis après la prohibition dans les années 1920. Les héritiers de Don Facundo construisirent des installations au Mexique et à Porto Rico, et la marque devint internationale. Peu après l'arrivée de Fidel Castro au pouvoir, les Bacardi furent expropriés de leurs possessions cubaines et se redéployèrent dans les Bahamas, en Amérique latine et aux États-Unis – notamment à Miami. Leurs rhums devinrent rapidement les plus connus et les plus bus au monde. Le groupe, toujours familial, a acquis la marque italienne Martini en 1992, puis a investi dans le whisky, la tequila (Patron) et la vodka. Bacardi est sans doute le rhum le plus connu au monde et se bat chaque année pour occuper la première place des ventes mondiales (219,8 millions de bouteilles de 70 cl écoulées en 2018).

TANDUAY

La marque de rhum philippine Tanduay est le plus gros vendeur de rhum au monde, avec 258,4 millions de bouteilles écoulées en 2018 ! Les Philippines furent colonisées par les Espagnols au XVIIe siècle, et la culture de la canne à sucre se répandit. Les Philippins se mirent à produire du rhum à partir de mélasse, mais ce dernier resta circonscrit au marché intérieur. C'est toujours le cas aujourd'hui, car le rhum est très populaire aux Philippines, mais les marques Tanduay et Boracay Rum (produites dans la même distillerie) sont surtout vendues en Asie, même si elles commencent à pénétrer le marché américain.

DIAGEO

Le groupe britannique Diageo a connu divers avatars avant de prendre en 1997 la forme que nous lui connaissons. Il réunit un impressionnant portefeuille de marques, telles que les bières Guinness, le whisky Johnnie Walker, la vodka Smirnoff ou encore le rhum Captain Morgan (depuis 2001). En 2018, ce dernier était la troisième marque la plus vendue au monde, avec 150,4 millions de bouteilles de 70 cl, et c'est celle dont la production et les ventes progressent le plus actuellement. Elle pourrait bien tailler rapidement des croupières à Tanduay et à Bacardi… En 2019, Diageo a fondé une coentreprise avec l'État cubain sur le modèle d'Havana Club et a lancé la marque Santiago.

PERNOD RICARD

Les deux groupes français de spiritueux Pernod et Ricard fusionnent en 1984 sous la houlette de Jean Hémard, qui s'allie à Paul Ricard. Le producteur du fameux Pastis 51 commence alors un ambitieux programme de rachats de marques, comme le whisky écossais Aberlour ou la liqueur Soho. En 1993, Pernod Ricard se lance dans le rhum de façon tonitruante, en nouant une joint-venture avec l'État cubain. C'est le début de l'aventure Havana Club. Portée par un habile marketing et la montée en puissance du cocktail mojito, la marque franco-cubaine devient vite une des plus connues et des plus vendues au monde – en cinquième position avec 59,1 millions de cols. Le groupe se diversifie ensuite dans le cognac (Martell) ou le champagne (Mumm) et est désormais le numéro 2 mondial des vins et spiritueux, derrière Diageo.

CAMPARI

Le groupe italien Campari est sur le devant de la scène ces dernières années, avec son Aperol qui entre dans la composition de l'un des cocktails phare du moment, le Spritz. Le sixième groupe de spiritueux au monde est aussi très présent sur le marché des whiskys, avec Wild Turkey et Glen Grant. De plus, depuis 2016, il fait ses emplettes en France (Grand Marnier), et plus particulièrement dans les DOM. En 2019, Campari a en effet racheté les rhums martiniquais Trois Rivières et La Mauny. Un nouvel acteur du rhum premium est donc né, puisque le groupe détient aussi la fameuse marque jamaïcaine Appleton depuis 2013.

L'évolution du marché français

Jusque dans les années 2000, c'était un peu morne plaine pour le rhum en France. Les rhums des DOM dominaient sans partage un marché qui se basait surtout sur les rhums blancs. Un premier frémissement est venu de l'étranger, plus particulièrement de Cuba. Suite à sa joint-venture avec l'État Cuba, le groupe Pernod Ricard choisit de développer sa marque Havana Club en misant sur un cocktail mojito. C'est un succès mondial, si bien qu'aujourd'hui, le mojito est le cocktail le plus consommé sur la planète. Cependant, le rhum continue d'être prioritairement dégusté en mélanges (cocktail, planteur, ti-punch...) et très peu pur.

Puis plusieurs phénomènes se sont conjugués pour faire du rhum le spiritueux des années 2010, et probablement aussi celui des années 2020. D'abord l'arrivée en fanfare de deux marques venues d'ailleurs a poussé certainement le secteur à se renouveler. Il s'agit de Diplomatico (Venezuela) à la fin des années 2000, puis Don Papa (Philippines) au début des années 2010. Déjà connus à l'international, ces deux rhums, forts d'une suavité et d'une rondeur alléchante et de saveurs vanillées séduisantes, ont conquis en France un public très large composé à la fois d'hommes, de femmes, de jeunes et de plus âgés. Un public de novices s'est mis au rhum. Au fur et à mesure, leur palais s'est formé, leur curiosité s'est aiguisée et ils se sont tournés vers les autres rhums à leur disposition. Puis ils ont recherché des rhums de plus en plus élaborés et différents, ce qui a donné un coup de fouet à l'ensemble de la production, et des ventes. Dans le même temps, beaucoup d'amateurs de whiskies single malts âgés ont commencé à s'intéresser au rhum, notamment aux rhums vieux. Ils retrouvaient dans le rhum âgé nombre de qualités et de goûts des whiskys, la rondeur et l'exubérance en plus, avec des prix plus doux.

Les marques ont donc recommencé à faire vieillir des rhums et ont remis au goût du jour leurs rhums âgés. Avec leur tradition d'excellence, les rhums des DOM ont rapidement pris le pli de la premiumisation. Enfin, la renommée de Captain Morgan, notamment auprès des jeunes, a boosté le secteur des épicés et des arrangés. Là aussi, de nombreuses marques se sont engouffrées dans la brèche et cette catégorie est désormais la plus porteuse.

Années 2020 : les rhums arrangés et épicés surperforment...

Les tendances du début des années 2020 commencent déjà à se dessiner si l'on interprète les grands courants de 2018 et de 2019. Que ce soit en grande distribution ou chez les cavistes, on remarque d'abord une très forte appétence des consommateurs pour les rhums arrangés. Qu'ils soient vendus filtrés ou avec des morceaux de fruits, ces derniers superforment. Au total, la catégorie avait augmenté son volume de ventes de 72 % en 2019. Les leaders du marché restent les Réunionnais de chez Isautier, mais des marques comme Damoiseau (Guadeloupe) ou La Mauny (Martinique) revendiquent des augmentations à deux, voire à trois chiffres – sur des volumes moindres cependant. Alors pourquoi un tel engouement ? Parce que les arrangés sont plus faciles à boire que les rhums purs. On n'a pas besoin d'ajouter des fruits ou du jus, car tout est déjà dedans. De plus, les arômes fruités, l'impression de sucre et parfois un degré d'alcool moindre facilitent la consommation. C'est pourquoi les arrangés séduisent deux catégories jusqu'alors rétives au rhum : les jeunes et les femmes. Enfin, une bouteille d'arrangé se consommant plus vite (souvent en soirée), on a plus tôt fait d'en racheter une. On peut reprendre toute ou partie de ces explications pour analyser l'autre grande tendance de ce début des années 2020 : le succès des rhums épicés. Ce sont des boissons faciles (arômes, sucre...), qui séduisent en priorité les jeunes. La marque Captain Morgan emportant tout sur son passage (+35 % en grande distribution en 2019), tandis que ses concurrents Kraken ou Sailor Jerry commencent à se faire une place.

... les rhums blancs et vieux font de la résistance

Les rhums vieux n'ont pas dit leur dernier mot. Là encore, ils progressent en grande distribution, chez les cavistes ou encore en CHR (cafés, hôtels et restaurants) avec +20 % en 2019. Ce segment très rémunérateur en valeur continue donc de porter la croissance du rhum et sera à n'en pas douter une valeur sûre des années 2020. Les marques rivalisent d'ingéniosité pour sortir de nouvelles références vieillies et haut de gamme. Cependant, il faudra se garder des coups marketing car, pour commercialiser un rhum vieux, il faut avoir des stocks d'eaux-de-vie vieillies. Or ceux-ci ne sont pas illimités, et la demande pourrait bien rapidement dépasser l'offre en la matière. Une autre tendance de ce début des années 2020 est la stagnation (+0,4 %) de la catégorie des rhums blancs. Celle-ci représente encore 70 % des volumes vendus en grande distribution, mais certaines de ses marques emblématiques, comme Old Nick, voient leurs positions attaquées par les rhums épicés, Captain Morgan en tête. A contrario, les rhums blancs haut de gamme (millésimés, parcellaires...) se comportent bien et pourraient devenir une des tendances du futur pour le rhum.

Une croissance continue

Si les rhums ne pèsent que 11 % de l'ensemble des ventes de spiritueux en France (le whisky, numéro 1, est à 40 %), cette catégorie est en constante progression. En 2017, les ventes de rhum dans l'Hexagone représentaient 385 millions d'euros (+13 %) et 23 millions de litres vendus (+10 %). Le rhum des DOM reste l'origine la plus vendue et la plus connue, avec 80 % des ventes contre 20 % pour les rhums du reste du monde.

ILS SONT INCONTOURNABLES EN FRANCE

Producteurs, distributeurs, instances officielles, voici les quelques acteurs économiques qui font le rhum en France.

LA MARTINIQUAISE

Le groupe La Martiniquaise est incontournable dans l'économie du rhum des DOM. Il est fondé en 1934 par Jean Cayard. Sa première activité a été l'importation et la distribution de rhums. Il s'est depuis diversifié, notamment dans le porto avec Cruz et le whisky avec Label 5, mais c'est dans le rhum qu'il est le plus puissant. La Martiniquaise a par exemple absorbé le négociant historique Bardinet en 1993 (Dillon, Old Nick ou Negrita). Saint-James (Martinique) et ses rhums agricoles ou Rivière du Mât (la Réunion) et ses rhums de mélasse sont sous sa coupe. La Martiniquaise est le plus gros producteur de rhums agricoles de France, donc du monde – on n'en produit que dans les DOM et à Madère. De plus, le groupe possède la chaîne de cavistes Le Repaire de Bacchus, ce qui est bien pratique pour écouler ses marques de vins et spiritueux. Il est particulièrement influent dans les DOM et en Métropole, notamment au sein du Conseil interprofessionnel du rhum traditionnel des DOM (CIRT-DOM).

LA MAISON DU WHISKY

Comme son nom l'indique, La Maison du Whisky (dites LMDW désormais !) a été fondée en 1956 par Georges Bénitah pour importer et distribuer des whiskys rares. Rapidement, LMDW ouvre des boutiques à Paris. La petite entreprise va ensuite bénéficier de la fabuleuse histoire d'amour des Français avec les scotchs single malts (nous en sommes les premiers consommateurs) et prendre de l'ampleur. Dans les années 2000, puis surtout en 2010, le rhum prend de plus en plus d'ampleur dans le portefeuille de LMDW, qui a entre-temps lancé le salon Whisky Live (où on trouve de plus en plus de rhums) et *Whisky Magazine* – où l'on cause aussi de rhum. On trouve désormais des centaines de références de rhums dans les boutiques LMDW, mais aussi sur le site Internet (whisky.fr). Mieux : LMDW est désormais suivie de près par les collectionneurs et les amateurs passionnés, car le groupe crée et embouteille maintenant ses propres rhums sous la marque Transcontinental Rum Line. De plus, LMDW a racheté le stock de la distillerie fantôme Caroni et sort régulièrement des éditions limitées. Enfin, elle est l'un des rares acteurs du rhum à distribuer aussi des clairins d'Haïti.

DUGAS

Dugas est un acteur majeur du rhum en France. Il s'agit d'un intermédiaire qui distribue de nombreuses marques de spiritueux auprès des cavistes ou des restaurants hexagonaux. Parmi elles figurent une quarantaine de rhums : Damoiseau, Depaz, HSE, Séverin, Saint-James, Don Papa, Botran... Bref, une bonne partie des rhums que vous retrouverez chez votre caviste sera préalablement passée par Dugas. La marque n'a normalement pas vocation à frayer directement avec les amateurs, mais elle a eu la bonne idée d'ouvrir au public une journée de son salon Dugas Club Expert, qui se tient chaque automne à Paris. Courez-y !

LE CIRT-DOM

Derrière cet acronyme – qui veut dire Conseil interprofessionnel du rhum traditionnel des DOM – se cache le « lobby » du rhum en France, c'est-à-dire l'organe qui rassemble l'ensemble des représentants des producteurs de rhum des DOM – Martinique, Guadeloupe, Réunion et Guyane. Son rôle consiste notamment à défendre les intérêts de la filière du rhum auprès des pouvoirs publics – français et européens. Cela lui vaut quelques victoires, comme l'augmentation continue du niveau des contingents. Mais aussi des défaites, tel le relèvement des taxes sur le rhum dans les DOM en 2018. Parfois, le CIRT-DOM présente un front uni, comme lorsqu'il faut plaider pour les contingents face à l'Europe. Quelquefois, il est miné par la zizanie, par exemple quand il s'agit de répartir ces mêmes contingents entre DOM...

zoom

LA BATAILLE DES CONTINGENTS DANS LES DOM

Après la guerre de 1914-1918, le rhum était devenu une boisson populaire en métropole – il l'était déjà dans les actuels DOM ! Les besoins en rhum étaient très importants, car il servait dans les hôpitaux, à la fabrication d'explosifs et bien sûr à remonter le moral des troupes, comme celui des Français restés à l'arrière. À la fin du conflit, la demande militaire chuta, alors que la production se maintenait à des niveaux élevés, ce qui entraîna une baisse des prix. Un raz-de-marée de rhums à bas coût menaçait de balayer les eaux-de-vie métropolitaines, qui commençaient à peine à se remettre de la guerre et du phylloxéra. Comme ce fut le cas à plusieurs reprises dans l'histoire, les représentants des spiritueux hexagonaux firent le siège du gouvernement pour qu'il mette des bâtons dans les roues du rhum... C'est ainsi que fut créé un contingent. Le principe ? Un certain montant d'hectolitres d'alcool pur (HAP) serait autorisé à entrer sur le territoire métropolitain pour y être vendu, en étant en partie exonéré de taxes. Tout le rhum qui viendrait en plus de ce contingent serait lui taxé à 100 %, comme pour les alcools étrangers. Au fil du temps et des crises, ce contingent fut relevé, puis rabaissé et, en 1995, il était fixé à 90 000 HAP, lorsque le rhum était dans le creux de la vague.

La détaxe aujourd'hui

Aujourd'hui, les producteurs de rhum agricole et de sucrerie des DOM bénéficient d'une fiscalité réduite de moitié pour leurs rhums contingentés. Par exemple, une bouteille d'alcool à 40° vendue en France métropolitaine à 15 euros TTC est normalement taxée à hauteur de 11,5 euros. Ce qui correspond à la TVA, au droit d'accise et à la vignette Sécurité sociale qui alimente la caisse pour la prévention de l'alcoolisme. Il ne reste donc que 3,5 euros pour rémunérer la matière première, les matières sèches (étiquettes, bouteilles, cartons...), la marge du producteur, le transport, la marge du distributeur et celle du magasin final (GD ou caviste). Une bouteille contingentée est exonérée de 3,5 euros environ, ce qui laisse 7 euros pour rémunérer toute la chaîne. Cette aide est d'autant moins anodine que plus le degré d'alcool est fort, plus la taxe est importante. Or, traditionnellement, les rhums agricoles titrent à 50, voire 55°... Les producteurs de rhums venant de pays non européens crient à la distorsion de concurrence. Quant aux producteurs des DOM, ils mettent en avant le fait que leurs rhums sont particulièrement onéreux à produire : salaires élevés par rapport aux autres pays des Caraïbes et d'Amérique latine, charges importantes ou encore insularité qui oblige à tout importer, sauf la matière première : tonneaux, étiquettes, bouteilles, machines...

La zizanie

Régulièrement, la filière rhum des DOM doit plaider sa cause devant l'Europe (qui est désormais compétente) pour demander un relèvement du seuil du contingent. Il faut dire que, depuis 1995, les ventes ont explosé en France. Le gâteau grossit donc de plus en plus et les producteurs se trouvent de plus en plus à l'étroit dans les limites du contingent. Si la filière a su rester unie pour parvenir à plusieurs reprises à augmenter le seuil (de 120 000 HAP à 144 000 HAP en 2017), c'est la zizanie lorsqu'il s'agit de répartir ce contingent entre les différents DOM. Chacun accuse les autres de s'approprier une part trop importante du gâteau. Le contingent le plus disputé, car le plus en croissance, est celui concernant les rhums agricoles, jusqu'ici chasse gardée de la Martinique, mais dont la Guadeloupe veut sa part ! Ce feuilleton pourrait avoir de nombreux rebondissements, puisque le rythme des relèvements du seuil du contingent par la Commission européenne s'est accéléré.

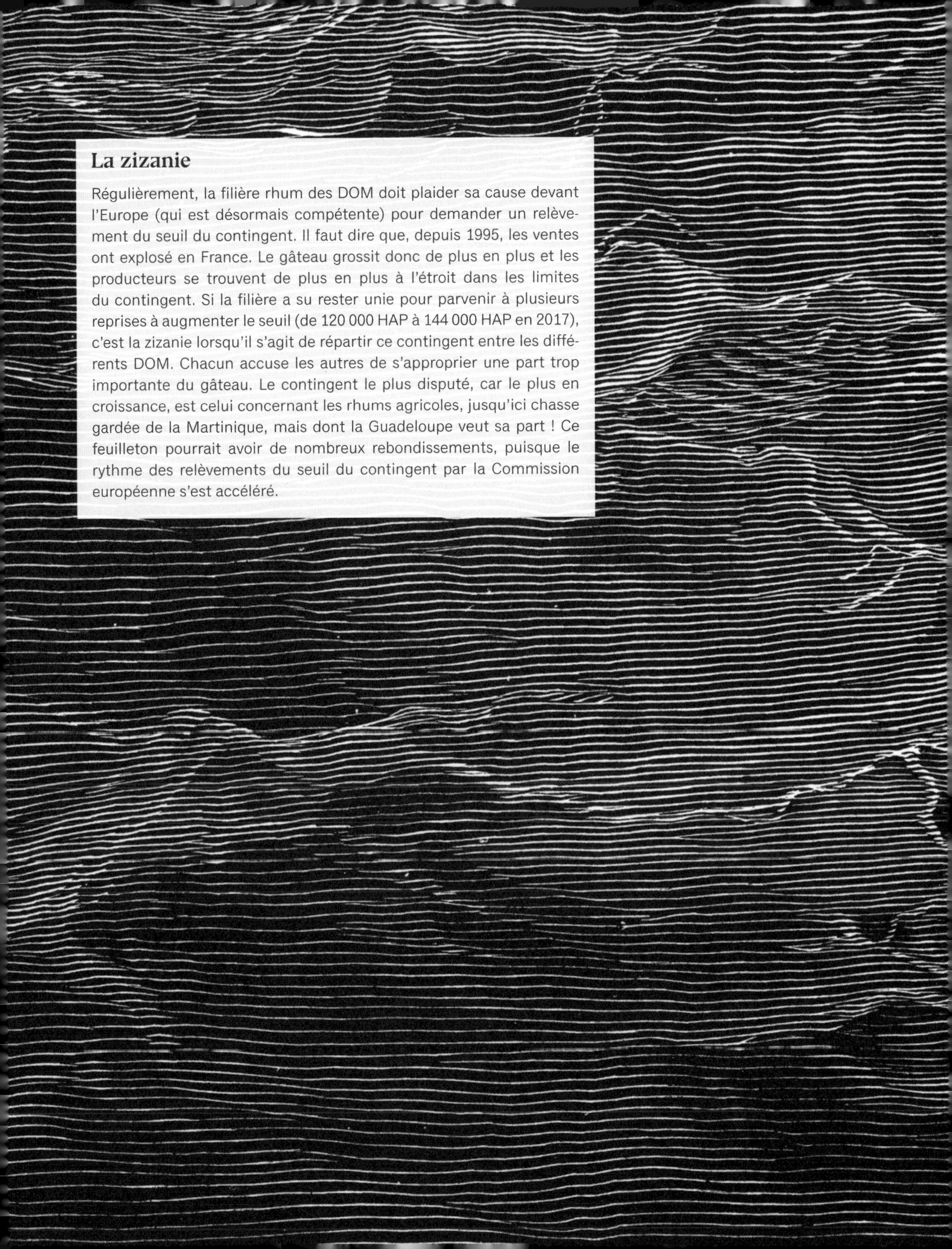

Où acheter du rhum ?

La bonne nouvelle, c'est que l'on peut acheter du rhum un peu partout en France. En effet, on en trouve en grande distribution chez la plupart des cavistes et sur les sites Internet de vente de vins et de spiritueux spécialisés ou non dans le rhum. L'immense majorité des ventes de rhums se font en grande surface. Presque un tiers du rhum est consommé dans les DOM, par les habitants eux-mêmes, et surtout les touristes ! 80 % des ventes sont des rhums des DOM. On y trouve des rhums de négociants, comme Old Nick ou Negrita, des rhums traditionnels, comme Charrette ou Rivière du Mât, des rhums agricoles, comme Saint-James...

Dans les rayons, beaucoup de références sont des rhums blancs, mais on découvre de plus en plus de rhums épicés, arrangés ou vieillis : ambrés, vieux, VO, VSOP, voire XO. La grande majorité des quelque 5 000 cavistes (dont les chaînes Nicolas, Le Repaire de Bacchus, Cavavin, Nysa...) vendent du rhum. Certains sont même spécialisés. En général, on y trouve des références plus haut de gamme que dans la grande distribution (rhums vieux, éditions limitées, millésimes...) et, surtout, du conseil ! De plus en plus de cavistes se spécialisent dans le rhum. Il est impossible de tous les citer ici, mais nul doute que vous en trouverez près de chez vous si vous habitez une grande ville. Sinon de nombreux sites Internet dotés d'articles et de fiches produits détaillés vous permettent d'avoir accès à une foule de références, qui ne seront pas forcément accessibles dans des magasins physiques. Parmi eux, nous vous conseillons Excellence Rhum (www.excellencerhum.com), La compagnie du rhum (www.lacompagniedurhum.com), Christian Montaguere (www.christiandemontaguere.com) et surtout Rhum Attitude (www.rhumattitude.com)_car, en plus de vendre des rhums, ce site a une véritable vocation pédagogique et explicative.

2011

LA FOIRE AUX MÉDAILLES

Les médailles distribuées par les concours sont activement recherchées par les marques de vins et de spiritueux. Le rhum ne fait pas exception. En France, celles décernées par le Concours général agricole de Paris sont particulièrement renommées. On peut aussi citer le Concours international de Lyon, ou l'International Sugarcane Spirits Awards par exemple. Si les médailles décernées par les concours sont si prisées par les producteurs de rhums, c'est qu'ils peuvent ensuite s'en prévaloir et les afficher sous la forme de macarons sur leurs bouteilles ou leurs communiqués de presse. Cela permettra de mieux écouler leur produit et de le vendre un peu plus cher. C'est aussi une reconnaissance du travail accompli.

Des outils de promotion

Le consommateur doit-il pour autant se fier aux médailles lors de son acte d'achat ? Pas vraiment. En effet, les règles qui régissent les concours sont trop peu restrictives. Ainsi, à l'international, il n'existe pas forcément de nombre limite de médailles décernées lors d'un concours : 50 %, voire 70 %, de rhums présents peuvent être récompensés. En France, la DGCCRF impose une limite de 30 %, ce qui signifie que 1 rhum sur 3 sera mis en avant. De plus, on remarque que le nombre de médailles de bronze et d'argent a tendance à régresser par rapport au nombre de médailles d'or, plus vendeuses. La composition des jurys peut aussi poser problème. En général, 3 ou 4 personnes les composent, ce qui est trop peu. Et ils ne sont pas toujours professionnels. Lorsqu'ils le sont, même si les dégustations sont faites à l'aveugle, ils n'auront en général pas de mal à reconnaître telle ou telle marque. Bref, les médailles sont d'abord un outil de promotion et de distinction pour les rhums participant au concours, avant d'être une information fiable pour le consommateur sur la qualité de ce qui se trouve dans la bouteille qu'il s'apprête à acheter. Au final, elles sont une indication de qualité parmi d'autres, ni plus, ni moins.

AUTOUR DU RHUM

En France, le rhum bénéficie de tout un écosystème. Salons, concours, magazines, livres et même bandes dessinées permettent aux amateurs de vivre à fond leur passion et de gagner en expertise.

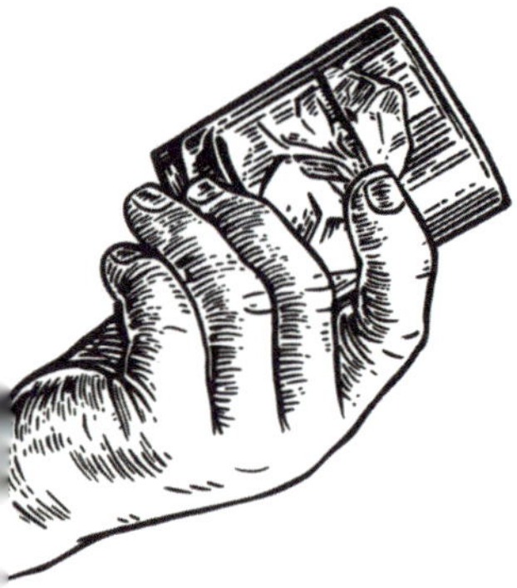

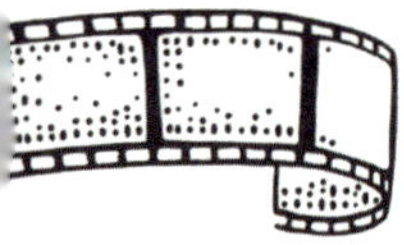

Les salons du rhum

Les salons sont un peu aux amateurs de rhum ce que sont les magasins de bonbons aux enfants. Ce sont des lieux où l'on peut visiter les stands de dizaines de marques et où l'on peut découvrir des centaines de références. Une telle abondance de rhums venus du monde entier peut donner le tournis, surtout si l'on oublie de recracher à chaque dégustation. On peut aussi y assister à des masterclass ou à des conférences, y déjeuner et participer à des ateliers (cocktails par exemple). Bref de quoi passer une excellente journée ! C'est aussi l'occasion de parler en direct avec celles et ceux qui produisent le rhum et d'échanger avec d'autres passionnés. Certains sont réservés aux professionnels (barmen, acheteurs, sommeliers, journalistes...), mais la plupart ouvrent grand leurs portes aux amateurs pendant au moins une journée.

Le Rhum Fest Paris

Lancé en 2013 par Cyrille Hugon et Anne Gisselbrecht, le Rhum Fest Paris s'est imposé comme le principal salon dédié au rhum en France. Il se tient tous les printemps depuis 2013 au parc Floral de Vincennes et réunit toujours plus de professionnels et d'amateurs du rhum. L'édition 2018 avait notamment réuni 7 000 visiteurs (dont 2 500 professionnels), 49 exposants et 170 marques dans 2 200 m^2. Le salon est doté d'un studio web TV, où se succèdent les émissions, les interviews et les masterclass. Il a aussi monté son propre concours et décerne les Rhum Fest Awards, des médailles de bronze, d'argent et d'or au cours de dégustations à l'aveugle conduites par un jury de professionnels.

Le salon Dugas Club Expert

Le salon Dugas Club Expert (15 ans d'existence) ouvre ses portes au public non professionnel depuis 2019. Il se déroule désormais sur 2 jours, fin septembre, avec une journée réservée aux professionnels et une journée où les amateurs sont accueillis. Dugas Club Expert 2019, c'était 1 600 visiteurs, 130 marques et exposants, dont 40 marques de rhums. Ce qui correspond au nombre de marques (Diplomatico, Don Papa, Angostura, Centenario, Matusalem, Botran, HSE...) que Dugas distribue en France.

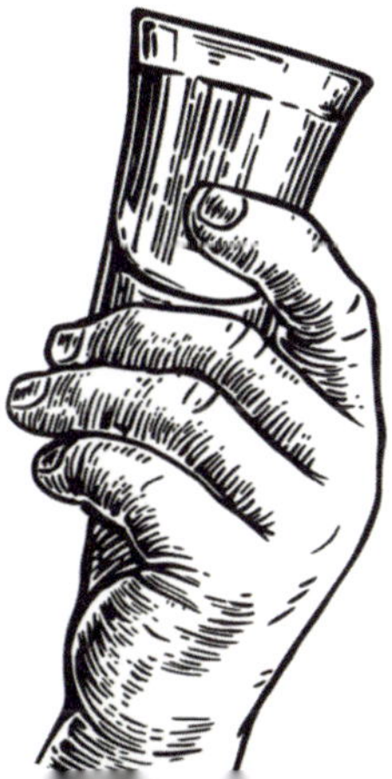

Le Whisky Live

Comme son nom ne l'indique pas, le Whisky Live est aussi un salon du rhum. L'édition 2019 s'est tenue début octobre pendant 3 jours à la grande halle de la Villette, à Paris. Les chiffres donnent le tournis : plus de 15 000 visiteurs, 184 exposants venus de 35 pays... Et notre alcool de canne dans tout ça ? Une « rhum gallery » lui était consacrée, avec une trentaine de marques présentes, chaque année plus nombreuses. Le Whisky Live, c'est le lieu parfait pour celles et ceux qui aiment à la fois le whisky et le rhum.

Le Concours général agricole

Tous les ans, de fin février à début mars, se tient à Paris le plus grand et plus ancien concours de France, le Concours général agricole (CGA). Il s'agit aussi du plus reconnu de nos concours. On y juge toutes sortes de produits, comme les vins ou les saucissons, et bien sûr les rhums des DOM et des POM (pays d'outre-mer). Si vous êtes un amateur éclairé ou si vous souhaitez simplement vous perfectionner, n'hésitez pas à vous inscrire en tant que juré afin de participer à l'événement. Ce sera votre délicate tâche de décerner à des rhums dégustés à l'aveugle des médailles de bronze, d'argent et d'or, ou de les écarter de la sélection. Pour cela, il suffit de s'inscrire en ligne quelques mois avant et de suivre le processus de sélection des jurés. C'est une bonne expérience, qui vous fera peut-être cependant relativiser le sérieux des médailles.

Les médias du rhum

Le rhum est encore une niche en termes de médiatisation. Peu de médias lui sont entièrement consacrés et en parlent avec l'expertise qui convient. Cependant, cette niche ne cesse de s'élargir et de nouveaux lecteurs assidus la rejoigne.

Rumporter, le magazine de la culture rhum

Fondé en 2013 par l'expert en spiritueux multicartes (rhum, whisky, cognac, baijiu...) Alexandre Vingtier et des créateurs du salon Rhum Fest Paris – Cyrille Hugon et Anne Gisselbrecht –, le magazine *Rumporter* a su réunir autour de lui une solide communauté de passionnés de rhums. Le « magazine de la culture rhum » paraît 3 fois par an, mais est disponible toute l'année sur le site Internet (www.rumporter.com). On y trouve des dégustations, des focus sur les plus iconiques des distilleries, des recettes (cocktails, plats...), des interviews, des articles sur l'histoire et l'économie du rhum, et des enquêtes fouillées sur les thèmes qui structurent le monde du rhum (fiscalité, développement durable, définition du rhum...), le tout agrémenté de superbes photos. Il existe aussi en versions espagnole et anglophone.

Whisky Magazine

Non, *Whisky Magazine* ne parle pas uniquement de whisky, mais des spiritueux en général (avec un tropisme pour le whisky tout de même !) : gin, vodka, cognac, tequila... et bien sûr rhum. Fondé en 2004, ce trimestriel a aussi son site Internet (www.whiskymag.fr), et compte parmi ses contributeurs Christine Lambert, l'auteure du *Guide Hachette des Rhums*.

La Confrérie du Rhum

Cette page Facebook (www.facebook.com/groups/348582111921946) créée en 2013 par Benoît Bail regroupe plusieurs dizaines de milliers de passionnés du rhum. On y trouve des informations, des master class, ainsi que des cuvées en édition limitée.

Quelques livres autour du rhum

Voici une sélection de livres qui vous permettront d'affiner votre expertise du rhum et d'élargir votre horizon tout en passant un agréable moment.

Alibert Pierre-Barthélémy, *La Fabuleuse aventure du rhum*, Orphie, 2011.

Pierre-Barthélémy Alibert vous fait voyager dans l'histoire du rhum grâce à ce livre particulièrement bien illustré. De quoi vous informer sur votre spiritueux préféré, sans vous prendre la tête. Le livre contient une foule d'anecdotes amusantes et sait décrypter le vrai du faux dans la grande légende du rhum.

Foufelle Dominique, *Rhumgraphie*, Hachette, 2019.

Ce livre bien troussé nous propose de façon simple et amusante de comprendre le rhum en 100 dessins. Dominique Foufelle et Mélody Denturk ont réalisé un beau travail de pédagogie qui permet, grâce à un système de questions vrai/faux, de faire la peau aux idées reçues sur le rhum.

Lambert Christine, *Guide Hachette des Rhums*, Hachette, 2017.

La spécialiste des spiritueux Christine Lambert (grande connaisseuse du whisky notamment) nous livre ici une sélection de rhums du monde entier, avec des descriptions détaillées mais accessibles. De plus, ce guide comporte une section historique et explicative du rhum très bien faite, car concise et bien ficelée. Pour celles et ceux qui souhaitent débuter une collection ou la compléter.

Mahé Patrick, *Culture Rhum*, E/P/A, 2017.

Ce livre est une véritable invitation hédoniste au voyage. Le journaliste Patrick Mahé (de *Paris Match* notamment) nous fait découvrir les principales terres de production du rhum, les marques emblématiques, leurs histoires et quelques personnages hauts en couleurs. La plume est belle et déliée, les illustrations magnifiques. Un livre que l'on aime feuilleter, puis poser, avant d'y revenir.

Roulot Tristan, *Rhum Héritage*, Robinson, 2019.

Tristan Roulot (scénario) et Mateo Guerrero Cruz (dessin) lèvent un voile sur la face sombre du rhum dans cette bande dessinée haletante. On y suit les aventures de Jean Rouen, un « engagé », fils d'un verrier normand qui a fait faillite, qui part à la Martinique pour tenter d'y faire fortune afin de payer les dettes de son père. On y rencontre aussi l'esclave Silas et... le père Labat ! Une fresque pour les cœurs bien accrochés.

Vingtier Alexandre, *120 rhums*, Dunod, 2016.

Cent vingt, comme le nombre de rhums que ce livre de couleur bleu lagon nous fait découvrir. Un ouvrage qui invite à la dégustation et au voyage à travers les rhums. Les fiches écrites par la véritable petite encyclopédie du rhum (mais aussi du whisky, du cognac, du baijiu... bref de tous les spiritueux !) qu'est Alexandre Vingtier sont claires et donnent vraiment envie de tremper nos lèvres dans chacun de ces trésors liquides.

RÉCAP

Nous avons appris beaucoup de choses jusqu'à présent, dont beaucoup étaient plutôt embrouillées à cause d'une part d'une absence de règle unifiée pour le rhum sur le plan mondial, et d'autre part grâce à l'inventivité des producteurs. Voici un petit récapitulatif de ce que nous avons déjà abordé qui vous aidera à synthétiser les questions liées à l'origine des arômes du rhum et à lire une étiquette de rhum.

D'où viennent les arômes du rhum ?

Comment un distillat de jus de canne ou de mélasse, sortant de sa colonne ou de son alambic entre 65 et 95° d'alcool, peut-il offrir à la dégustation des arômes aussi variés que les fleurs blanches, le caramel ou les fruits exotiques ? Le tout sans adjonction d'éléments exogènes, selon la définition européenne du rhum ? De multiples facteurs naturels, tels que le terroir ou la variété de la canne, des techniques comme le type d'appareil de distillation, ou humain, tel le savoir-faire du maître de chai en termes de vieillissement et d'assemblage, viennent donner aux rhums leur profil aromatique et leur identité. Autant d'éléments, de choix, que l'on retrouve ensuite à la dégustation d'un rhum pur.

L'influence du terroir

La personnalité d'un rhum se définit d'abord par l'aire culturelle où il a été produit. Historiquement, la zone Caraïbe-Amérique latine, où est né le rhum au XVIIe siècle, était divisée en cinq grandes zones d'influence. Aujourd'hui encore, ces traditions et ces savoir-faire ancestraux influent sur le goût du rhum. Cependant, il est difficile de se baser uniquement sur ce critère. Par exemple, la Jamaïque produit à la fois des rhums lourds de type anglais et des rhums légers qui ressemblent à des rones. En fait, il existe presque autant d'exceptions que de règles... Nous l'avons vu, il faut ensuite se demander si le rhum est issu de la distillation du jus de canne, (« agricole » en France, pur jus de canne ailleurs), de mélasse (rhum traditionnel, de sucrerie, industriel), de sirop ou de miel de canne. Pour résumer, les rhums agricoles auront plutôt des notes végétales, les rhums de mélasse se doteront de préférence d'arômes caramélisés. Les rhums de miel ou de sirop de canne, quant à eux, auront pour colonne vertébrale des arômes pâtissiers. La variété de la canne utilisée est aussi primordiale dans le goût final du rhum.

Chaque variété apporte des arômes différents. Là où ça se complique, c'est qu'une même variété de canne donnera des rhums qui varieront selon l'endroit où elle est plantée, dans le nord humide de la Martinique ou dans le sud plus sec par exemple. Selon aussi que le sol où les racines se seront développées aura été volcanique, formé de terres alluvionnaires, argileux au sud ou calcaire. Autre facteur décisif : le millésime.

L'influence de la technique

D'autres étapes et éléments entrant dans la conception du rhum ont un impact direct sur les saveurs que l'on retrouvera plus tard à la dégustation. Par exemple, le type de moulin ou l'imbibition donneront un jus de canne plus ou moins pur ou concentré. On ajoute ensuite de l'eau et des levures (et parfois des acides pour éviter une contamination) et on laisse fermenter pour que le jus de canne se transforme en vin de canne. Nous l'avons vu, le type des levures utilisées (sauvages, indigènes ou industrielles) donne un goût au breuvage. Il arrive aussi que l'on ajoute des éléments exogènes au liquide en train de fermenter : jus de fruit, écorce... afin de booster la production d'esters et donc d'arômes. De même, plus la période de fermentation sera longue, plus les arômes seront complexes et puissants. Lorsqu'il s'agit d'un rhum de sucrerie, le type de mélasse utilisé est aussi un critère à prendre en compte. Plus elle a subi de chauffe et moins il y a d'arômes différents.

Vient ensuite l'étape de la distillation, qui donne au rhum un profil différent selon les techniques employées, le type d'alambic (Savalle, *pot still*, colonne...). Sachant que deux colonnes du même fabriquant ne donneront pas exactement le même rhum selon les réglages opérés ou les légères différences qui les caractérisent. Il faut aussi regarder à quel degré sort le distillat. Plus le rhum est bas, plus il a des chances d'être aromatique. Ou encore le nombre de soutirages : après la distillation, le temps que passe le rhum dans l'étape de la réduction, du repos, où l'on ajoute de l'eau pour obtenir en général un degré alcoolique compris entre 40 et 50°, joue aussi. Plus cette période est longue, plus le rhum blanc sera complexe.

L'influence du vieillissement

Dans le cas d'un rhum vieux, de nouvelles étapes influant sur son goût final entrent en scène. Nous l'avons vu, le séjour du rhum pendant plusieurs années dans des fûts de bois va lui donner de la couleur et des goûts supplémentaires. L'alcool va agir comme un solvant au contact du bois et absorber des tanins au fil du temps. Les arômes ainsi captés varieront selon l'essence du bois, la qualité de la chauffe, l'âge du fût (neuf ou usagé) et sa taille (plus il est petit et plus il y a d'échanges), le liquide qui s'y trouvait précédemment (rhum, cognac, bourbon...), si le rhum a fait l'objet d'un finish... et bien sûr s'il a passé dans les chais (vieux, VSOP, XO...). Autre subtilité : l'endroit où le rhum a vieilli a son importance, notamment sur la concentration via la part des anges. Le même rhum vieilli 3 ans en climat tempéré aura des allures de bébé auprès de son frère vieilli en zone caraïbe. Les conditions de stockage – humidité, sécheresse et proximité de la mer – peuvent aussi jouer.

L'influence de l'assemblage

Au final, c'est bien la main de l'homme qui préside aux destinées du rhum dans une distillerie, le maître de chai ou maître assembleur, qui donnera la dernière touche. En effet, la plupart des rhums sont des assemblages, de différents fûts, années, variétés, terroirs et styles. Le but des maîtres assembleurs est de reconstituer le même goût encore et encore pour chaque référence. Ainsi, un Don Papa produit en 2019 aura probablement le même goût qu'un Don Papa produit en 2020, afin que les consommateurs puissent retrouver année après année le spiritueux qui les a séduits. C'est la magie de l'assemblage, souvent un procédé complètement artisanal qui se fait tout bonnement en dégustant, qui met donc la touche finale à cette plongée dans les origines des arômes du rhum. Point final ? Pas tout à fait car, nous l'avons vu, certains rhums se voient adjoindre des épices ou des fruits !

En résumé

Une foule d'éléments et de détails vont influer sur le goût final d'un rhum blanc et plus encore d'un rhum vieux. S'il est tout à fait possible de déguster un rhum sans y penser, essayer de les retrouver en dégustant et en se renseignant auprès des marques ou des guides du rhum peut être un exercice amusant.

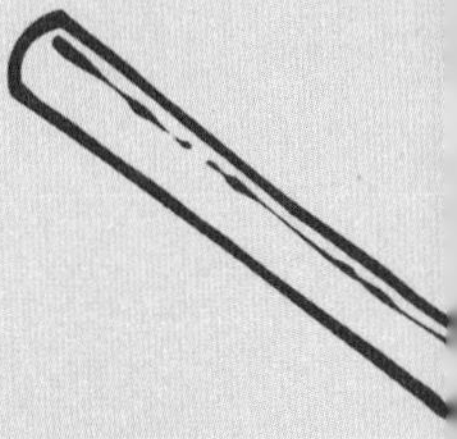

POINT DÉGUSTATION

MILLÉSIMES

Pour illustrer la prévalence du millésime, prenons les Trois Rivières Millésimes 1999 et 2000. Les deux rhums ont bénéficié de la même variété de canne, du même terroir, du même appareil à distiller, des mêmes techniques de production et, pourtant, ils sont légèrement différents. Le 1999 est en effet plutôt végétal et sec, alors que le 200 est plus rond et sucré. Pourquoi ? Parce que les conditions climatiques qui ont accompagné leur naissance étaient différentes, mais aussi parce que les tonneaux utilisés n'étaient pas les mêmes.

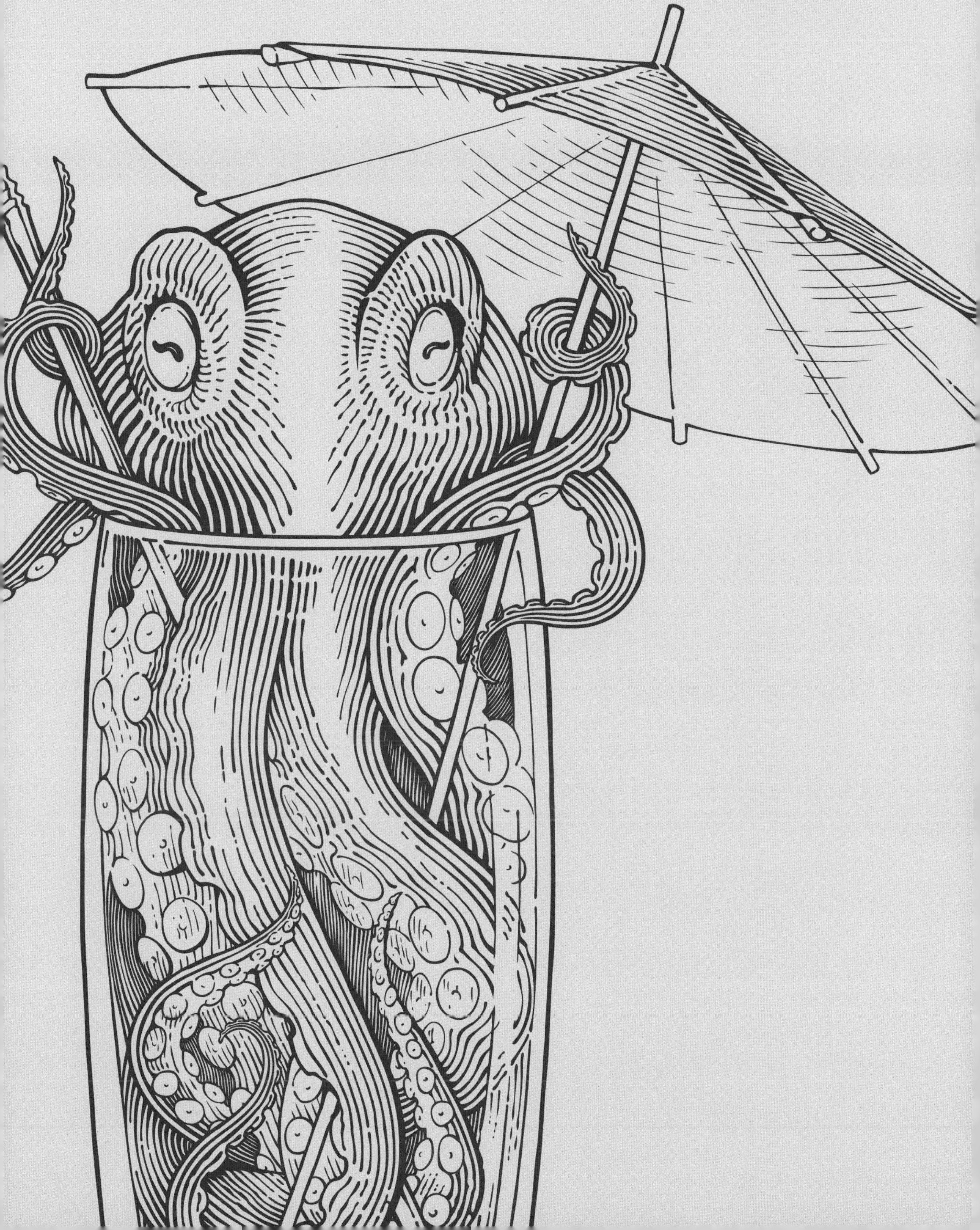

Comment lire une étiquette ?

Lire une étiquette de rhum est parfois un véritable casse-tête, tant les chausse-trapes sont nombreuses. Des spiritueux, que l'on classerait de bonne foi dans la catégorie « rhum », sont en fait légalement, en Europe, des « boissons spiritueuses à base de rhum », comme les « épicés » et certains « arrangés ». Sur la plupart des bouteilles, l'âge indiqué correspond au rhum le plus jeune de l'assemblage, sur d'autres, comme les solera, au rhum le plus vieux. Certains rhums ont été puissamment édulcorés, d'autres à minima.

La bataille de la définition du rhum

Qu'est-ce que le rhum ? Sur le plan mondial, il n'existe pas une, mais plusieurs réponses à cette question. Contrairement au scotch whisky, et surtout au cognac, il n'existe pas de législation unifiée du rhum. Aussi, chaque pays, ou zone, peut à son gré donner plus ou moins de liberté aux producteurs dans l'élaboration de leurs spiritueux. Nous l'avons vu, le compte d'âge n'est par exemple pas le même selon que l'on a produit le rhum en Guadeloupe ou au Guatemala avec la méthode solera.

Dans les DOM français et sur le marché européen, c'est l'âge du rhum le plus jeune qui est inscrit sur la bouteille. Dans les Caraïbes anglophones, ce comptage commence seulement à être adopté via le logo ACR. Dans la zone dite « espagnole » (excepté Cuba), c'est plutôt la règle de la goutte la plus jeune qui prévaut. Un petit rappel des mentions d'âge s'impose aussi. En Europe, VS et VO signifient un vieillissement respectivement de 2 et 3 ans au minimum, de 4 ans pour VSOP et de 6 ans pour XO.

Le rhum en France et en Europe

Voici comment le rhum est décrit sur le site Internet du ministère de l'économie : « Le rhum est une eau-de-vie obtenue par fermentation, puis distillation de jus de canne à sucre, de sirop de canne à sucre ou de mélasse. La distillation peut être suivie d'une période de vieillissement plus ou moins longue en fûts de bois. L'ajout de caramel et de sucre est autorisé, respectivement pour compléter la coloration et arrondir le goût final du produit. Néanmoins, la réglementation interdit de simuler les caractéristiques du vieillissement ou de modifier substantiellement le goût du produit. »

Les arômes

Les arômes ne sont en principe apportés que par le terroir, la variété de canne et bien sûr les levures – lorsqu'il s'agit de rhums blancs – ou l'échange entre le spiritueux et le bois – pour les rhums vieux. C'est une définition restrictive, qui a au moins le mérite de permettre aux consommateurs de savoir ce que contient leur spiritueux préféré. Sous d'autres cieux, il est tout à fait possible d'ajouter des arômes, naturels ou non au rhum. Cela peut être de la vanille, du sucre ou des épices. Ainsi, les producteurs peuvent proposer des produits très divers et ludiques. En revanche, ils se réfugient souvent derrière le secret de fabrication pour éviter de dire ce que leur spiritueux contient réellement comme additifs. En France, ces breuvages ne peuvent légalement pas se prévaloir du nom de « rhum ». Aussi, ils sont souvent appelés « boisson spiritueuse à base de rhum ». Par exemple, le fameux Don Papa n'est pas considéré stricto sensu comme un rhum. D'ailleurs, il suffit de retourner la bouteille pour constater qu'est marqué « rhum vanille, boisson spiritueuse ». Autre restriction : en France, un rhum doit titrer au minimum 37,5° d'alcool, en dessous, on passe à nouveau dans la catégorie « boisson spiritueuse à base de rhum ». C'est souvent le cas de boissons très populaires, telles que les rhums épicés ou les arrangés.

La question de l'édulcoration

De nombreux producteurs de rhum édulcorent leurs breuvages. C'est d'ailleurs une des raisons du succès du rhum ces dernières années, notamment auprès des jeunes. Des marques comme Zacapa, Don Papa ou Diplomatico laissent une impression de sucrosité assez élevée, ce qui aide les consommateurs à passer outre le goût et le degré de l'alcool. Cette propension à ajouter un élément sucré à certains rhums a eu un effet positif, puisqu'elle a permis à de nombreux consommateurs de débuter dans le rhum via des spiritueux doux et faciles d'accès. Quitte, au bout de quelque temps, alors que le palais se forme et les goûts s'affinent, à préférer les rhums peu ou non édulcorés.

En Europe, cette édulcoration n'est en principe pas tolérée pour les rhums traditionnels. Il est autorisé d'agir sur la couleur du liquide, par exemple grâce à l'adjonction de caramel, seulement si cela ne modifie pas le goût. C'est ainsi que certains rhums des DOM obtiennent une couleur plus ambrée et sombre – cette pratique est aussi répandue dans le cognac ou le whisky.

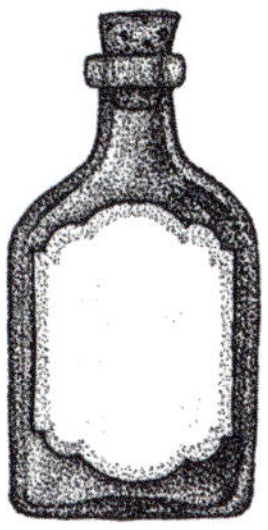

Vers la transparence sur les étiquettes

Poussées par l'Union européenne, le 4 juin 2019, 31 associations et 6 multinationales de spiritueux se sont engagées à inscrire sur leurs étiquettes les valeurs énergétiques de leurs produits (les calories) et à fournir sur leur site Internet une liste complète des ingrédients entrant dans leur composition. Leur objectif affiché est que 66 % des spiritueux mis sur le marché suivent le protocole en 2021. Nous verrons donc bientôt des rhums indiquer les calories qu'ils contiennent, ainsi que leurs ingrédients. Un pas de plus vers la transparence… Un bémol cependant : il s'agit d'une « autorégulation », c'est-à-dire que les filières décident elles-mêmes si elles souhaitent mieux informer leurs consommateurs et quelles informations elles peuvent leur donner. Dans les années qui viennent, l'Union européenne pourrait donner un cadre plus contraignant à ces pratiques.

Havana Club
EN 1878
ESPECIAL
EL RON DE CUBA
REPUBLICA DE CUBA
Garantia

Toujours selon les termes de la législation européenne, les producteurs qui modifient le goût de leurs produits avec un ajout important de sucre ne peuvent en théorie pas s'appeler rhums en Europe, mais doivent se contenter de l'appellation « boisson spiritueuse à base de rhum ». Sauf que le niveau de sucre qui faisait passer un rhum dans la catégorie un peu fourre-tout boisson spiritueuse... n'était pas bien défini. Ce sera chose faite à partir de mai 2021. Jusqu'à présent, la seule limite connue était celle des 100 g de sucre par litre, soit 10 %. La dépasser, c'était entrer sur le territoire des liqueurs. À partir de 2021, les spiritueux pourront s'appeler rhums uniquement si l'édulcoration ne dépasse pas les 20 g par litre, tandis qu'entre 20 et 100 g, ils ne seront que des boissons spiritueuses à base de rhum. Ces mesures sont loin d'être des pinaillages, car une bouteille où il y aura marqué « rhum » se vendra plus facilement qu'une bouteille où est indiqué : « boisson spiritueuse à base de rhum ». D'ailleurs, ces mentions sont souvent signalées en tout petit sur les étiquettes et figurent au dos des bouteilles. C'est alors la marque qui est fièrement mise en avant, tandis que le mot « rhum » disparaît du packaging. Ainsi, certaines des marques les plus vendues dans le monde, comme Captain Morgan ou Bumbu, ne sont pas légalement considérées comme des rhums en France, mais des boissons spiritueuses à base de rhum.

Ci-contre : rhum ou boisson spiritueuse à base de rhum, rhum le plus vieux ou rhum le plus jeune... Les nuances qui figurent sur les étiquettes sont autant de pièges tendus par le marketing.

TOUJOURS PLUS DE DIFFÉRENCIATION

D'autres mentions apparaîtront de plus en plus sur les bouteilles au fur et à mesure que les gammes de rhums se diversifieront et iront vers une premiumisation.

Single cask/barrel : le rhum est issu d'un fût unique et n'a pas été assemblé avec d'autres rhums.

Brut de fût/cask strengh : le rhum est embouteillé à la valeur d'alcool des fûts dans lesquels il se trouve. De l'eau n'a pas été ajoutée pour la faire baisser avant la mise en bouteille, mais une dilution est possible en cours de vieillissement.

Pure single rum : ces rhums sont en principe issus de la mélasse, distillés en *pot still* et issus d'une seule distillerie, alors que, dans les blends, on peut mélanger les rhums provenant de différentes unités de production.

Pure single agricole rhum : il s'agit en principe d'un rhum agricole qui a été distillé dans une seule et même distillerie.

Single blended rum : ces rhums sont normalement issus d'une seule et même distillerie, mais élaborés grâce à un assemblage de spiritueux issus d'une distillation discontinue (en *pot still*) et de spiritueux provenant d'une distillation continue (colonne).

Rhum agricole : ce rhum de jus de canne frais non édulcoré est élaboré dans les DOM français et à Madère.

La DGCCRF veille

En France, c'est la Direction générale de la concurrence, de la consommation et de la répression des fraudes (DGCCRF) qui a pour mission de traquer arnaques et fraudes dans le rhum. Dès 2014, elle a notamment été très attentive à empêcher des spiritueux ne respectant pas la définition légale du produit de se faire appeler « rhums ». Ils ont dû être renommés « boisson spiritueuse à base de rhum », à cause d'un degré d'alcool trop bas, d'une édulcoration trop importante, d'une adjonction d'arômes... Pour ce faire, la DGCCRF n'hésite pas à réaliser des analyses pour connaître la composition des spiritueux en question.

Rhum de pur jus de canne : ce rhum de jus de canne est produit ailleurs dans le monde.

Boisson spiritueuse à base de rhum : il s'agit en général d'un rhum de mélasse qui ne se conforme pas exactement au cahier des charges du rhum européen. Cela peut être parce qu'on lui a ajouté des épices, qu'on l'a édulcoré, qu'il titre moins de 37,5°...

Rhum traditionnel des DOM : le rhum traditionnel est produit à partir de canne à sucre récoltée dans les DOM. Ses matières premières sont produites et fermentées dans une aire géographique restreinte et sa distillation inférieure à 90° alcoolique. Il peut contenir 225 g de substances volatiles par hectolitre d'alcool pur au minimum et son degré alcoolique en bouteille est de 40° au minimum. Il n'y a pas d'ajout de sucre.

Le rhum traditionnel peut être dénommé « rhum agricole » s'il est issu du jus de canne à sucre, ou « rhum de sucrerie » s'il est produit à partir du sirop ou des mélasses provenant de la fabrication du sucre de canne. Enfin, c'est un rhum grand arôme s'il est distillé suite à la fermentation prolongée d'un mélange de vinasse et de mélasse.

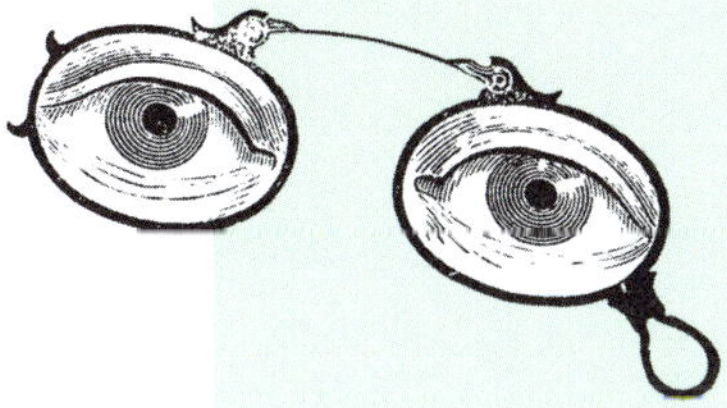

En résumé

La diversité du monde du rhum provoque parfois la confusion chez les consommateurs, que cela soit dû à des traditions culturelles et techniques dans la production des rhums ou à une volonté d'entretenir le flou pour mieux vendre. Voici quelques principes simples pour résumer : en Europe, un rhum est un spiritueux issu du jus de canne ou de la mélasse, qui titre au moins 37,5°, a reçu une édulcoration de 20 g par litre au maximum et auquel rien n'a été ajouté, si ce n'est du caramel colorant A150 non sucrant, pour coloration.

Quand les rhums se piquent d'éthique

Le commerce équitable et le bio commencent timidement à s'imposer dans le milieu du rhum. De leur côté, les consommateurs s'intéressent de plus en plus à la façon dont sont produits leurs rhums préférés. Bonne nouvelle : le rhum est plutôt bon élève sur la question du développement durable.

Les prémices du rhum bio

Partout dans la société, la demande de produits bio explose. C'est particulièrement vrai pour le vin en France. Les parcelles cultivées en bio représentent 15 % de la surface plantée en vigne et, selon une projection de l'institut d'étude sur les boissons alcoolisées IWSR pour le salon Millésime Bio, l'Hexagone devrait devenir en 2023 le deuxième vignoble bio. L'offre du bio est moins forte dans les spiritueux, mais c'est en train de changer. D'ailleurs, plusieurs marques martiniquaises ont d'ores et déjà franchi le pas et se sont fait labelliser bio pour certaines de leurs cuvées. Il s'agit de Neisson, d'A1710 et bientôt de La Mauny. La santé du consommateur est-elle en jeu lorsqu'il déguste du rhum issu de canne à sucre sur laquelle on a utilisé des pesticides ? A priori, les molécules de synthèse sont détruites lors de la fermentation, du processus de transformation en mélasse et de la distillation. Cependant, elles pourraient très bien subsister d'une manière ou d'une autre (peut-être combinées) dans le produit final. Pas de panique : si c'était le cas, ce serait en quantité infime. Un consommateur de rhum mourrait dix fois d'une cirrhose due à la surconsommation d'alcool avant de décéder des suites de maladies dues aux pesticides ! En revanche, il s'agit de protéger les travailleurs qui officient dans les champs de canne, ainsi que la nature sur des territoires qui ont connu de dramatiques épisodes de pollution, comme le chlordécone à la Martinique et à la Guadeloupe.

Peu de producteurs français sont donc bio, mais la plupart agissent déjà pour réduire leur consommation de pesticide. Par exemple, chez Saint-James, toujours à la Martinique, on n'utilise pas de fongicide ni d'insecticides de synthèse. Cependant, ce dont les producteurs de rhum ont véritablement du mal à se passer, ce sont les herbicides. Or, désherber les champs de canne (les bords, les interrangs et entre les pieds) est une nécessité vitale. En effet, les DOM sont de véritables paradis pour la végétation et, si l'on n'y prend pas garde, les herbes concurrentes de la canne prolifèrent et entraînent des pertes de récolte. Comment font donc les producteurs bio ? Ils désherbent à la main, ce qui demande davantage de main-d'œuvre, de temps, d'argent, et n'empêche pas des baisses de production de l'ordre de 60 % les premières années du passage en bio. Il s'agit donc d'un pari risqué, mais qui peut s'avérer payant en termes de publicité (l'image de marque de la distillerie s'améliore)

La maladie des coupeurs de canne

Flor de Cana est un rhum du Nicaragua, qui a connu dans les années 2000 et 2010 un beau succès aux États-Unis… jusqu'à ce que les appels au boycott se multiplient outre-Atlantique. La raison ? Les coupeurs de canne que faisait travailler la marque étaient décimés par une maladie non conventionnelle s'attaquant aux reins, appelée CDKu ou « maladie des coupeurs de canne ». L'affaire fit grand bruit, et on pointa du doigt les conditions dans lesquelles ces derniers travaillaient.
Le réalisateur anglais Jonathan Gazer devint le porte-étendard du mouvement anti-Flor de Cana, tandis que le Français Cyrille Hugon partait sur place en reportage pour voir ce qu'il en était exactement.
En 2020, les esprits se sont calmés, tout comme les appels au boycott. On ne sait toujours pas avec précision ce qui provoque la CDKu, mais on a compris que réduire les cadences de travail, s'abriter de la chaleur, faire des pauses et boire de l'eau peut éviter son apparition. La famille Pellas, propriétaire de Flor de Cana, s'est donc engagée à donner de meilleures conditions de travail à ses coupeurs de canne, et la marque a même reçu le label commerce équitable…

et de sommes sonnantes et trébuchantes (on peut vendre le rhum plus cher). Il faut savoir que les producteurs de rhum français ne sont pas les seuls à se soucier de l'environnement. Certaines marques étrangères, comme Otisa au Paraguay, sont bio. De plus, cette dernière se revendique aussi du commerce équitable !

Les balbutiements du rhum équitable

Comme pour le bio, le commerce équitable commence à apparaître dans le rhum. De quoi s'agit-il ? De payer les producteurs de canne et de rhum, souvent des pays pauvres ou en développement, au prix juste, c'est-à-dire plus cher que ce qui se pratique dans le reste du pays.

En France, la marque Fair, créée par Alexandre Koiransky, a lancé des rhums équitables, notamment en provenance du Bélize. Fair s'engage à payer les producteurs de rhums vieillis utilisés dans ses assemblages 15 % plus cher que le prix moyen pratiqué au Bélize. La marque accepte aussi de baisser ses marges. Les rhums estampillés commerce équitable restent cependant pour le moment peu nombreux. Les producteurs de rhum des DOM pointent d'ailleurs souvent, avec raison, la distorsion de concurrence qui s'opère avec leurs voisins et néanmoins concurrents. Alors que les travailleurs qui opèrent dans les champs de canne et dans les distilleries des DOM peuvent se prévaloir d'un salaire minimal décent, d'une couverture maladie et d'un temps de travail légal de 35 heures, bref de tout l'attirail social français et environnemental européen, ce n'est souvent pas le cas ailleurs. Le rhum des DOM est donc beaucoup plus cher à produire que celui de pays où les droits des travailleurs sont beaucoup moins protégés.

Le développement durable est déjà bien lancé

La production de rhum est coûteuse en énergie et génère beaucoup de sous-produits. Il s'agit principalement de la vinasse, ce qui reste lorsque l'alcool est séparé de l'eau lors de la distillation, et de la bagasse, c'est-à-dire du résidu de tiges de canne dont on a extrait le jus. Ces deux sous-produits de la fabrication du rhum sont de plus en plus souvent réutilisés, dessinant les contours d'une production durable et d'une économie circulaire. À la Réunion, la distillerie de Rivière du Mât utilise par exemple ses vinasses dégradées pour produire du méthane, qui viendra ensuite alimenter les chaudières lors de la distillation. Chez Saint-James à la Martinique, la bagasse, une fois séchée, est employée comme combustible pour les chaudières et les moulins. La vinasse, une fois traitée, et la bagasse peuvent aussi être utilisées dans les champs de canne comme amendement ou pour protéger les sols.

Enfin, la culture de la canne est elle-même plutôt vertueuse, puisque la graminée est un véritable puits à carbone. Les 3 000 hectares plantés en Martinique fixent par exemple 25 % du CO_2 émis par les voitures de l'île.

En résumé

Pour le moment, il existe deux rhums bio – en Martinique, Neisson et A1710 –, mais on en trouve aussi à la Barbade ou au Paraguay. Le passage au bio devrait se développer sous la pression des consommateurs, mais il est pour le moment freiné par le manque de solutions non chimiques pour faire face à certaines menaces pour la canne, notamment les mauvaises herbes. Les rhums équitables en sont à leurs balbutiements, mais rien ne s'oppose à leur montée en puissance. Tandis que la filière du rhum, notamment dans les DOM, fait figure de premier de la classe en matière de retraitement des déchets et de production d'énergie verte.

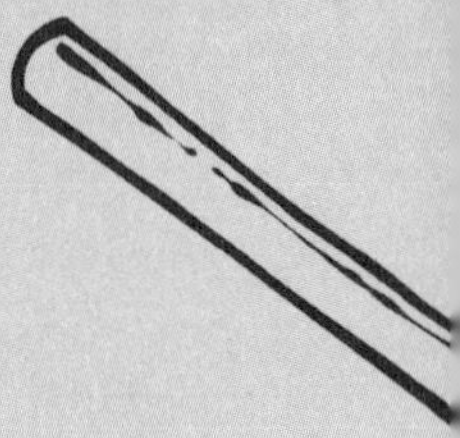

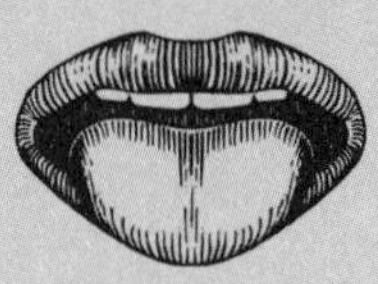

POINT DÉGUSTATION

LES RHUMS ÉTHIQUES OU BIO SONT-ILS MEILLEURS ?

On peut d'ores et déjà balayer l'affirmation selon laquelle les rhums étiques seraient meilleurs car, si leur cahier des charges leur impose bien de mieux payer les producteurs, cela n'a a priori aucun impact sur le goût. Qu'en est-il du bio à présent ? Difficile de répondre par l'affirmative à cette question, car nous manquons de points de comparaison à cause du faible nombre de rhums bio sur la planète. Une étude sur le vin californien avait permis de montrer que les vins bio ou en biodynamie étaient statistiquement mieux notés par les critiques que les vins conventionnels. Cependant, elle portait sur des milliers de crus différents. Nous pouvons pourtant émettre l'hypothèse que le souci exacerbé de la nature, le travail souvent manuel et l'utilisation de produits naturels dans le bio ne peuvent être que bénéfiques en termes de goûts et d'arômes. Si l'on se réfère aux cuvées de rhum blanc bio de Neisson par exemple, on ne peut que constater qu'elles sont particulièrement expressives. Sont-elles meilleures que d'autres cuvées de rhum blanc en AOC Martinique ? Difficile à dire. Autre souci : pour le moment, très peu de rhum bio a été vieilli. Nous avons donc encore moins de points de comparaison concernant les rhums âgés.

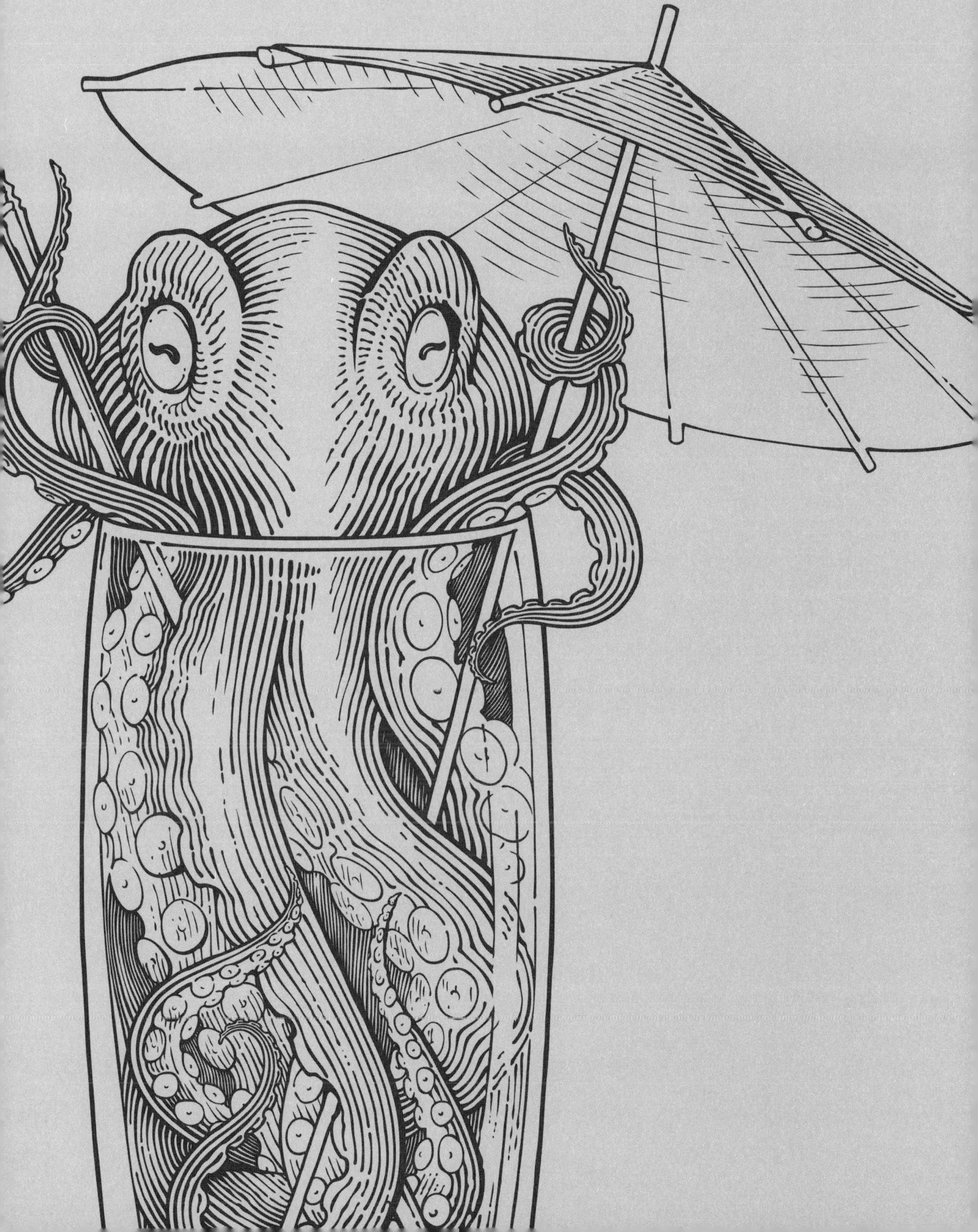

DÉGUSTER LE RHUM

La dégustation est la grande affaire de tout amateur. D'ailleurs, c'est la finalité du rhum que d'être dégusté en bonne compagnie et apprécié. Ici, nous vous donnerons des pistes pour savourer dans les meilleures conditions le rhum pur, qu'il soit blanc, ambré ou vieux. Libre à vous ensuite de le mélanger avec des épices, du jus de fruit ou des liqueurs ! Quelles sont les étapes à respecter ? Quel matériel utiliser ? La dégustation est une affaire sérieuse… qui ne doit pas être trop prise au sérieux, car le rhum doit garder cette image festive et transgressive, qui manque parfois au whisky et au cognac par exemple. Savoir déguster vous permettra de profiter du rhum sous toutes ses facettes, et de savoir en parler. C'est aussi une façon de se prémunir. L'abus de rhum, comme de tout alcool, empêche en effet d'apprécier à sa juste valeur le nectar qui se trouve dans votre verre et, surtout, cela nuit à la santé !

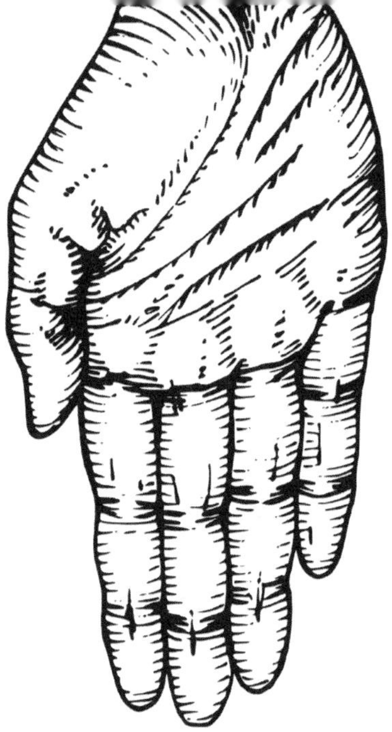

LES ÉTAPES DE LA DÉGUSTATION

Voici les quelques étapes qui vous permettront de déguster vos rhums dans des conditions optimales. Suivre toutes les étapes peut s'avérer fastidieux. Aussi, respectez-les lorsque vous souhaitez réellement rendre hommage au nectar ou progresser sur la voie du dégustateur. Sachant que la dégustation peut s'apparenter à un sport. Plus on déguste et plus nos capteurs d'arômes ou notre mémoire se musclent.

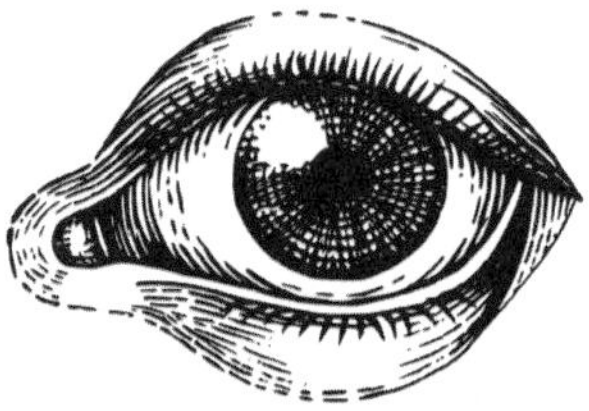

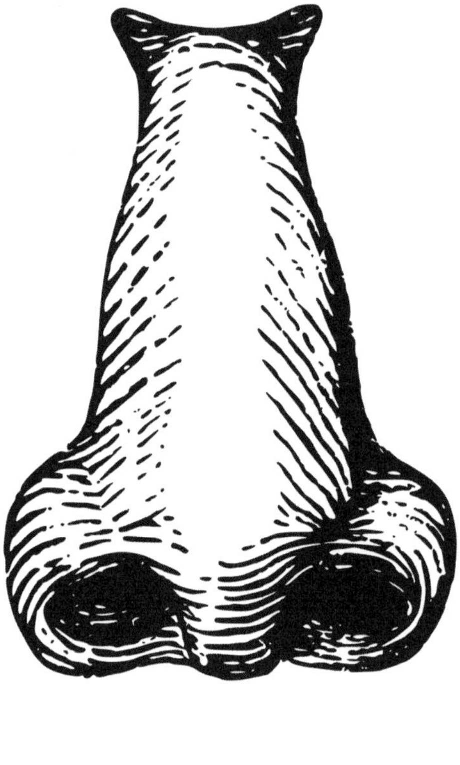

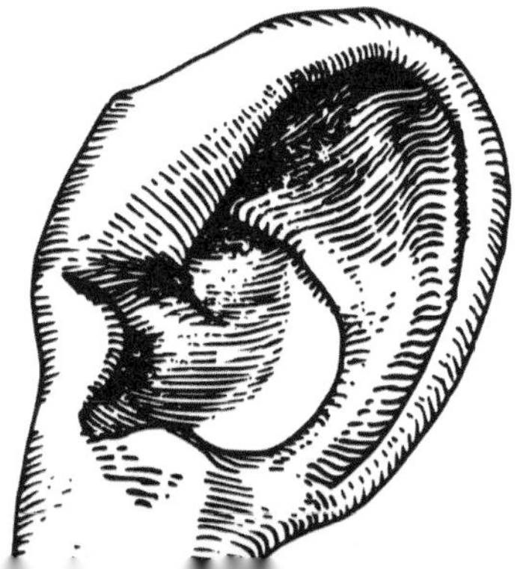

Préparer

Une dégustation réussie et optimale doit se passer dans une ambiance apaisée, confortable, avec des lumières pas trop agressives sans être tamisées, et en bonne compagnie. Un peu de musique ne nuira pas. La pièce doit si possible être aérée et exempte d'odeurs parasites. Ces facteurs n'ont rien à voir avec le rhum directement, mais ils aident à vous mettre en condition.

S'équiper

Pour bien déguster du rhum, vous aurez besoin d'assez peu d'accessoires en complément de la bouteille elle-même ! Commençons par le verre, outil indispensable s'il en est. Dans un verre à whisky, un récipient trapu et large, les arômes risquent de s'échapper trop vite et cela renforcera l'impression d'alcool. Les verres à shots sont trop petits, ceux à tequila trop étroits, ceux à pastis trop longs et ceux à vin trop grands. C'est donc le verre tulipe qui proposera la meilleure expérience de dégustation : doté d'un pied, évasé au fond, resserré ensuite et de nouveau large en haut. Il est bien sûr préférable qu'il soit transparent, car une grande partie du plaisir de la dégustation passe par le sens de la vue, lorsqu'on observe la robe du nectar, notamment les différentes nuances de doré des rhums paille ou vieux. Les verres doivent si possible être propres, mais ne pas sentir le produit de vaisselle, car cela viendrait concurrencer les arômes du rhum.

Autre accessoire dont vous pourriez avoir besoin : un crachoir pour le cas où vous auriez de nombreux rhums à goûter. Vous pouvez aussi vous munir d'un stylo et d'un calepin afin de noter vos impressions.

Se renseigner

La deuxième étape consiste à se renseigner sur le produit qui se trouve dans votre verre, qu'il vous ait été offert ou que vous l'ayez acheté vous-même. Utilisez les informations contenues dans ce livre pour vous poser les bonnes questions : d'où vient le rhum, quelle est sa couleur, son âge, l'histoire de sa marque... ? Rien ne vaut un peu de contexte pour mieux apprécier un rhum.

Admirer la bouteille

Les services marketing des différents producteurs de rhum se sont creusé la cervelle pour trouver la meilleure façon de présenter leur produit. Alors autant en profiter. En effet, souvent, c'est très réussi. La forme des bouteilles, les couleurs, les étiquettes, les bouchons... Tout ceci varie énormément de marque en marque et participe à faire du rhum ce spiritueux si attachant, car non coulé dans un moule unique. D'ailleurs, l'un des grands plaisirs des collectionneurs est de pouvoir admirer cette diversité en matière de design sur leurs étagères.

Ouvrir la bouteille

Contrairement au vin, qui a parfois besoin de s'aérer quelques minutes – voire des heures – pour se dévoiler, le rhum peut être débouché quelques secondes avant d'être versé dans le verre. Nul besoin d'un tire-bouchon pour cette étape résolument jouissive, car l'immense majorité des bouteilles de rhums s'ouvrent à la main en tournant simplement le bouchon.

Observer

L'observation du rhum dans un verre fait partie des plaisirs de la vie. En effet, c'est tout simplement beau. Qu'il soit blanc, donc transparent, ou propose toutes les nuances qui vont du jaune pâle de certains rhums paille au brun profond des *dark rums* en passant par l'ambré, le doré et l'orangé de certains rhums vieux. Faites tourner un peu le rhum dans son verre et observez les larmes. Plus elles mettent de temps à rejoindre le reste du liquide et plus le degré d'alcool est élevé. Cela permet aussi aux arômes de mieux s'exprimer.

Humer

Sentir le rhum vous donnera énormément d'informations sur ce qui se trouve dans le verre. Des notes végétales prononcées sur un rhum blanc ont des chances d'indiquer un rhum agricole. Des notes de fruits exotiques de type litchi, et le rhum pourrait venir de Thaïlande. Si vous sentez du riz, un peu comme le saké, il peut fort bien débarquer du Japon. En portant le rhum à votre nez, l'idée est de commencer par retrouver ses arômes primaires. Par exemple, l'odeur de la canne fraîche d'un rhum agricole, ou la réglisse de la mélasse. Un rhum blanc pourra très bien sentir l'ananas sans qu'il n'y ait été fait d'ajout, ou comporter des notes iodées car les cannes ont poussé près de la mer. Lorsqu'il a été vieilli, on sent de la vanille, du toasté apporté par le bois... Les combinaisons possibles sont infinies.

Comment procéder en pratique ? Certains plongent leur nez dans le verre et hument à l'aide d'une narine, puis de l'autre. D'autres préfèrent rester à un pouce de distance afin d'éviter l'agression de l'alcool sur leurs parois nasales. À vous de trouver la bonne distance ! Effectuer un mouvement de va-et-vient en éloignant, puis en rapprochant le verre de votre appendice nasal peut être un juste milieu entre ces deux techniques.

Porter le rhum en bouche

Portez le verre à vos lèvres et déposez une goutte sur votre langue. Cela suffit. Faites tourner le liquide dans votre cavité buccale afin de faire travailler vos papilles. Vous retrouverez certainement les mêmes arômes que lorsque vous aviez humé le rhum, et plus encore ! Les notes de fleurs blanches de certains rhums agricoles ou de pur jus de canne pourraient bien se révéler à vous. À moins que ce ne soit un petit goût d'orange amère ou de boisé (chêne français ou américain ?) d'un rhum vieux. Ou une pointe de porto, de sauternes ou de cognac, signe qu'un affinage dans des tonneaux a préalablement accueilli ces alcools. Analysez ce qui se passe dans l'ensemble de votre bouche, de la pointe de la langue à l'entrée de votre gorge, en passant par le palais. Chaque note vous apportera des informations et des sensations légèrement différentes. Ensuite, vous pouvez soit avaler le liquide, soit le recracher. Attendez un petit peu avant de recommencer l'opération afin de découvrir les arômes persistants du rhum, ceux qui restent plusieurs minutes après son absorption. L'eau ou la glace n'apporteront pas grand-chose à la dégustation. Cela risquera même de délayer les arômes. À n'utiliser qu'avec modération !

Recracher…

L'acte de recracher n'est pas naturel pour tout le monde. C'est fendre le cœur d'un passionné que de lui demander de rejeter le liquide qu'il a amoureusement (et parfois à grands frais) déniché ou qu'on lui a offert. Pourtant, dès que vous devrez déguster plusieurs rhums (dans des salons ou des soirées où il y a plusieurs bouteilles), ce geste vous empêchera de vous alcooliser de façon inconsidérée… tout en vous permettant de profiter de chacun des flacons présents. Les récepteurs olfactifs et du goût se trouvent en effet dans le nez et dans la bouche, et il est nul besoin d'avaler le produit par le gosier pour l'apprécier.

… ou remplir !

Lorsque vous avez déniché votre rhum préféré à l'occasion d'une soirée ou d'un salon, ne recrachez plus mais, au contraire, remplissez votre verre. C'est là après tout la véritable finalité du rhum. Servez-vous donc un verre et appréciez-le en toute décontraction. Vous l'avez bien mérité !

En parler

Si vous êtes accompagné lors de cette dégustation, parlez de vos sensations à vos amis. Demandez-leur de faire de même. Ils auront sans doute décelé des choses qui vous avaient échappé et inversement. L'échange permet de mieux savourer. Inutile d'user de mots compliqués, mais utilisez le vocabulaire que vous connaissez en faisant appel à vos souvenirs pour verbaliser vos impressions.

Mélanger

Nous vous avons donné certaines clés pour apprécier au mieux des rhums purs. La plupart de ces préceptes s'appliquent à la dégustation de rhums épicés ou arrangés. Vous pouvez aussi décider de mélanger votre rhum avec un ou plusieurs autres produits. D'un zeste de citron pour un clairin à un cocktail comportant plus de cinq ingrédients, tout est possible. Pour les cocktails, oubliez tous nos conseils concernant les verres. Plus ceux-ci seront grands et fantaisistes et plus le plaisir sera au rendez-vous. Et ne lésinez pas sur la décoration, cela fait partie du décorum du rhum : ombrelles, pailles (biodégradables), quartiers de fruits…

Ci-contre : la dégustation est un art délicat.

En résumé

Il faut un peu se préparer lorsqu'on veut déguster dans des conditions optimales. L'atmosphère, la compagnie, les verres… Tout ceci doit être pris en compte. La clé de la réussite, comme en toute chose, est l'entraînement et la persévérance. Or, inutile de trop se compliquer la vie, savourer un rhum doit avant tout être un plaisir, et tant pis si vous passez à côté d'un arôme tertiaire !

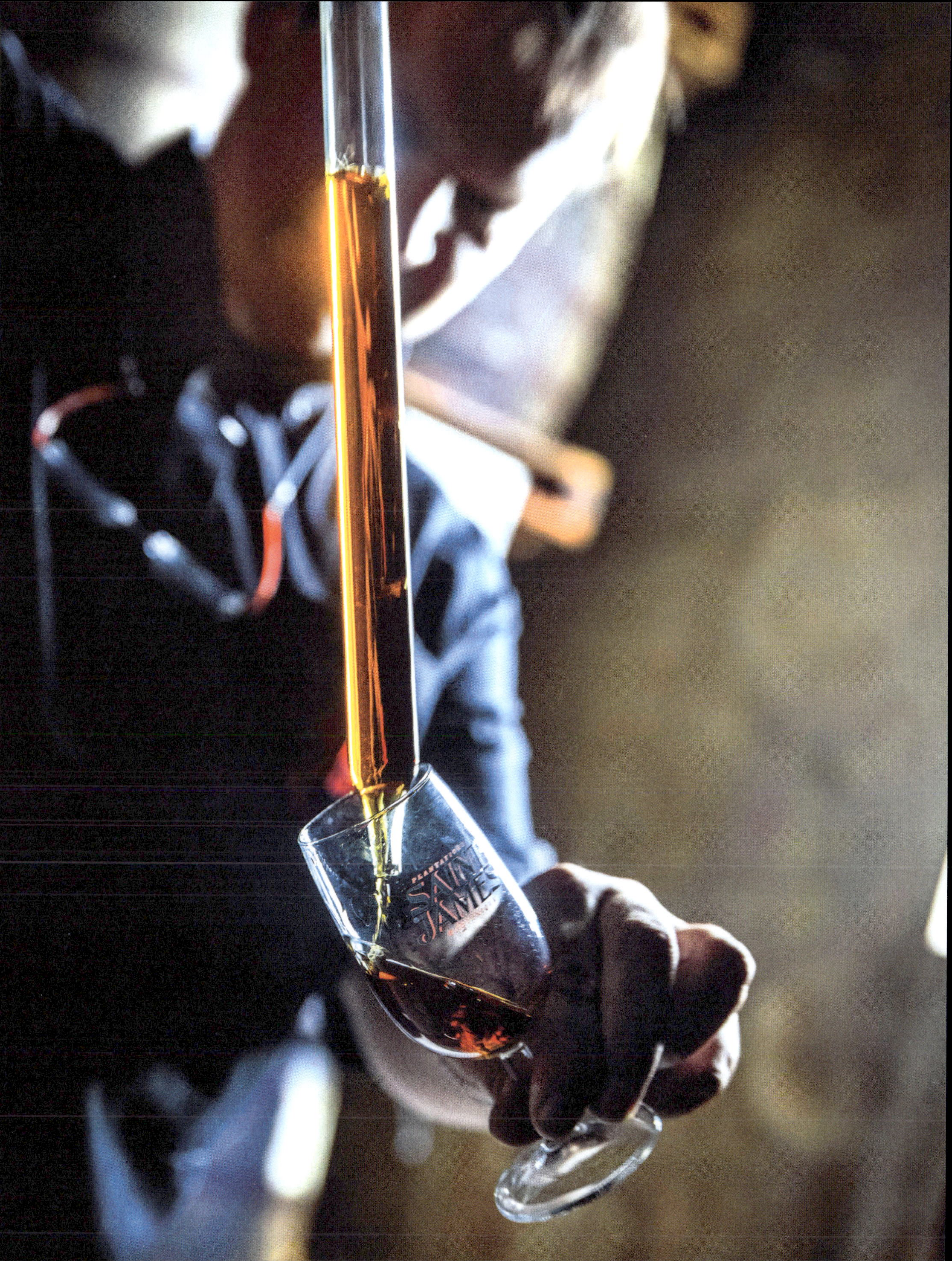

6 EXERCICES DE DÉGUSTATION

Voici quelques exercices qui vous aideront à mieux déguster le rhum. La dégustation peut être considérée comme un sport, il faut déguster régulièrement pour progresser, sans cesse goûter de nouveaux rhums, ne pas toujours déguster ses références préférées. Pour ne pas vous ruiner, vous pourrez essayer d'acheter des mignonnettes ou tenter ces exercices de dégustation lors des salons.

RHUM AGRICOLE VS RHUM DE MÉLASSE

Le premier exercice consiste à faire la différence entre un rhum agricole blanc et un rhum de sucrerie blanc. Pour mieux comprendre les différences, l'idéal est que ces rhums soient élaborés par le même producteur. Pour cela, rendons-nous à la Réunion et goûtons l'un après l'autre l'Isautier Blanc 49° (mélasse) et l'Isautier Blanc Agricole 55°. Le rhum de pur jus de canne laissera échapper des notes caractéristiques herbacées, tandis que le rhum de mélasse sera plus rond et acidulé.

LES DIFFÉRENTES EXPRESSIONS DU RHUM AGRICOLE

Cap sur la Martinique avec cet exercice qui va nous permettre de comprendre les différences entre les rhums agricoles. Nous avons choisi ici de nous arrêter sur deux marques, La Mauny et Trois Rivières, qui appartiennent au même groupe, Campari. Nous vous conseillons de goûter successivement le Trois Rivières Rhum Blanc à 50°, pour comprendre la trame des rhums de la marque, puis la Cuvée de l'Océan à 42°, qui apportera ses notes iodées, et enfin le Cannes brûlées à 43°, qui donnera des notes fumées. Vous pourrez ensuite mettre en regard le Trois Rivières Rhum Blanc à 50° avec le La Mauny à 50°, afin de voir les différences entre les deux marques, puis continuer avec le La Mauny Acacia à 50°, afin de comprendre l'apport d'un bois original en finish sur un rhum blanc. Une variante de cet exercice consiste à tester plusieurs rhums d'une même région, mais provenant de distilleries différentes, afin de découvrir le style de chaque producteur. Ou alors les rhums des différents climats d'une même région. Par exemple en Martinique, le Nord est plutôt pluvieux, tandis que le Sud est sec, ce qui influe sur les rhums. Une autre variante consiste à tenter de reconnaître les différents types de cannes dans le rhum agricole ou de pur jus de canne : canne bleue, rouge, d'or...

LES DIFFÉRENTES EXPRESSIONS D'UN RHUM DE MÉLASSE

Répétez l'exercice 2 avec la gamme de rhums blancs d'un producteur de rhum de mélasse. Une variante consiste à tenter de reconnaître les rhums de mélasse et les rhums de miel/sirop de canne.

LES RHUMS VIEUX

Il existe une foule de combinaisons possible pour s'entraîner à déguster les rhums vieux. Encore une fois, nous vous conseillons, pour commencer, de vous concentrer sur des rhums produits sur un seul territoire, avec une seule origine et selon la même base (mélasse ou canne à sucre). Une des clés de la réussite est de goûter des rhums qui ont le même compte d'âge. Par exemple, exclusivement des VO ou exclusivement des XO. Ainsi, en Martinique, en rhum agricole, vous pouvez déguster le XO de Saint-James, celui de Clément, celui de J.M., etc. Regardez bien à chaque fois dans quels types de tonneaux ils ont été vieillis – bourbon, et/ou cognac en général. Vous pouvez aussi tenter l'expérience avec le rhum de la Barbade pour le style anglo-saxon, ou avec les rhums cubains pour le style espagnol. Les arômes les plus courants, apportés par le vieillissement en barriques s'il s'agit bien de rhums, seront des notes torréfiées, de caramel, de vanille, de réglisse, de fruits secs, de café... Mais là encore, les combinaisons sont infinies. Cela peut consister à déguster deux rhums millésimés d'un même producteur, afin de comprendre l'effet du millésime.

LE FINISH

Voici un exercice qui vous aidera à mieux comprendre l'importance de la barrique dans le goût final du rhum. Il vous faudra vous équiper de rhums ayant subi un finish, c'est-à-dire un vieillissement de quelques semaines ou mois, dans des tonneaux ayant accueilli d'autres spiritueux. Pour cet exercice, nous vous conseillons la gamme HSE (Martinique), car ce sont des précurseurs en la matière, et plus particulièrement les rhums de la gamme Finitions du monde. Elle propose des rhums (toujours la même base), ayant subi un finish en fûts de whisky d'Islay, d'Olorosso, de Pedro Ximenez, de porto ou de vin (La Tour blanche, Marquis de Terme). Chacun apportera des notes particulières au rhum AOC Martinique de HSE.

MUSCLEZ-VOUS !

Vous pouvez vous rendre compte que vous avez du mal à identifier un certain type d'arômes. Par exemple pour la vanille, entraînez-vous à la sentir régulièrement. Mieux : achetez différents types de vanilles, de diverses origines, et entraînez-vous à les reconnaître. Même chose pour le chocolat, le caramel, les fruits exotiques...

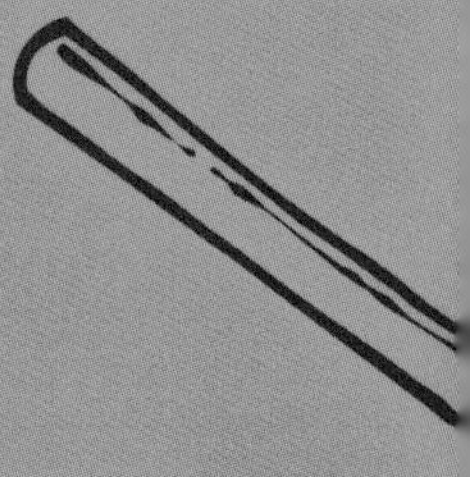

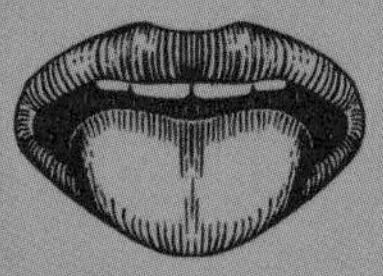

POINT DÉGUSTATION

À L'AVEUGLE !

Pourquoi ne pas opter pour une dégustation à l'aveugle ? Voici un petit jeu très amusant et plein d'enseignements : invitez quelques amis et demandez-leur d'apporter chacun une bouteille de rhum. Cependant, ils devront se garder de dévoiler à l'avance une quelconque information sur le nectar qu'ils auront choisi, et cacher la bouteille sous un tissu ou du papier craft, afin que personne ne puisse en deviner l'identité... en la regardant. En effet, c'est en dégustant les rhums chacun à leur tour, que les participants vont tenter de retrouver des informations telles que son pays d'origine, son type, son âge ou encore sa marque. Et pour pimenter encore l'exercice, vous pouvez vous munir de verres noirs, ce qui rendra l'identification d'un rhum ambré ou blanc impossible autrement qu'en le dégustant. Seul hic de ce type de jeu : certains passionnés sauront reconnaître la marque du rhum grâce à la forme de la bouteille. Gardez ceci en mémoire lorsque vous les anonymiserez.

La vue est le sens dont l'être humain se sert le plus. S'en priver, c'est lui permettre d'aiguiser tous ses autres sens. L'odorat bien sûr, mais aussi le toucher. En effet, votre langue et votre palais touchent le rhum lorsque vous le dégustez. Ce sont eux qui vous donneront des informations essentielles, comme la nature de sa texture.

COLLECTIONNER

Certains amateurs ne se contentent pas d'acheter du rhum pour le consommer, mais pour le plaisir de collectionner les bouteilles. Et parfois les deux ! Ils deviennent alors des collectionneurs ou des geeks du rhum, toujours à l'affût de nouvelles quilles pour compléter leur trésor.

Bien conserver le rhum

Comment conserver son rhum dans les meilleures conditions ? Première constatation : le rhum est par exemple beaucoup moins fragile qu'un vin. Il peut absorber de fortes variations de températures sans perdre l'essentiel de ses qualités. Inutile de le conserver dans un réfrigérateur ou une cave. Vos bouteilles pourront très bien trôner dans votre salon, l'essentiel étant tout de même d'éviter la lumière directe du soleil. Une pièce trop humide n'aura que peu d'impact sur le contenu, mais risque d'abîmer le contenant, c'est-à-dire la bouteille et son joli packaging – les étiquettes peuvent se décoller, moisir... Il est aussi conseillé d'éviter les températures extrêmes, trop chaudes, ou trop froides. Une fois ouvert, le rhum peut se conserver des mois sans perdre trop d'arômes, du moment qu'il est bien rebouché. Inutile de vous précipiter pour terminer la bouteille, elle se laissera déguster le temps qu'il faudra ! Une collection de rhums peut donc se trouver dans une pièce à vivre, où elle ravira l'œil des maîtres des lieux comme de leurs invités.

Une collection de rhums

Difficile de dire avec certitude quelle bouteille doit absolument se trouver dans la collection idéale de tout amateur de rhum. Cependant, il est possible de dégager quelques tendances. Un des intérêts du rhum, c'est la diversité. En effet, ce spiritueux est produit dans de très nombreux pays et régions du monde. Ainsi, l'une des approches pour démarrer une collection est de jouer sur la géographie et d'acheter des rhums des zones françaises, espagnoles et anglaises, plus des rhums asiatiques, américains, africains... au gré de ses découvertes. Une autre approche consiste à travailler par zone : par exemple tenter d'acquérir un rhum de chaque marque de la Martinique. Si l'on veut aller plus loin dans la voie du geek, on peut se focaliser sur une distillerie en particulier et tenter d'en acquérir toutes les références. C'est un peu comme cela que l'on devient un archéologue du rhum, puisque certaines références de cette distillerie seront devenues très rares, car elles ne sont plus produites. D'autres auront été produites en série limitée. D'autres encore auront été produites, avant un changement de la variété de canne cultivée, du choix d'un nouvel embouteillage, d'un changement d'alambic... Tous ces changements sont autant d'axes de recherche et de convoitise pour les collectionneurs. De nos jours, certaines séries limitées, produites en un nombre d'exemplaires très réduit, entrent directement dans l'univers de la collection. Que ce soit dû à la qualité exceptionnelle du liquide contenu dans la bouteille, par exemple un rhum très vieux tiré d'un fût unique, ou de son packaging, comme les bouteilles peintes à la main de Neisson.

World's Largest Rum Collecti
BACARDI

RITUAL
Havana Club
Glenfiddich
Frangelico
METAXA
JIM BEAM
Maker's Mark
WHISKY
MONKEY SHOULDER
Hennessy
MARTINI
BOMBAY DRY GIN
No ID?
18/21
No Sale.

La spéculation

Fin 2019, une bouteille de whisky, la The Macallan Fine & Rare 60 Year Old 42.6 ABV 1926, battait le précédent record de prix lors d'une vente aux enchères pour un spiritueux (1,45 million d'euros) et a été adjugée 1,7 million d'euros par la maison d'enchères Sotheby's. Disons-le tout de suite, le prix des bouteilles de rhum est loin d'atteindre ceux des bouteilles de whisky aux enchères. Pourtant, on sent un frémissement.

Ainsi, en 2017, une bouteille de Rhum Clément de 1966 a été vendue à Paris pour 100 000 euros. Il faut dire que le bouchon de la bouteille est en cristal de Baccarat, serti de 200 g d'or 18 carats et de 4 carats de diamants, et qu'il n'existe au monde qu'une quarantaine de ces bouteilles, jamais commercialisées ! De manière générale, on note une progression des prix des bouteilles de rhum dans les ventes aux enchères. Le phénomène des *ghost distilleries*, la mode des séries limitées et l'augmentation de la consommation aidant, les prix devraient continuer à progresser et il n'est pas exclu que certaines marques ou appellations deviennent sujettes à la spéculation, et à son corollaire la contrefaçon, dans les années à venir.

Attention aux faux fonds d'investissement !

Fin 2019, une affaire avait fait grand bruit. Des dizaines de milliers de personnes avaient été arnaquées par un réseau mafieux opérant sur Internet, et 1 milliard d'euros s'était évanoui dans la nature. Leur mode opératoire était toujours le même. Se faisant passer pour des sociétés d'investissement, ils appâtaient leurs clients et futures victimes sur les réseaux sociaux, souvent Facebook. Ils leur proposaient des rendements importants (8 ou 10 %), en leur conseillant d'investir sur des produits aussi divers et exotiques que les cryptomonnaies, les terres rares ou le vin. En effet, certains grands crus, notamment du Bordelais ou de Bourgogne, avaient vu leurs cours s'envoler ces dernières années.

Une arnaque bien rodée

Les victimes étaient en général prudentes et confiaient au départ quelques milliers d'euros à ceux qui se présentaient comme des spécialistes de la finance bien sous tous rapports. En général, un premier investissement rapportait immédiatement et miraculeusement une somme plus élevée que prévu. Soit la plus-value était virée sur le compte de la victime, soit elle restait sur le compte qu'elle avait ouvert auprès de la fausse société d'investissement. Mises en confiance par leurs premiers gains, les victimes donnaient alors leur accord pour investir davantage, souvent plusieurs dizaines de milliers d'euros, parfois des centaines de milliers, en plusieurs versements. À chaque fois,

Les *ghost distilleries*

Certaines marques sont entrées de plain-pied dans l'univers de la collection, puisqu'elles ne sont plus produites. Par exemple, la distillerie Caroni (Trinité-et-Tobago) a fermé ses portes en 2002, après 84 ans de bons et loyaux services. C'est ce que l'on appelle une *ghost distillery*, ou distillerie fantôme. Tout son stock a été racheté par des négociants-embouteilleurs (Vélier, La Maison du Whisky), qui sortent au compte-gouttes des séries limitées que les collectionneurs s'arrachent. Plus généralement, des centaines de distilleries ont fermé à travers le monde au XXe siècle. Retrouver certaines des références qu'elles ont produites fait donc figure de Graal pour les collectionneurs.

leur contact prétendait qu'il y avait une vente aux enchères exceptionnelle, où ils étaient sûrs de faire la culbute. Les sommes qu'ils étaient censés avoir gagné donnaient le tournis, à coups de +30 ou 40 % en quelques semaines, voire quelques jours. Bien entendu, le jour où les victimes demandaient à récupérer leur argent – celui qu'ils avaient confié et celui qu'ils croyaient avoir gagné –, la société d'investissement arrêtait tout bonnement de leur répondre et disparaissait. Désemparées, les victimes se rendaient alors compte que l'adresse de la société n'était en réalité qu'une boîte aux lettres et que leurs contacts étaient de faux noms. Tout était faux et elles avaient tout perdu. L'arnaque ne s'arrêtait pas là, car les victimes étaient parfois contactées par de fausses sociétés de recouvrement qui leur faisaient croire qu'ils pourraient les aider à récupérer leur argent. C'était en fait les mêmes bandits. Ou apparaissaient de faux policiers ou magistrats qui leur demandaient de payer des amendes sous des prétextes fallacieux. On avait en réalité toujours affaire aux mêmes escrocs.

Le whisky et, bientôt, le rhum

L'affaire finit par être médiatisée et les bandits délaissèrent le vin pour... le whisky. Nous l'avons vu, certains whiskies ont commencé à être touchés par une spéculation aiguë et les malfrats ont mis en ligne de faux sites qui promettaient de gagner de l'argent en investissant sur les single malt écossais ou japonais. Là encore, les victimes se multiplièrent. Qu'en est-il du rhum ? Pour le moment, il n'est pas encore touché. Cependant, la spéculation commençant à faire son œuvre et certaines bouteilles à prendre de la valeur, de faux fonds d'investissement concernant le rhum vont mécaniquement apparaître.

Or l'existence même de fonds viables ayant comme produit sous-jacent le rhum est impossible. C'est un petit marché par rapport au whisky, sans parler du vin. Aussi, il n'existe pas assez de bouteilles rares, ni de réseaux d'achats-reventes.

Le Millésime 1885 de Saint-James

Le rhum Saint-James Millésime 1885 de Martinique est probablement un des rhums les plus vieux qu'il soit possible de déguster actuellement. Il a quand même été produit et mis en vieillissement avant l'éruption de la montagne Pelée ! Distillé à partir de vesou cuit, mis en vieillissement quelques années (on ne sait plus dire exactement combien), ce rhum a ensuite été mis en bouteille et attendu d'être consommé. L'éruption du volcan en 1902, différents rachats et rebondissements font qu'aujourd'hui, il resterait encore une cinquantaine de bouteilles de 1885 chez Saint-James. Sur le marché, on peut encore en trouver, si l'on est prêt à y mettre le prix : 12 000 euros la bouteille au minimum !

Double page précédente : le bar Calle Ocho, à Bordeaux, abrite une vaste collection de rhums du monde.

LES CONSEILS POUR ÉVITER LES ARNAQUES

1. VÉRIFIEZ

si la société qui vous propose l'investissement se trouve sur la liste blanche de l'Autorité des marchés financiers (AMF). Si ce n'est pas le cas, considérez par défaut qu'il s'agit d'une arnaque : www.amf-france.org. Sachez que le site publie aussi des listes noires, où sont présentées les arnaques déjà décelées.

2. MÉFIEZ-VOUS

des propositions trop belles pour être vraies. Elles sont invariablement fausses. N'oubliez pas que le livret A et l'assurance-vie investie en fonds euros (les seuls placements à capital garanti) ne proposent que des rendements de 0,75 et de 2 % par an. Un placement qui propose 5 % par an est déjà très risqué.

3. RENCONTREZ

les responsables du site et vérifiez autant que possible leur identité réelle. Ne vous limitez pas à des échanges par mail ou par téléphone. Et demandez à visiter les lieux de stockage et à voir les bouteilles. Ne vous contentez pas de photos.

4. REFUSEZ

tout paiement sur un compte bancaire à l'étranger. Méfiez-vous des argumentaires de défiscalisation qui sont sans rapport avec la transaction. Ne payez qu'à une société française, sur un compte en banque français.

Quand l'alcoolisme a bon dos

En France, de nos jours, l'alcool est en vente libre pour les personnes majeures et il est responsable de bien des maux, si l'on en croit les autorités de santé : 45 000 morts évitables. On pointe aussi le rôle de l'alcool dans les comportements violents. Cependant, il est difficile de déterminer avec exactitude le rôle du rhum dans des phénomènes tels que l'alcoolisme ou les violences faites aux femmes. Le gouvernement n'a pourtant pas hésité lorsque, fin 2018, il a brandi le fléau de l'alcoolisme pour imposer un relèvement des taxes sur le rhum dans les DOM. Ces derniers pouvaient jusqu'alors acheter leur boisson identitaire moins chère qu'en métropole, car les taxes étaient 50 % moins élevées. Une mansuétude qui profitait aussi aux touristes. Le rhum est-il responsable de l'alcoolisme dans les DOM ? À en croire certains médecins sur place, il y contribue fortement. Selon les producteurs de rhums, ce n'est pas le cas, car les jeunes boivent surtout de la bière et du whisky. Enfin, une étude de l'INPES de 2015 a montré que les DOM ne consomment pas plus d'alcool que la métropole... Les mauvaises langues ont alors accusé le gouvernement de faire passer sa recherche effrénée d'argent pour un souci de la santé des populations des DOM.

La solution ? La modération !

Comment s'y retrouver au final ? En faisant preuve de modération ! Lorsque vous devez déguster plusieurs rhums, n'hésitez pas à les recracher. C'est un geste qu'effectuent la plupart des professionnels, lorsqu'ils doivent goûter plusieurs références. Une fois que vous les aurez tous essayés, choisissez votre préféré pour en boire un verre. Pour votre consommation courante, calquez-vous sur les recommandations de l'Organisation mondiale de la santé (OMS), soit 10 verres d'alcool standard (4 cl pour le rhum) par semaine au maximum, sans dépasser 2 verres standards par jour, avec des jours sans, pour entrecouper les jours de consommation. En d'autres termes, préférez la qualité à la quantité.

En résumé

On débute souvent une collection de rhums pour découvrir de nouvelles choses ou approfondir sa connaissance d'une marque. Quitte à se prendre au jeu et à ce que cela devienne un hobby, voire une obsession : embouteillage spécial, changement d'alambic, de variété de canne, distillerie fermée, série limitée... Le monde du rhum produit constamment de nouveaux objets du désir !

RHUM ET SANTÉ, À CONSOMMER AVEC MODÉRATION !

Historiquement, rhum et santé ne font pas bon ménage. En effet, dès les débuts du spiritueux issu de la canne, les autorités ont cherché à en freiner la consommation, jugée excessive par les populations. Il faut dire que ce rhum antique était particulièrement « agressif ». C'est ainsi il était appelé « *kill-devil* », ou « rumbullion », à cause de sa capacité à provoquer le désordre. Plus tard, alors que sa consommation s'était répandue sur les océans et était même devenue une tradition dans la Royal Navy, les amiraux britanniques cherchèrent constamment à réduire la ration journalière des marins. D'où notamment l'invention du grog : on ajouta de l'eau et du citron au breuvage pour le rendre moins fort. Au XVIIIe siècle toujours, les autorités espagnoles interdirent la production et la consommation de rhum (*agua ardiente*) dans leurs possessions d'Amérique latine, ou encore aux Philippines, afin de tenter de restaurer la salubrité et la morale publique. Au XXe siècle, la plupart des États constituant les États-Unis et certaines provinces canadiennes tentèrent eux aussi d'imposer la prohibition. Dans tous les cas, ces interdictions se soldèrent par des échecs, le remède s'avérant plus dangereux que le mal.

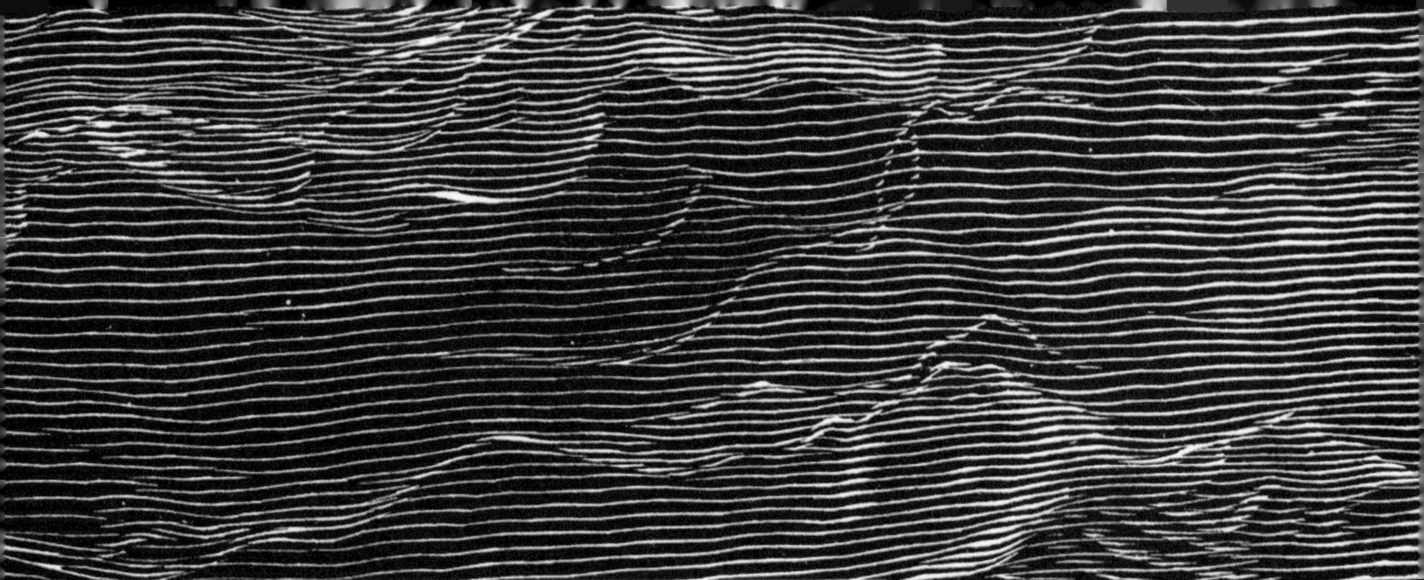

LE RHUM ET LA GASTRONOMIE

Le rhum et la gastronomie font bon ménage. Dans les Caraïbes, il existe une foule de plats qui mélangent allègrement produits de la mer, épices, fruits locaux et rhum. Plus généralement, le rhum est souvent utilisé dans les desserts de la cuisine française. On en met aussi souvent dans les pâtes feuilletées, à crêpes... On l'utilise également pour fourrer les chocolats. Enfin, on peut très bien réaliser des accords mets et rhums.

Il ne s'agit pas ici de donner de vraies recettes et de décrire avec précision les différentes utilisations du rhum dans la gastronomie. Pour cela, vous pourrez vous procurer un livre de cuisine créole ou caribéenne. Il s'agit seulement de montrer en quelques phrases la diversité des possibilités qui s'offrent à vous. En ce qui concerne le poisson et les crustacés, le rhum peut être utilisé de différentes manières. D'abord pour relever un plat d'huîtres : prenez une huître, ouvrez la, versez quelques gouttes de rhum blanc à l'aide d'une pipette, quelques zestes de citron vert râpé et avaler derechef ! Le rhum peut être employé pour « cuire » un poisson en tartare ou en ceviche. Ici, l'idée est de laisser macérer quelques heures le poisson avec du rhum et des fruits exotiques comme de la mangue fraîche, de l'ananas, des épices et, pourquoi pas, de la menthe ou de la coriandre. Mangez-le froid et cru. Le rhum peut aussi servir à faire mariner un poisson avant de le faire cuire au four ou pocher, ou alors pour agrémenter des sauces.

Le principe est assez similaire pour la viande. On peut faire macérer cette dernière dans du rhum pour la cuire, ou pour l'aromatiser avant de la cuire. Cela fonctionne avec à peu près tout : porc, poulet, bœuf, cabri... Enfin, de nombreux desserts sont réalisés à base de rhum, comme le baba au rhum, les cannelés bordelais, la crème brûlée... Une bonne partie des desserts de la cuisine française peuvent être relevés avec une faible dose de rhum. Et celui-ci est souvent utilisé pour flamber des desserts, comme les bananes flambées.

LES PAYS DU RHUM

Dans ce chapitre, nous verrons ensemble quels sont les principaux pays producteurs de rhums et découvriront quelques marques que tout amateur se doit de connaître... avant d'aller plus loin sur les chemins de la connaissance du rhum. Il s'agira à chaque fois de rhums typiques de leur pays ou de leur île, pas forcément les meilleurs – c'est une question de goût – , mais ceux qui vous permettront de comprendre de quoi il retourne. Pour avancer sur la voie de l'expertise et entrer dans le détail de rhums iconiques ou atypiques, nous vous conseillerons de vous procurer, soit le ***Guide Hachette des rhums*** de Christine Lambert (Hachette), soit ***120 rhums*** d'Alexandre Vingtier (chez Dunod).

LE MONDE DU RHUM

Les rhums sont traditionnellement séparés en trois grandes familles, le rhum de mélasse, celui de pur jus de canne et celui de miel/sirop de canne. Il existe une autre façon de les classer : selon leur origine géographique. Là encore, il en existe trois principales : la zone française, la zone anglaise et la zone espagnole. Chaque zone présente des caractéristiques globales et donne à leurs rhums un style particulier. Cependant, comme toujours dans le monde du rhum, les frontières sont mouvantes et les choses jamais aussi claires, nettes et précises que dans le whisky ou le cognac, par exemple.

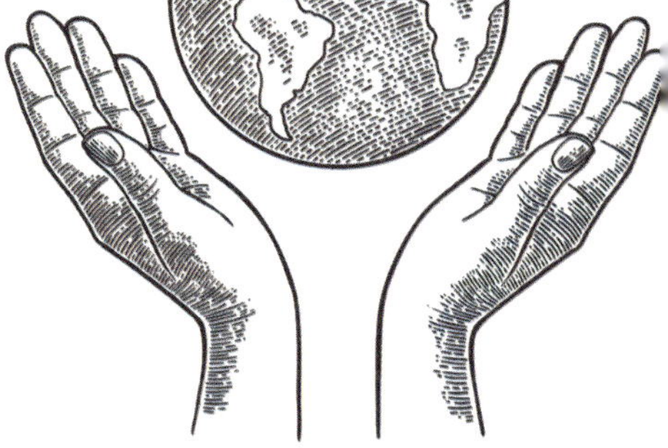

Une classification historique pas toujours aussi pertinente

Nous l'avons vu, au cours des siècles, les Caraïbes, puis l'Amérique ont été dominées par trois grandes puissances : la Grande-Bretagne, la France et l'Espagne – dans une moindre mesure par les Hollandais, les Danois ou les Portugais. Les zones de domination ont beaucoup varié aux XVIe, XVIIe et XVIIIe siècles, avant de se figer. Chaque zone d'influence a développé des coutumes communes, au-delà de la langue, mais aussi des styles de rhums particuliers. Dans la zone française avec principalement la Guadeloupe et la Martinique (le Canada jusqu'à la fin du XVIIIe siècle, la Louisiane et Haïti jusqu'au début du XIXe siècle), sans oublier la Guyane, on parle de « rhum ». Ces rhums sont considérés comme équilibrés, ni trop légers ni trop lourds, aromatiques mais pas trop... C'est aussi le royaume des rhums agricoles.

La zone anglaise comprend la Barbade, la Jamaïque, le Guyana, les Treize colonies (États-Unis), les Bermudes, Trinidad et Tobago, le Canada... On y parle de « rums », qui sont considérés comme plus légers que les rhums français (Barbade, Guyana...) ou, au contraire, lourds (Jamaïque) et très aromatiques, avec de forts taux d'esters pour les cuvées spéciales. Ils sont en général réalisés à partir de mélasse.

La zone espagnole regroupe Cuba, Porto Rico et la République dominicaine. En font aussi partie tous les pays d'Amérique du Sud et centrale (hors Brésil), comme le Venezuela, le Pérou, le Guatemala ou le Mexique... où l'on parle de « rones ». Ils sont habituellement dits « légers », c'est-à-dire peu aromatiques lorsqu'ils sont jeunes. En général, ils sont réalisés à partir de mélasse et de miel de canne. Vieillis, ils s'avèrent souvent ronds, parfois sucrés. Cette différenciation est toujours en partie de mise au XXIe siècle, même si l'on remarque que les styles de rhums se jouent de plus en plus des frontières et se mélangent volontiers au sein même d'une zone. D'autant que d'autres acteurs historiques, comme dans l'océan Indien (Réunion, île Maurice...), ou plus récents comme en Océanie (Philippines, Indonésie...) ou en Asie (Cambodge, Japon, Vietnam), viennent mettre à mal cette façon de classifier le rhum.

2011

RHUM ET TOURISME : JOINDRE L'UTILE À L'AGRÉABLE

Les DOM, la Réunion, la Guadeloupe, la Martinique et la Guyane n'ont peut-être pas de pétrole, mais elles ont le tourisme ! La Réunion a accueilli 550 000 visiteurs en 2017, la Guadeloupe près de 650 000, la Martinique, plus de 1 million, la Guyane n'en attirant que 100 000. Ces touristes ne viennent pas tous sur place pour le rhum, mais tous ou presque commanderont un ti-punch ou un arrangé au bar de l'hôtel, iront visiter au moins une distillerie, ou repartiront avec quelques bouteilles dans leurs bagages. Pendant longtemps, il faut bien l'avouer, rien n'était particulièrement prévu pour accueillir les « spiritouristes » ou touristes des spiritueux. Les distilleries sont avant tout des lieux où l'on travaille et ont parfois l'aspect d'usine. Aussi les professionnels ont-ils investi pour rendre les distilleries et leurs abords plus agréables aux visiteurs. Ils ont aussi mis en place des circuits de visite et embauché des guides. Enfin, ils ont aménagé des espaces où il est possible de déguster la gamme et d'acheter des bouteilles.

Un succès économique

À la Réunion se dresse même un musée appelé *La Saga du Rhum*, adossé à la distillerie Isautier, qui retrace l'histoire du rhum dans l'île, avec une boutique qui permet de déguster les nectars de la plupart des producteurs. Et cela marche ! À la Martinique en 2017, 700 000 visiteurs ont été accueillis dans les distilleries. Et 50 % des 4 millions de cols qui y sont vendus chaque année sont achetés par des touristes ! Une offre baptisée Rum'trotters propose aussi des séjours haut de gamme tournés vers le rhum, avec villégiature dans des lieux typiques du rhum et visites thématiques. À la Guadeloupe, avec la plupart des opérateurs (Damoiseau, Bielle, Bologne, Karukera, Père Labat, Reimonenq, Domaine de Séverin...), on peut opter pour des circuits de visites au sein de leurs installations, agrémentées de séances de dégustation. L'opérateur touristique Caraïbes Factory propose un tour qui permet aux « spipiritouristes » de visiter des distilleries de Marie-Galante. Et comment ne pas parler de la Route du Rhum, qui permet tous les 4 ans à la Guadeloupe de booster son image de marque et de revivifier son tourisme ? En effet, cette course à la voile jouit d'une médiatisation mondiale. Elle relie Saint-Malo à Pointe-à-Pitre et permet de rappeler la mémoire des voiliers qui transportaient autrefois le rhum vers la métropole. Sachant que la Fédération française des spiritueux édite avec le Petit Futé une *Guide du spiritourisme*, où le rhum figure en bonne place.

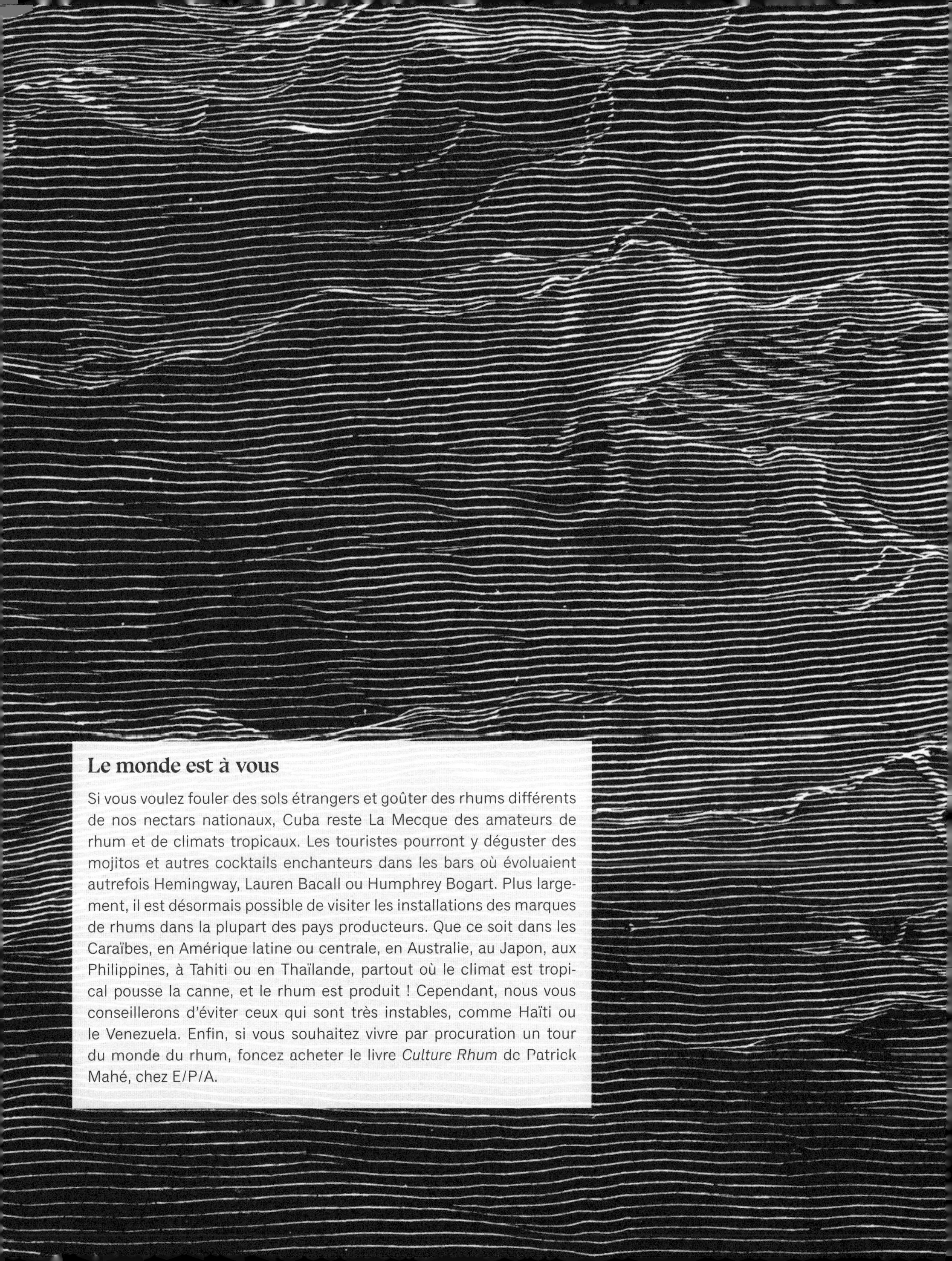

Le monde est à vous

Si vous voulez fouler des sols étrangers et goûter des rhums différents de nos nectars nationaux, Cuba reste La Mecque des amateurs de rhum et de climats tropicaux. Les touristes pourront y déguster des mojitos et autres cocktails enchanteurs dans les bars où évoluaient autrefois Hemingway, Lauren Bacall ou Humphrey Bogart. Plus largement, il est désormais possible de visiter les installations des marques de rhums dans la plupart des pays producteurs. Que ce soit dans les Caraïbes, en Amérique latine ou centrale, en Australie, au Japon, aux Philippines, à Tahiti ou en Thaïlande, partout où le climat est tropical pousse la canne, et le rhum est produit ! Cependant, nous vous conseillerons d'éviter ceux qui sont très instables, comme Haïti ou le Venezuela. Enfin, si vous souhaitez vivre par procuration un tour du monde du rhum, foncez acheter le livre *Culture Rhum* de Patrick Mahé, chez E/P/A.

LES RHUMS FRANÇAIS

Les rhums produits en France occupent dans ce livre une place prééminente. C'est que, malgré la progression de marques comme Captain Morgan, Don Papa, Diplomatico ou Zacapa, ce sont les rhums produits dans les départements d'outre-mer qui sont encore les plus consommés en France. Dans les DOM, le rhum est devenu une véritable culture, une identité, un peu comme le vin en métropole ou la bière en Belgique. Le rhum est aussi une filière économique porteuse, pourvoyeuse d'emplois et exportatrice, ce qui n'est pas rien quand on connaît les difficultés de la Guyane, de la Martinique, de la Réunion ou de la Guadeloupe pour conserver des productions locales. Cependant, on ne fait pas uniquement des rhums loin de la métropole. Aussi ce chapitre abordera-t-il les marques métropolitaines qui fabriquent, assemblent ou simplement embouteillent des rhums dans l'Hexagone.

La Martinique

La Martinique est sans doute l'île française la plus étroitement associée au rhum. Ce n'est pas la plus importante productrice, mais son rhum est le plus connu en métropole et à l'international, notamment grâce à son appellation d'origine contrôlée (AOC), mise en place en 1996. Ce département d'outre-mer (DOM) situé dans les Caraïbes ne produit que du rhum agricole… ou presque ! La qualité de ses rhums est en tout cas reconnue dans le monde entier.

Une histoire marquée par le rhum

Depuis son origine, la Martinique est étroitement liée au rhum. C'est Christophe Colomb qui la « découvre » en 1492 pour le compte de la couronne d'Espagne. Les Français en prennent possession grâce à Pierre d'Esnambuc en 1635. Très vite, des colons viennent s'y installer, suivis d'esclaves africains, tandis que les Indiens caraïbes sont repoussés ou tués. Après avoir essayé différentes plantations (dont le tabac), les colons optent rapidement pour la canne à sucre, d'abord pour produire du sucre. Il faut toujours plus d'esclaves pour travailler dans les plantations. Aussi, leur population dépasse rapidement celle des colons.

L'ancêtre du rhum, le tafia, a probablement été produit en Martinique dès le XVIIe siècle. L'île reste une grande productrice de sucre, puis de rhum, jusqu'à devenir le n° 1 mondial à la fin du XIXe siècle. L'éruption de la montagne Pelée en 1902 porte un rude coup à cette hégémonie. Suite à ce drame, qui fait plus de 30 000 morts et détruit nombre de distilleries, la Martinique fait le choix du rhum agricole. Elle redevient un gros producteur de rhum, mais est vite dépassée par de nouveaux venus comme le Guyana, Cuba… Elle fait alors le pari de la qualité. Malgré tout, la filière périclite au fil du XXe siècle : les distilleries et les champs de canne disparaissent au fur et à mesure. La création de l'AOC en 1996 redonne un coup de fouet à la filière, et le renouveau du rhum dans les années 2000, et surtout 2010, remet la Martinique et l'excellence de ses rhums sur le devant de la scène.

La Martinique en chiffres

La superficie de la Martinique est de 1 128 km² pour près de 385 000 habitants, environ 4 000 hectares de plantation de canne et 3 500 emplois dépendant de la filière canne. L'île produit en moyenne 18 millions de bouteilles de rhum par an, dont 12 millions sont écoulés en métropole. Il existe 9 lieux de production distillant du pur jus de canne : Saint-James fondée en 1765, La Favorite en 1842, J.M. en 1845, Le Simon en 1862, Depaz en 1880, La Mauny en 1891, Neisson en 1931, puis A1710 en 2016 et Habitation Beauséjour (HBS) en 2020.

Plus la distillerie du Galion, la seule à produire du rhum de sucrerie, à partir de mélasse donc. Bally, Clément, Depaz, Dillon, Hardy, HSE, Héritiers Madkaud, J.M., La Favorite, La Mauny, Neisson, Saint-James, Trois Rivières, Duquesne, Monna, Maniba et plus récemment A1710 et HBS sont les principales marques martiniquaises commercialisées. Ces dernières années, la Martinique est en manque chronique de canne à sucre, à cause de conditions climatiques difficiles (cyclones, sécheresses...). Il faut normalement 280 000 tonnes de cannes pour faire fonctionner l'ensemble de la filière canne : 100 000 pour le sucre, 180 000 pour le rhum. Or en 2019 par exemple, les planteurs n'en ont pas produit plus de 200 000 tonnes, dont 170 000 pour les distilleries de rhum agricole. Il ne restait plus que 30 000 tonnes pour la distillerie du Galion qui produit du rhum de sucrerie, ce qui est notoirement insuffisant.

L'AOC Martinique

L'AOC Martinique a été mise en place pour contrôler la production des rhums de l'île et en sauvegarder la typicité du goût. En adoptant l'AOC, les Martiniquais voulaient avoir une traçabilité totale, de la parcelle de canne jusqu'à la bouteille. C'est contraignant, mais cela évite les dérives et, grâce à ce sacerdoce, ils produisent désormais des rhums reconnaissables entre tous et célébrés dans le monde entier par les puristes.

Le rhum agricole de Martinique est à ce jour le seul à bénéficier d'une appellation d'origine contrôlée (AOC). Une AOC, délivrée par l'Institut national de l'origine et de la qualité (INAO), permet de certifier le lien entre un produit, le territoire où il a été élaboré (l'origine) et les techniques ayant permis son élaboration, c'est-à-dire le savoir-faire. Au départ, les AOC ont été mises en place (en deux temps, en 1919, puis en 1935) pour définir et codifier les typicités des différents terroirs viticoles français. La décision de demander une appellation d'origine contrôlée pour le rhum agricole martiniquais date de 1975. Ce fut un long processus, car elle n'a été délivrée que 21 ans plus tard, soit le 8 novembre 1996.

La qualité plutôt que la quantité

La mise en place de l'AOC est passée par l'adoption d'un cahier des charges qui définit toutes les étapes de la production du rhum agricole de l'île, ainsi que la typicité des produits. Il faut d'abord que les cannes servant à élaborer le rhum aient été cultivées en Martinique, plus précisément dans 23 communes bien délimitées. Les variétés de cannes autorisées sont au nombre d'une douzaine, inscrites sur une liste, approuvée par le Comité national des appellations d'origine relatives aux vins, aux boissons alcoolisées et eaux-de-vie de l'INAO.

Les cannes transgéniques sont interdites. Le rendement est limité à 120 tonnes de canne par hectare et par récolte. Le but est de favoriser la qualité, plutôt que la quantité.

En Martinique, le rendement moyen est de 72 tonnes par hectare. L'AOC limite le recours à l'irrigation et à l'arrosage aux 6 mois suivant la date de la coupe ou de la plantation. Ce qui explique pourquoi les cannes martiniquaises pâtissent régulièrement de la sécheresse, comme en 2019. Dans le même ordre d'idée, tout épandage de substances sur les cannes en vue de favoriser leur maturation est interdit. De plus, la canne ne peut pas être récoltée n'importe quand ! Pour une année de récolte, la période de coupe commence au plus tôt au 1er janvier et s'achève au plus tard au 31 août.

Une fermentation encadrée

Le rhum doit être distillé uniquement à partir de vesou, c'est-à-dire de jus de canne broyée. Aucun ajout de sirop, de vinasse, de sucre ou de mélasse n'est toléré. La qualité du jus est contrôlée avec une teneur en sucre minimale (Brix > 14 °Bx) et un pH minimal (pH > 4,7). L'extraction à chaud est interdite. Ces critères un peu techniques permettent de contrôler le goût et d'éviter les déviances aromatiques. La fermentation des jus est de type discontinu, en cuves ouvertes conçues dans des matériaux inertes, d'une capacité maximale de 500 hectolitres. Les fermentations continues et celles en cuves fermées sont interdites. Bien entendu, on ne peut rien ajouter au moût pendant la fermentation. La durée maximale de la période de fermentation est de 120 heures à compter de la fin de la mise en cuve des jus jusqu'à la distillation, soit 5 jours. Le degré d'alcool du jus fermenté ne peut être supérieur à 7,5 %.

La distillation passe par le cuivre

La distillation est elle aussi très précisément décrite. Par exemple, elle s'effectue entre le 2 janvier et le 5 septembre de l'année considérée. On ne peut pas utiliser n'importe quel type d'appareil, car la tête de colonne doit être à 100 % en cuivre. Certaines colonnes peuvent être en Inox, pourvu que la tête soit en cuivre. Le distillat produit doit présenter un titre alcoométrique volumique (TAV) supérieur ou égal à 65 % et inférieur ou égal à 75%. Cette décision n'est pas sans conséquences économiques et financières. En effet, nombre de rhums de mélasse industriels sortent à des degrés beaucoup plus hauts de l'alambic ou de la colonne. Souvent, à plus de 90°, ce qui permet ensuite de faire beaucoup plus de rhum réduit à 40° (après adjonction d'eau) qu'avec un distillat à 60 ou 75°.

Après la distillation, le rhum est mis en repos 6 semaines au minimum avant réduction pour que les esters volatiles s'échappent. Le titre alcoométrique volumique (TAV) de commercialisation est compris entre 40 et 75°.

Un vieillissement en fût de chêne, sinon rien

En ce qui concerne l'élevage, les rhums agricoles blancs ne présentent aucune coloration et passent donc par une maturation minimale en cuve de 6 semaines après leur distillation. Les rhums agricoles « élevés sous bois » doivent vieillir en récipient en bois de chêne et y sont élevés au minimum 12 mois. Les rhums agricoles « vieux » sont vieillis en récipient en bois de chêne d'une capacité inférieure à 650 litres au moins 3 ans. Les rhums agricoles « vieux », pour lesquels le millésime de l'année de distillation est revendiqué, sont quant à eux vieillis dans les mêmes conditions, mais au moins 6 ans après leur mise sous

Embouteillage martiniquais vs embouteillage métropolitain

Les rhums blancs peuvent être réduits et mis en bouteille en métropole. Par exemple, les rhums Dillon sont envoyés en vrac au Havre, où ils sont réduits avec adjonction d'eau et mis en bouteille. Un rhum Dillon acheté en Martinique n'a donc pas exactement le même goût qu'un rhum Dillon acheté en métropole, car l'eau utilisée pour la réduction n'a pas été la même !

bois. Un obscurcissement (ajout de caramel) est autorisé pour unifier l'aspect du rhum vieilli (à hauteur de 2 %), mais il ne doit pas altérer le goût. Les finitions, ou « finish », sont autorisées sous condition qu'elles ne modifient pas trop le goût du produit. C'est pourquoi le HSE fini en fût de Sauternes peut se prévaloir de l'AOC, tandis que le HSE fini en fût de whisky d'Islay n'a pas reçu l'agrément de l'AOC, car il apporte au rhum un goût tourbé. Il est donc commercialisé comme un rhum de Martinique, mais sans la mention AOC. Dans l'île, on peut très bien s'affranchir de l'AOC et connaître du succès.

La dégustation prime

Dans l'obtention de l'AOC Martinique, le goût est primordial. Tous les AOC ont pour but de définir, puis de sauvegarder une certaine typicité de goût et d'arômes. Avant l'obtention de l'agrément, des échantillons sont envoyés à la commission ad hoc, où ils sont dégustés à l'aveugle. Les dégustateurs sont des professionnels du rhum, qui reçoivent tous les ans des formations pour ne pas perdre la main. Si les échantillons correspondent à ce que l'on attend d'un rhum martiniquais, ils obtiennent l'AOC.

S'ils ne passent pas ce premier obstacle, ils auront une seconde chance avant d'être déboutés. Si un finish – un vieillissement de quelques semaines ou mois dans un fût ayant contenu autre chose que du rhum, du bourbon ou du cognac – est appliqué sur le rhum vieilli, celui-ci ne doit pas dénaturer son goût. Par exemple, dans la gamme HSE finition du monde, le rhum fini en fûts de whisky d'Islay n'a pas obtenu l'AOC, car il apportait des notes tourbées non caractéristiques de l'AOC, alors que le rhum vieilli en fût de Sauternes l'a obtenu.

Peut-on se départir de l'AOC ?

La Martinique produit beaucoup de rhums sans AOC. Par exemple, la distillerie du Galion commercialise des rhums de mélasse, donc hors AOC. Citons ici ses deux marques commercialisées : Grand Fond et Grand Arôme. Ces marques élaborant des rhums agricoles en AOC peuvent aussi commercialiser des rhums ne l'ayant pas obtenu. Par exemple, tous les rhums épicés ou arrangés produits sur l'île ne peuvent pas se prévaloir de l'AOC, car on y a adjoint des arômes d'épices et/ou de fruits. Ainsi, le rhum blanc de Maison La Mauny est en AOC, mais pas son rhum épicé Spiced. Cela n'empêche pas les rhums non AOC de très bien se vendre !

En résumé

Les rhums de Martinique ont conservé au fil des siècles leur aura qualitative. La création de l'AOC en 1996 a permis à la filière de se relancer, tout en accentuant l'attention portée à l'excellence de la production et du goût. Si l'on reconnaît immédiatement les rhums de Martinique à la dégustation, l'AOC ne les rend pas pour autant homogènes ni ennuyeux.

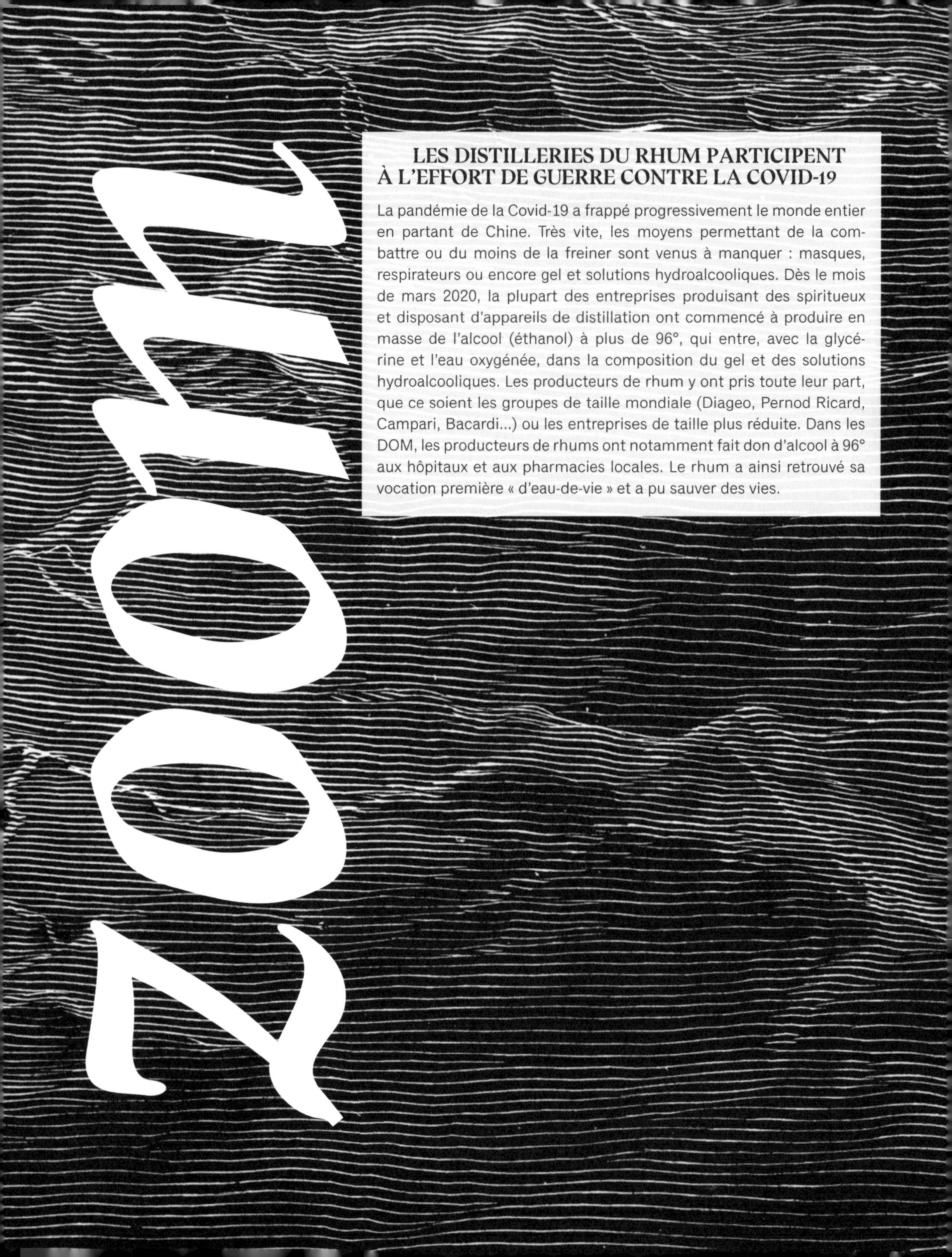

LES DISTILLERIES DU RHUM PARTICIPENT À L'EFFORT DE GUERRE CONTRE LA COVID-19

La pandémie de la Covid-19 a frappé progressivement le monde entier en partant de Chine. Très vite, les moyens permettant de la combattre ou du moins de la freiner sont venus à manquer : masques, respirateurs ou encore gel et solutions hydroalcooliques. Dès le mois de mars 2020, la plupart des entreprises produisant des spiritueux et disposant d'appareils de distillation ont commencé à produire en masse de l'alcool (éthanol) à plus de 96°, qui entre, avec la glycérine et l'eau oxygénée, dans la composition du gel et des solutions hydroalcooliques. Les producteurs de rhum y ont pris toute leur part, que ce soient les groupes de taille mondiale (Diageo, Pernod Ricard, Campari, Bacardi...) ou les entreprises de taille plus réduite. Dans les DOM, les producteurs de rhums ont notamment fait don d'alcool à 96° aux hôpitaux et aux pharmacies locales. Le rhum a ainsi retrouvé sa vocation première « d'eau-de-vie » et a pu sauver des vies.

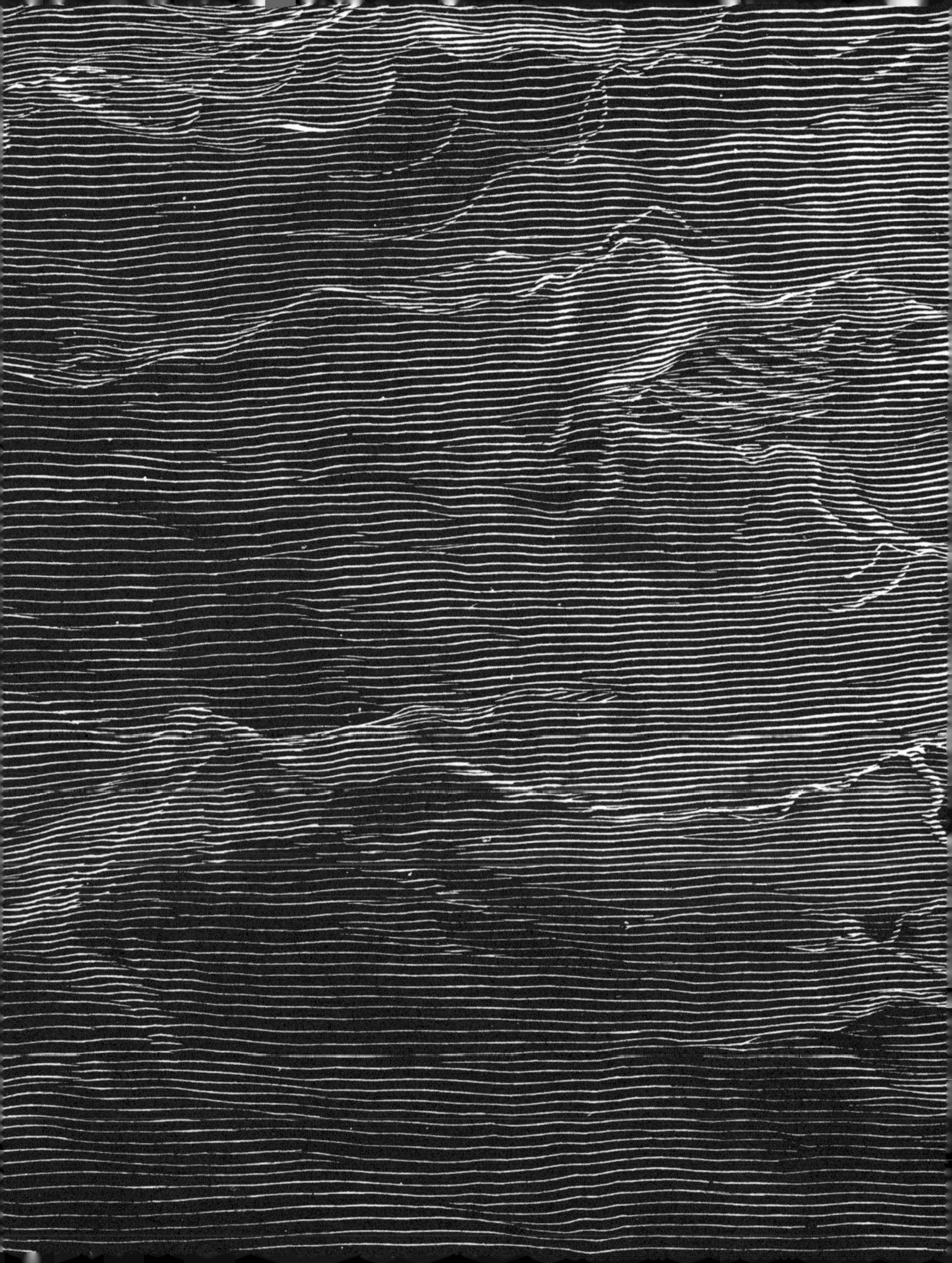

TROIS MARQUES À DÉCOUVRIR

Difficile de mettre en avant seulement trois marques d'une île qui compte tant de joyaux ! Cependant, nous en avons sélectionné trois qui vous aideront à mieux cerner l'identité et la diversité des rhums de Martinique.

SAINT-JAMES

DES RAPPORTS QUALITÉ-PRIX IMBATTABLES

Saint-James, une marque du groupe La Martiniquaise, est un des plus gros producteurs de l'île. C'est Marc Sassier, ingénieur agronome et œnologue, responsable de production des rhums, qui a récemment imprimé sa marque sur ces rhums embouteillés dans des flacons carrés caractéristiques. La gamme est pléthorique, avec des rhums blancs pour les cocktails, des cocktails prêts à servir (mojito), et surtout une large sélection de rhums ambrés ou vieux. C'est là que réside à notre avis l'intérêt principal de cette marque (nous aurions aussi pu citer Clément) : elle présente un excellent rapport qualité-prix sur les rhums vieillis, dont certains sont simplement vendus en grande distribution. Le XO (donc vieilli au moins 6 ans) vous aidera à comprendre ce qu'est un vieux rhum agricole AOC. Il peut être considéré comme un mètre étalon, qui vous permettra ensuite de comparer avec les productions des confrères et néanmoins concurrents de Saint-James. Mieux : il vous en coûtera seulement entre 25 et 30 euros en supermarché !

NEISSON
LE BIO SINON RIEN

Résolument indépendante, la famille Neisson-Vernant dirige toujours la distillerie qui porte son nom. Une cinquantaine d'hectares sont cultivés, puis distillés dans le nord de l'île, dont une partie en bio. Neisson n'est plus la seule marque à produire du rhum AOC en bio depuis qu'A1710 s'est lancé dans l'aventure, mais elle a été pionnière en la matière. C'est donc sans surprise que nous conseillerons l'Esprit bio de Neisson à 66°. Ne vous arrêtez pas à ce haut degré d'alcool, ce rhum blanc peut parfaitement se déguster pur. Ses arômes de cannes fraîches, de fleurs blanches et de citron vous raviront. Vous ne verrez plus jamais le rhum agricole de la même façon après avoir goûté un trait d'Esprit. Seul hic : ce rhum bio est difficile à produire, il est donc vendu cher, exclusivement chez les cavistes ou sur Internet autour de 70 euros !

HSE
CAP SUR LES FINITIONS DU MONDE

HSE, pour Habitation Saint-Étienne, fait régulièrement parler d'elle dans le milieu du rhum agricole. C'est que cette marque ne cesse d'innover. Elle a notamment misé sur les rhums blancs premium. Elle a été la première à millésimer des rhums blancs parcellaires et monovariétaux, avec notamment son HSE Parcellaire #1 Canne d'Or de 2016… Or c'est surtout pour sa gamme Finitions du Monde que HSE s'est fait connaître. Finis en fûts de vin de Sauternes ou de Margaux, de porto, d'Olorosso ou encore de whisky, ces rhums vous permettront de découvrir toute une nouvelle palette d'arômes et d'associations. Compter entre 70 et 130 euros la bouteille. La marque martiniquaise a aussi sorti une cuvée hommage à l'artiste et navigateur Titouan Lamazou, qui a remporté la Route du Rhum (en monocoque en 1990), ce qui ne manque pas de piquant, car cette course relie Saint-Malo à… Pointe-à-Pitre, en Guadeloupe, la grande rivale de la Martinique sur le créneau du rhum agricole !

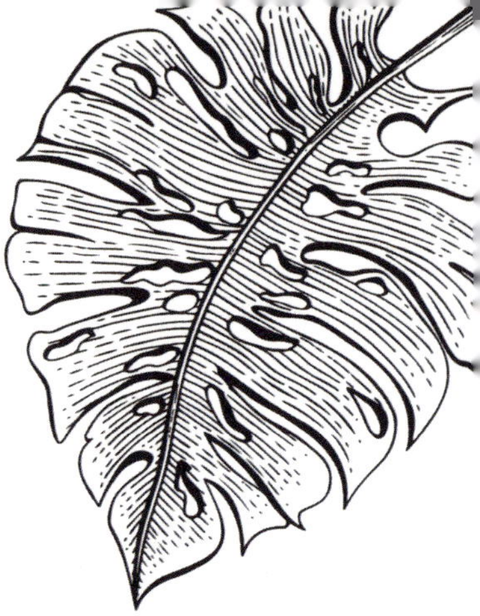

La Guadeloupe et Marie-Galante

La Guadeloupe produit à la fois du rhum agricole et du rhum de mélasse en quantités presque équivalentes. Cependant, ce sont surtout ses rhums agricoles qui sont reconnus. Dotée d'une IGP depuis 2015, l'île est en train de prendre de plus en plus de place sur les marchés. À ses côtés, Marie-Galante s'est spécialisée dans des rhums pour connaisseurs, véritables joyaux des îles.

Une histoire mouvementée

C'est encore Christophe Colomb qui, parmi les Européens, débarque le premier en Guadeloupe, en 1493. Les Espagnols tentent véritablement de coloniser l'île à partir de 1515 mais, devant la résistance des Caraïbes, ils y renoncent. Les autochtones appelaient l'île « Karukera ». Aujourd'hui, une marque développée en 2005 par les familles Longueteau et Hayot porte d'ailleurs ce nom. Les Français débarquent à leur tour en 1635, menés par les sieurs du Plessis et de L'Olive. Les relations avec les Caraïbes sont mouvantes. Tantôt ceux-ci viennent en aide aux colons, tantôt ils les combattent. Cependant, la colonisation fait rapidement son œuvre. De plus en plus de colons européens et d'esclaves africains arrivent sur l'île, et les peuples autochtones sont progressivement rayés de la carte. Les colons plantent vite de la canne à sucre et produisent sucre et tafia (ou guildive). On sait que les esclaves en boivent déjà en 1656, puisque l'interdiction de leur en fournir provoque une révolte. Au départ, les champs de canne sont plutôt plantés sur Grande-Terre, plus plate que Basse-Terre. Comme il y a peu de cours d'eau, les moulins sont plutôt actionnés par le vent. Puis l'île passe à plusieurs reprises sous domination anglaise, qui développe le rhum de mélasse. Elle connaît ensuite la « terreur noire » sous la Révolution et voit des Indiens (d'Inde) débarquer sur l'île à partir de 1854 et s'intégrer à la population.

En route vers le rhum premium

Le rhum de Guadeloupe a pendant longtemps vécu dans l'ombre de sa voisine la Martinique. Les rhums martiniquais étaient produits en plus grande quantité (même après l'éruption de la montagne Pelée en 1902), avaient meilleure réputation et se vendaient plus cher. Comme en Martinique, le XXe siècle a été marqué par la fermeture de nombreuses distilleries et la chute de la production. Dans le même siècle, le rhum de mélasse, ultra dominant, s'est peu à peu fait rattraper par le rhum agricole. Aujourd'hui, 6 distilleries produisent du rhum agricole : Damoiseau, Bologne et Carrère, qui produit Montebello, Espérance qui produit Longueteau et Karukera, Séverin et Reimonenq. Damoiseau est la seule se trouvant sur Grande-Terre. Une distillerie, Bonne-

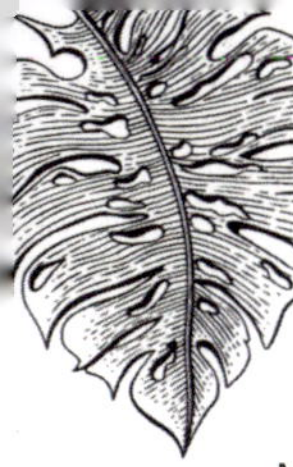

Mère à Sainte-Rose, produit du rhum de sucrerie, notamment via sa marque Ducarbet. Aujourd'hui, les rhums guadeloupéens ont fait le pari de la qualité, notamment à travers leurs rhums agricoles. De plus, l'île a obtenu une indication géographique protégée (IGP) en 2015, qui cadre la production sans la brider. La Guadeloupe a largement dépassé la Martinique en termes de quantité de cannes produites (environ 800 000 tonnes contre 200 000) et, si le rhum martiniquais reste devant en termes de reconnaissance, les rhums de Guadeloupe sont en train de rattraper leur retard. Désormais, le rhum agricole est produit à égale quantité, ou peu s'en faut, avec le rhum de sucrerie et pourrait rapidement le dépasser. Les rhums de Guadeloupe proposent aussi de plus en plus de cuvées spéciales, originales et premium.

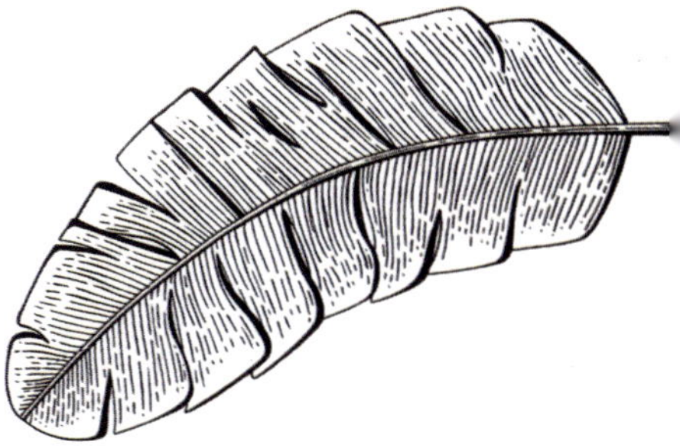

L'IGP rhums de Guadeloupe

La situation guadeloupéenne est un peu plus compliquée que celle qui prévalait en Martinique. En effet, la Guadeloupe produit à 50 % du rhum agricole et à 50 % (environ) du rhum de sucrerie, là où la quasi-totalité de la production martiniquaise est du rhum agricole. En 2015, la Guadeloupe a finalement opté pour une indication géographique protégée (notion là aussi héritée du vin), ou IGP. Dans l'ensemble, les règles de l'IGP sont moins contraignantes que celles de l'AOC. Contrairement à cette dernière, il n'y a pas de parcelles approuvées (ou pas) par l'INAO. La zone de production est donc plus étendue et peut varier plus facilement, mais les cannes doivent venir de Guadeloupe. Si le rhum porte la mention complémentaire Marie-Galante, les cannes doivent provenir de cette île. Il n'y a pas de restriction concernant les cannes utilisées, du moment qu'elles font parties des familles *Saccharum officinarum* ou *S. spontaneum* et leurs hybridations – les cannes transgéniques sont interdites. Pas de variétés imposées donc. Il n'y a pas non plus de dates de récolte obligatoires, de restriction d'épandage ou d'irrigation.

L'IGP reconnaît à la fois le rhum agricole et le rhum de sucrerie. Dans les deux cas, la fermentation est discontinue (durée libre) et les ajouts de sirop, de mélasse, de vinasse ou de sucre interdits. La distillation peut potentiellement se faire toute l'année – surtout pour les rhums de sucrerie élaborés à partir de mélasse, plus stable. La distillation peut s'effectuer via des colonnes en continue, en discontinue simple (alambic à repasse) ou en discontinue multi-étagée. L'Inox ou le cuivre sont acceptés. Le TAV (titre alcoométrique volumique) de sortie est compris entre 40 et 90°, de même que celui de commercialisation. Les règles de vieillissement sont assez similaires à celles de l'AOC. Un obscurcissement (ajout de caramel) est autorisé pour unifier l'aspect du rhum vieilli (à hauteur de 2 %), mais il ne doit pas altérer le goût.

La Route du Rhum

Tous les 4 ans, c'est la fête de la course à la voile et du rhum à travers la désormais mythique régate transatlantique de la Route du Rhum. Depuis 1978, les navires alignés doivent rallier la Bretagne à la Guadeloupe – de Saint-Malo à Pointe-à-Pitre. Les producteurs de rhum ont été moteurs dans la création de cet événement à l'audience mondiale et continuent de l'accompagner, tout en en tirant les fruits en matière de retombées médiatiques.

En résumé

Après avoir longtemps souffert de la comparaison avec les rhums martiniquais, les rhums guadeloupéens ont relevé la tête et ont largement dépassé leurs voisins en termes de quantité. Produisant à la fois du rhum de mélasse et de canne, ils proposent de plus en plus de cuvées premiums qui valent le détour.

DISTILLERIE AGRICOLE
RHUM BIELLE
VIEUX-FORT
Saint-Louis
Capesterre
Grand-bourg
59% Vol.
100 l
agricole de Guadeloupe
RB
Mis en bouteille à la distillerie
d'l'amour à gogo

Rhum
Charrette
ILE DE LA RÉUNION
RHUM BLANC
TRADITIONNEL DE LA REUNION
40% VOL.
Appellation d'origine
100 L

TROIS MARQUES À DÉCOUVRIR

Il s'avère difficile de choisir seulement trois marques. Les rhums guadeloupéens sont assez divers car, si l'IGP cadre leur production, elle permet aussi une certaine liberté. Nous avons donc choisi Damoiseau (mais cela aurait aussi pu être Bologne), parce que cette marque est devenue incontournable en termes de quantité produite et de qualité de ses rhums, Longueteau pour ses expérimentations parcellaires en rhums blancs et une des trois distilleries de Marie-Galante, Poisson, qui produit le rhum Père Labat.

DAMOISEAU

LE NUMÉRO 1 EST EN GRANDE-TERRE

Hervé Damoiseau n'a pas sa langue dans sa poche. Il dit ce qui lui plaît et tant pis si cela déplaît. Son aïeul a fondé cette marque en 1942 en Grande-Terre (c'est actuellement la seule subsistant sur cette partie de l'île) en achetant la distillerie Bellevue. En 2020, Damoiseau a été le plus gros producteur de rhum de Guadeloupe. Il présente la particularité de proposer des rhums de pur jus de canne (agricoles), et des rhums alliant pur jus et mélasse. Nous mettrons donc en avant le Damoiseau Concordia, un rhum vieux (environ 3 ans de vieillissement), alliant les qualités de ces deux types de rhum. C'est aussi un bon rapport qualité-prix, puisqu'on le trouve aux environs de 38 euros, chez Nicolas par exemple. Attention : Damoiseau dispose actuellement de peu de stocks de rhums vieux. Aussi la marque va-t-elle arrêter de proposer des nouveautés pendant quelques années, le temps de refaire ses stocks. Les qualités vieilles seront donc plus difficiles à trouver et pourraient même devenir des bouteilles de collection.

LONGUETEAU

LE ROI DU PARCELLAIRE

Petite par la taille, mais grande par la qualité, telle est en résumé la description que l'on pourrait faire de la marque Longueteau. Henri Longueteau fonde en 1895 la distillerie d'Espérance. Aujourd'hui, celle-ci distille les rhums Longueteau, Karukera et Mon Repos. Longueteau produit une large gamme de rhums, mais nous nous arrêterons sur ses blancs parcellaires. La marque possède 12 parcelles, toutes situées sur leur domaine du Marquisat de Sainte-Marie, près du volcan de la Soufrière, et chacune d'elle faisant l'objet d'une cuvée particulière. Un rêve pour tout geek du rhum ! Sachant que le domaine permet à la marque d'être autosuffisante en cannes (bleues et rouges). Citons aussi le Genesis, un rhum blanc monovariétal (canne rouge) et millésimé (2017), qui a fait l'objet d'un séjour de 2 ans en cuve en Inox avant d'être embouteillé brut de colonne à 73,25°. Pour environ 65 euros, vous accéderez à un grand rhum blanc, mais vieux, de dégustation.

PÈRE LABAT

LE RHUM DE LA LÉGENDE

Marie-Galante, petite île voisine de la Guadeloupe dont elle dépend administrativement, produit elle aussi du rhum. On trouve même trois distilleries sur l'île : Bellevue, Bielle et Poisson. Aussi appelée « île aux cent moulins », signe de son passé d'île sucrière et rhumière, Marie-Galante est le lieu idéal pour allier dégustation de rhum et farniente dans un lieu paradisiaque. Les rhums de Marie-Galante se sont forgé une belle réputation. Les trois distilleries produisent des rhums exceptionnels mais, pour l'anecdote, nous sortirons du lot les rhums Père Labat produits à la distillerie Poisson. En effet, ce prêtre de légende est très lié à l'histoire du rhum et de la Guadeloupe et, même s'il n'a pas fondé lui-même la distillerie, la marque lui rend hommage. Et ce n'est pas un vain mot, car les cannes sont récoltées à la main, puis transportées à l'aide de chars à bœufs... comme dans le temps. Pour un grand rhum de dégustation de Marie-Galante, optez pour le 8 ans d'âge... à 135 euros environ quand même !

La Réunion

La Réunion propose à la fois des rhums traditionnels (en plus grande part), des rhums agricoles, des rhums légers et des grands arômes. Une belle diversité qui ne s'arrête pas là, puisqu'on y trouve aussi les fameux rhums arrangés, véritables bonbons (alcoolisés) des îles. L'offre de rhums premiums est sans doute moins importante qu'en Guadeloupe ou en Martinique, mais elle progresse !

De l'île Bourbon à la Réunion

Découverte au début du xvie siècle par le navigateur portugais Pedro de Mascarenhas, puis visitée par les Anglais, l'île, qui deviendra la Réunion, tombe dans le giron de la France lorsque le *Saint-Alexis*, bâtiment de la Compagnie française des Indes orientales, y accoste. Les Français s'y installent vraiment à partir de 1663 et la colonie est appelée l'île Bourbon, en hommage à la dynastie régnante en France. À la suite des colons, de nombreux esclaves africains, en particulier provenant de Madagascar, sont amenés (de force) sur l'île. Bourbon est d'abord une grande productrice de café, puis devient une île sucrière. Au xixe siècle, le sucre est tellement important dans l'économie de l'île que celle-ci compte jusqu'à 200 sucreries. L'île Bourbon prend le nom de la Réunion sous la Révolution. Lors de l'abolition de l'esclavage, 100 000 travailleurs sont amenés sur l'île, essentiellement d'Inde, de Chine et de Madagascar.

Le choix du rhum traditionnel

Dès le début du xviie siècle, la Réunion produit du rhum, appelé « arak ». Au xixe siècle, on choisit de privilégier le rhum de mélasse, plutôt que le rhum de pur jus de canne – ce dernier est même interdit pendant un temps. Les Réunionnais vont adopter au début du xxe siècle une façon originale de consommer le rhum. Plutôt que de mélanger dans le verre le rhum avec d'autres ingrédients (par exemple, le sucre et le citron vert dans le ti-punch), ils prennent l'habitude de le faire macérer pendant plusieurs mois avec des épices et/ou des fruits dans des bocaux. Le rhum arrangé naît ainsi et devient la boisson identitaire de la Réunion. Aujourd'hui, l'arrangé est une des catégories de rhums les plus porteuses commercialement et on en produit en métropole, ou en Martinique, mais la tradition vient bien de la Réunion. Cette dernière compte plusieurs grandes distilleries – Savanna, Isautier et Rivière du Mât – et la distillerie artisanale La Part des Anges... Les différentes marques de l'île sont capables de se retrouver sur des projets communs. À partir de 1972, plutôt que de continuer à vendre leur rhum de sucrerie en vrac, elles s'associent par exemple à travers la marque Charrette (qui appartient aujourd'hui au groupe Chatel), ven-

La Réunion, une île dédiée au sucre

Aujourd'hui encore, la Réunion est avant tout une île sucrière... qui produit du rhum. Le site Internet du ministère de l'Intérieur nous apprend que la superficie consacrée à la canne est de 22 664 hectares et concerne environ 3 400 exploitations, tandis que la filière emploie 10 500 personnes, dont 6 700 de manière permanente et 3 800 à titre saisonnier (chiffres de 2015). Deux usines subsistent encore : Bois Rouge et Le Gol. Depuis le rachat de Quartier Français en 2010, le groupe Tereos détient une forme de monopole sur le marché du sucre de l'île.

En résumé

La Réunion propose un modèle de rhums traditionnels à la française, et se démarque par sa spécialité des rhums arrangés. Souvent sous-estimés, les connaisseurs savent, eux, qu'il se cache de véritables pépites dans les gammes des trois principales distilleries de l'île. Et si vous allez sur place, passez à la distillerie artisanale de La Part des Anges pour une visite, et une dégustation bien sûr !

due d'abord à la Réunion, puis en métropole et désormais à l'export. Autre exemple de cette capacité à se rassembler : la distillerie Isautier abrite aussi le musée La Saga du Rhum, qui présente l'histoire et la fabrication du rhum sur l'île et propose à la vente des rhums de toutes les marques réunionnaises.

La Guyane

La Guyane produit peu, mais bien. Elle commence à se trouver une place parmi ses cousins des rhums agricoles des DOM, notamment grâce au rhum guyano-toulousain Toucan.

100 hectares sinon rien

Avant l'arrivée des colons et la conquête du continent par les Portugais et les Espagnols, la Guyane était peuplée par des Amérindiens – ils y sont toujours aujourd'hui. Les premiers à tenter de s'installer sont a priori les Français en 1503, mais ce sont les Hollandais, puis les Britanniques qui peupleront ces terres de façon permanente avant les Français à partir de 1624. Les terres de Guyane feront l'objet de combats entre les trois nations au XVIIe siècle. Sous l'Empire, la colonie fut occupée par les Portugais. La fin de l'esclavage porta un rude coup à l'économie guyanaise à partir de 1848, car celle-ci était basée sur l'exploitation des populations asservies. Pour la relancer, Napoléon III fit construire des bagnes à Cayenne. Ce n'est qu'en 1900 que la frontière avec le Brésil a véritablement été actée. Au début du XXe siècle, on découvre de l'or en Guyane. C'est la ruée vers l'or, tandis que de nombreux Martiniquais s'y installent après l'éruption de la montagne Pelée. L'or ou les bagnes ne furent pas la seule ressource de la Guyane. On y planta bien sûr de la canne à sucre et on y produisit du rhum. Il y avait même 17 distilleries en 1917. Aujourd'hui, il n'existe plus qu'une distillerie, Saint-Maurice, située à Saint-Laurent-du-Maroni. Les marques Toucan et La Belle Cabresse, Cœur de chauffe ou La Cayennaise y sont produites. On y distille du rhum agricole. La centaine d'hectares de canne à sucre guyanais se trouve dans la région de la distillerie, non loin de la forêt amazonienne. Depuis 2015, le rhum de Guyane jouit d'une indication géographique (IG).

Tahiti

Le rhum de Tahiti connaît un véritable renouveau depuis une vingtaine d'années. C'est sur cet archipel de 118 îles qu'est née une espèce de canne qui fait le tour du monde et est même la plus cultivée avant le tournant de la révolution industrielle vers 1850. Il s'agit de la variété O'Tahiti. Elle est abandonnée au fur et à mesure du XIXe siècle, car elle ne résiste pas assez bien aux maladies. Cependant, elle est conservée dans son archipel d'origine. On a longtemps produit du rhum à Tahiti, plutôt à partir de mélasse, avant que l'industrie périclite. Depuis les années 1990, le rhum est cependant de retour, pour le plus grand plaisir des habitants, des touristes, et désormais des métropolitains qui peuvent se les procurer. Il existe aujourd'hui quatre distilleries à Tahiti : Pari Pari qui produit les rhums T Rhum à partir de canne O'Tahiti et de canne rouge sur l'île de Taha'a, Manutea, qui produit des rhums agricoles sur Moorea, et Mana'o Tahiti, qui crée des rhums agricoles et bio sur l'île principale, et la plus ancienne : Tamure (distillerie Moux). Les rhums de Polynésie ne peuvent pas (encore) se prévaloir de l'appellation rhum agricole...

Ci-contre : déjà que le rhum fait rêver en soi, mais voilà qu'il existe des rhums de Polynésie française ! Difficile de faire plus enchanteur...

En résumé

Célébrés dans le monde entier, les rhums des DOM – et de Polynésie – ont su conquérir le cœur des amateurs. Leur qualité est désormais reconnue hors de nos frontières et ils gagnent régulièrement des médailles lors des concours français et étrangers. Tout amateur de rhum se doit d'avoir dégusté et compris les différences entre les rhums guadeloupéens, martiniquais et réunionnais. Laissez-vous aussi surprendre par un rhum de Guyane ou de Tahiti.

CINQ MARQUES À DÉCOUVRIR

Traditionnellement, la Réunion produit plutôt des rhums de sucrerie, donc à partir de mélasse. Cependant, la proportion de rhums agricoles augmente petit à petit. On y élabore aussi des rhums légers, et même du grand arôme, Savanna pouvant réaliser ces quatre types de rhums. Une diversité réjouissante ! On peut aussi aller plus loin en furetant de côté de la Guyane ou de la Polynésie Française.

SAVANNA
LES GRANDS ARÔMES À LA FRANÇAISE

La diversité des rhums présents sur le catalogue des produits de cette distillerie née au milieu du xxe siècle donne le tournis. Savanna est capable de produire à la fois des rhums traditionnels blancs et des rhums agricoles et grands arômes en blancs. En vieux, on trouve des bruts de fûts, des single casks... Nous vous conseillons la gamme Lontan afin de déguster un grand arôme à la française (entre 17 et 25 euros) et le Savanna 10 ans, un rhum traditionnel vieux et exubérant (environ 68 euros).

ISAUTIER
LE ROI DES ARRANGÉS

Après 175 ans d'existence, la distillerie Isautier est toujours dirigée par les descendants des fondateurs ! Associée à l'aventure Charrette, berceau du musée La Saga du Rhum, elle ne cesse d'innover. Elle produit des rhums blancs traditionnels et agricoles et des rhums traditionnels vieux d'excellente facture. Or c'est surtout pour ses arrangés qu'Isautier est connue en Métropole. Ses rhums arrangés sont filtrés. Aussi, vous ne trouverez pas de morceaux de fruits dans la bouteille. Ils sont à consommer froids, voire givrés. Ils coûtent aux environs de 20 euros. Mentionnons aussi les punchs, qui titrent moins en alcool et se boivent donc plus vite – attention cependant ! Il est impossible d'en choisir un. Tout dépendra si vous êtes plutôt banane, gingembre, fruit de la Passion...

CHARRETTE
POUR FAIRE VOTRE ARRANGÉ MAISON

Désormais propriété de Chatel, Charrette a été initialement créée par l'alliance de plusieurs distilleries – dont Rivière du Mât, Isautier et Savanna. Sa production est principalement restée tournée vers le marché local jusque dans les années 2000. Aujourd'hui, c'est sans doute le rhum réunionnais le plus connu en métropole, c'est pourquoi nous le mettrons en avant pour... faire votre propre rhum arrangé à la maison. Achetez un rhum Charrette traditionnel (à 40 ou 49° selon votre goût) au supermarché. Faites-y mariner des fruits et des épices de là-bas ou d'ici pendant quelques semaines ou mois selon votre goût, dans un grand bocal. Il n'y a pas de recette unique, ce sera à vous de tester, sans abuser ! Si vous ne voulez pas en rester là, vous pouvez aussi tester les très bonnes éditions vieilles de Charrette (3, 5 ou 7 ans) ou même le rhum agricole.

TOUCAN
UN PONT ENTRE LA GUYANE ET LA MÉTROPOLE

La marque Toucan présente plusieurs originalités. D'abord, les cannes sont cultivées à un jet de pierre de la forêt primale, dans la moiteur du climat tropical. Ensuite, si la distillation se fait bien sur place, le rhum est ensuite envoyé près de Toulouse, où la macération, la réduction et l'affinage sont réalisés. Dans la gamme Toucan, nous vous conseillons le rhum agricole à 50°. Le comparer avec un rhum agricole martiniquais ou guadeloupéen permet de mieux saisir la notion de terroir dans le rhum.

MANA'O TAHITI
UN RHUM POLYNÉSIEN BIO

Du rhum polynésien, à partir de la canne endémique locale O'Tahiti, coupé à la main, cultivé en bio... n'en jetez plus, la coupe (ou le verre) de rhum est pleine ! On obtient des notes de canne fraîche, de citron vert, de fleurs blanches et même de truffe. Avec le Mana'o Tahiti, on est clairement sur un rhum de pur jus de canne d'exception, à comparer avec un rhum bio agricole de chez Neisson (Martinique) par exemple. Le prix ? Autour des 55 euros.

Les autres rhums français

L'immense majorité du rhum produit en France l'est dans les DOM. Cependant, il existe aussi des marques (et même de plus en plus) qui achètent leur matière première dans les DOM, puis élaborent leur rhum en métropole. Certaines se fournissent aussi tout ou partie à l'étranger.

Les Rhums de Ced

C'est en 2011 que l'ancien basketteur professionnel Cédric Brément lance sa marque de rhums arrangés et de punchs Les Rhums de Ced. Le succès est rapidement au rendez-vous et, en 2019, pour poursuivre sa croissance, il vend son entreprise au distributeur Dugas, mais reste aux manettes. Les rhums sont réalisés à partir de rhums agricoles des Antilles (Martinique et Guadeloupe). On y fait ensuite macérer des fruits (des Antilles ou de métropole) et des épices – de la vanille de Madagascar notamment – frais et de saison. Un délice à retrouver chez les cavistes, aux alentours de 30 euros pour la gamme Ti Arrangés.

Distillerie de Paris

Déjà citée dans ce livre, la Distillerie de Paris produit pléthore de délicieux breuvages distillés : whisky, gin, vodka... et rhum bien sûr ! L'originalité vient du fait que Nicolas Julhès reçoit ses matières premières (sirop de batterie, mélasse) à Paris 10e et les distille sur place ! De plus, les rhums sont élevés dans de petits contenants à la manière des parfumeurs. Nous opterons pour le Rhum Petite Marie, fabriqué à partir de sirop de batterie, c'est-à-dire un concentré de jus de canne obtenu par évaporation, provenant de Marie-Galante. Un ovni pour 59 euros.

Plantation

Déjà à la tête de la maison de cognac Ferrand, Alexandre Gabriel écume les Caraïbes et l'Amérique latine dans les années 1990 à la recherche de savoir-faire venus d'ailleurs. Il tombe alors amoureux du rhum et se met en tête d'en produire lui-même. Il lance ainsi la gamme Plantation, qui lui permet de mettre en avant des rhums de mélasse sélectionnés par lui sur place (Barbade, Jamaïque...), mais travaillés et vieillis en Charente. La marque française s'est depuis internationalisée, car Plantation est désormais actionnaire de National Rhum of Jamaïca, propriétaire des distilleries Long Pond et Clarendon et propriétaire à 100 % de West Indies Rum Distillery à la Barbade. Les rhums Plantation permettent au terroir de chaque origine de s'exprimer et restent faciles d'accès, car légèrement sucrés en bouche. Nous conseillons donc de commencer par le Coffret Plantation Expérience, qui propose 6 rhums d'origine et de vieillissement divers en flacons de 10 cl pour environ 60 euros.

La Compagnie des Indes

Cette entreprise française vous permet de découvrir des rhums venus d'ailleurs. Il s'agit d'un embouteilleur fondé en 2014 par Florent Beuchet. Le nom fait référence aux compagnies des Indes qui, aux XVII et XVIIIe siècles, dominèrent le commerce entre les métropoles et les colonies, et parfois même reçurent l'exploitation d'îles entières – la Réunion, la Guadeloupe... Les rhums sont en général originaires d'Amérique latine et des Caraïbes. Dans la gamme, on trouve des assemblages, des single casks et des millésimes. L'ensemble est équilibré et facile à boire, car légèrement édulcoré. C'est parfait pour les geeks un peu collectionneurs dans l'âme.

Et bien d'autres encore...

Il existe bien d'autres entreprises françaises fabriquant ou embouteillant du rhum. Citons notamment Les Bienheureux, avec leurs rhums Embargo et Pasador de Oro, une marque de spiritueux (whisky Bellevoye), qui a été créée par Alexandre Sirech et Jean Moueix (groupe Duclot et château Pétrus). Citons aussi la distillerie O'Baptiste, fondée par Baptiste François, qui commercialise un rhum bio fabriqué à partir de mélasse et de sucre de canne importé de Thaïlande. Ou Alexandre Koiransky avec ses rhums équitables Fair. Tout amateur de rhum pourra aussi scruter les marques et éditions limitées lancées par La Maison du Whisky (LMDW) ou Dugas.

En résumé

Qu'il soit distillé, élevé ou simplement embouteillé sur place, le rhum métropolitain est en pleine effervescence. Il ne se passe pas une semaine sans qu'une nouvelle marque ou une nouvelle référence n'émerge, souvent avec bonheur. Les rhums agricoles sont les rhums français les plus connus et les plus appréciés des amateurs lorsque leur palais se forme, car ils sont plus secs. Cependant, les rhums traditionnels ne sont pas à écarter d'un revers de la main, car ce sont des rhums de mélasse ronds, sans être trop sucrés.

LES RHUMS DU MONDE

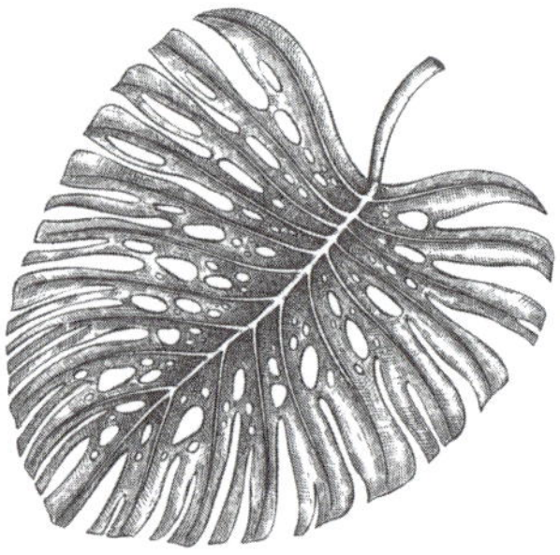

Les Caraïbes et les Amériques – du Sud et centrale en particulier – fournissent le gros du bataillon des marques iconiques que tout amateur se doit de connaître. Or on trouve en fait des rhums un peu partout sur la planète : Japon, Australie, Thaïlande, Philippines...

Les Caraïbes

Les Caraïbes sont le berceau du rhum, on y trouve donc les trois types principaux : les rones « légers » de type espagnol, les rhums « équilibrés » de type français et les rums légers ou « lourds » de type anglo-saxon – et toutes les nuances entre ces trois grandes familles ! –, des rhums de mélasse ou des rhums de pur jus de canne... Ce sont les Caraïbes qui ont le plus d'antériorité et de diversité en matière de rhum. C'est aussi à ces îles que l'on pense en priorité lorsqu'on évoque le rhum, sa culture et son imaginaire : la Barbade, la Jamaïque, Haïti, Cuba....

La Barbade, le berceau du rhum

Rendons à César ce qui est à César et commençons ce tour du monde du rhum par la Barbade, car c'est là que l'on retrouve la plus ancienne trace écrite évoquant le rhum. En 1650, un document recense tous les actifs de la Three Houses Plantation. Elle abrite aussi la plus vieille distillerie encore en activité, Mount Gay, dont on retrouve la trace au début du XVIIIe siècle. La Barbade produit traditionnellement des rhums de mélasse de type anglais, distillés en *pot still*. Aux XVIIe et XVIIIe siècles, ses rhums, ainsi que ceux de la Jamaïque, étaient parmi les plus prisés. Au XIXe siècle, la colonne est introduite et la concurrence des autres pays producteurs commence à se faire sentir. Au XXe siècle, comme dans de nombreuses îles des Caraïbes, le nombre de distilleries chute, mais la production reste élevée grâce à une consommation locale importante – dans les milliers de *rum shops* qui jalonnent la Barbade –, et grâce à l'export. Il existe aujourd'hui quatre distilleries encore en activité : West Indies Rum Distillery (WIRD), désormais reprise par les Français de Plantation, Mount Gay (propriété du groupe français Rémy Cointreau), Foursquare et St Nicholas Abbey. Une des caractéristiques des rhums de la Barbade est la quantité importante de rhums vieux mis en stock.

Le rhum à avoir

Pour le plaisir de présenter un rhum à ses amis en disant : « Voici un rhum issu de la plus vieillie distillerie encore en activité : Mount Gay XO, un rhum de mélasse extra vieux (entre 8 et 15 ans), distillé en alambics doubles. » Autour de 48 euros.

Double page suivante : boutique de rhum rurale à Sainte-Lucie, la Barbade.

Banks
Banks
Our Beer
Our Beer
PLAY HERE!
OLYMPIO
Shirley
TIGER MALT
OLYMPIO
Play
OLYMPIO
ON-LINE LOTTERIES
POWER PLAY
TWO GAMES A DAY
OLYMPIO
DOUBLE Draw
A DOLLAR A PLAY
So much more to play for!

Banks
Beer of Barbados
VIBISCO
uality in every biscuit!

La Jamaïque, le royaume des high esters

Longtemps propriété de la couronne britannique, la Jamaïque a été, aux XVIIe, XVIIIe et début du XIXe siècles, le premier et le plus réputé des pays producteurs de rhum. La seconde moitié du XIXe siècle et le XXe siècle seront des périodes moins flamboyantes, avec la chute vertigineuse du nombre de moulins et de distilleries. La Jamaïque compte aujourd'hui 6 distilleries, parmi les plus connues et même révérées par les amateurs de rhum : Appleton, Worthy Park, Clarendon, Long Pond, Hampden et New Yarmouth. Historiquement, la Jamaïque fournissait en rhums (et c'est toujours le cas) la Grande-Bretagne et le reste de l'Europe (notamment l'Allemagne) en rhums afin de réaliser des assemblages, c'est-à-dire des rhums très aromatiques (grands arômes) que l'on mélangeait à de l'alcool neutre. Une large part de ses rhums vieux sont encore exportés en vrac. Des marques françaises, comme la Compagnie des Indes et Plantation, mais aussi des grandes marques internationales, comme Captain Morgan, se fournissent en Jamaïque. L'île se distingue par ses rhums lourds, *overproof*, dont la mélasse a été longuement fermentée (plusieurs semaines), distillés en colonne ou en *pot still*. Cependant, on y trouve aussi des rhums plus légers distillés en colonne. Depuis les années 2010, la Jamaïque vit un véritable renouveau, et de plus en plus de références de qualité sont embouteillées sur place.

Cuba, le creuset des cocktails

Cuba est indissociable du rhum, notamment à travers ses cocktails, devenus des hits mondiaux (mojito, Cuba libre, daïquiri…). C'est à Cuba qu'a été élaboré un style de rhum devenu dominant : les rhums blancs de mélasse, légers, mais aromatiques. Le pays est aux XIXe et XXe siècles un important producteur de sucre et de rhum. Il sera mis sur le devant de scène par la prohibition aux États-Unis, avant que la révolution castriste ne fasse fuir le principal producteur de l'île, Bacardi… et que les États-Unis n'imposent un embargo. Cuba réapparaît sur la scène du rhum à partir de 1993, date à laquelle l'État cubain et le groupe français Pernod Ricard ont noué un partenariat à travers la marque Havana Club. Celle-ci est devenue l'un des principaux acteurs du rhum dans le monde, notamment en générant, puis en surfant sur la vague du mojito.

Et bien d'autres encore !

Nous vous avons présenté trois des îles qui produisent du rhum dans les Caraïbes, mais il serait dommage de vous arrêter à cette sélection sommaire. Vous trouverez du rhum à Antigua, avec notamment English Harbour et Whisper, aux Bermudes avec Gosling's, à Porto Rico bien sûr avec Bacardi et Don Q, en République dominicaine avec notamment Barcelo, Mathusalem ou Opthimus, à Sainte-Lucie avec Chairman's Reserve (St Lucia Distillers), à Trinidad avec Angostura et Caroni… sans oublier les clairins d'Haïti et le grogue du Cap-Vert !

Le rhum à avoir

Wray & Nephew Overproof 63° : ce rhum blanc de mélasse est le plus consommé à la Jamaïque. Aussi, il est indispensable à tout amateur qui souhaite s'initier aux arcanes du rhum jamaïcain. On peut le déguster pur ou en cocktail.

Des rhums à avoir

On trouve plusieurs marques consommées surtout sur place à Cuba, telles que Cubay, Santiago, Arecha ou Legendario, mais nous nous arrêterons sur des rhums de Havana Club, plus faciles à trouver en France. En cocktail, les 3 et 7 ans d'âge. En dégustation, le Seleccion de Maestros (45°), un rhum de mélasse particulièrement complexe pour 60 euros environ.

En résumé

Les Caraïbes sont le berceau du rhum et on y trouve tous les styles. Devenir un connaisseur de ces rhums est l'ambition d'une vie, surtout si l'on s'est mis en tête d'aller les déguster sur place pour allier l'utile à l'agréable. Dans leur ensemble, les rhums caribéens jouissent d'une aura et d'une antériorité que le reste du monde n'a pas encore égalées.

APPLETON

Les Amériques

L'Amérique est à la fois un gros producteur (Amérique du Sud et Amérique centrale) et un gros consommateur (Amérique du Nord) de rhum. On y trouve à la fois des rhums de style léger ou anglo-saxon, et un type particulier de rhum de pur jus de canne – la cachaça, produite uniquement au Brésil.

Le Guatemala, le pays du miel de canne

Ce petit pays d'Amérique centrale, qui ne produit du rhum que depuis le XXe siècle, bénéficie à la fois d'un climat tropical et d'un climat tempéré sur les régions montagneuses, qui représentent environ la moitié du territoire. Les rhums produits sont souvent distillés et vieillis en altitude. Deux marques dominent le marché et ont su placer le Guatemala sur la carte du rhum : Zacapa et Botran. Elles sont toutes les deux produites par la distillerie Industrias Licoreras de Guatemala. On peut aussi citer Montecristo, moins connue sous nos latitudes. Le Guatemala est particulièrement renommé pour appliquer la méthode de vieillissement de la solera. La production du rhum est encadrée par une *denominacion de origen controlada* (DOC). Les rhums doivent notamment être vieillis au moins 1 an et sont produits à partir de miel de canne.

Venezuela, le pays de Diplomatico

Doté d'une DOC depuis 2003, mais producteur depuis des centaines d'années, le Venezuela est surtout connu sous nos latitudes grâce à une marque : Diplomatico. Qu'on l'aime ou qu'on la déteste, c'est un peu grâce à elle (entre autres) que le rhum connaît un regain d'intérêt en France à partir de son lancement chez nous en 2009. Les rones doivent avoir été vieillis au moins 2 ans et sont parfois édulcorés. Malgré les soubresauts politiques actuels, le pays continue de conquérir des marchés grâce à son rhum diplomate.

Le rhum à avoir

Au Guatemala, plutôt que chez Zacapa, nous vous conseillons de fureter chez Botran. Leurs rhums sont un peu moins édulcorés. Un Botran Reserva 15 reflète bien ce qu'est un rhum de miel de canne vieilli en méthode solera... Gardez en tête que le 15 indiqué sur la bouteille concerne la goutte la plus vieille, et non la plus jeune comme en Europe (35-40 euros).

Des rhums à avoir

Au Venezuela, impossible de passer à côté de Diplomatico. La marque produit des rhums à partir de mélasse et de miel de canne distillés. Nous ne vous conseillons pas une, mais trois références, les n°s 1, 2 et 3 de la gamme Distillery Collection, distillées chacune avec dans des alambics Barbet, Batch Kettle et ou *pot still* (autour de 60 euros).

Le Brésil, là où la cachaça coule à flots

De la cachaça dans un livre sur le rhum ? En effet, la cachaça et le rhum partagent des racines communes, car ce sont deux spiritueux distillés à partir de canne à sucre, en l'occurrence du pur jus de canne. Les conditions de vieillissement et les types de bois des fûts diffèrent dans la cachaça mais, par ailleurs, on peut considérer la cachaça comme un type de rhum de pur jus de canne, qu'il est intéressant de comparer aux autres rhums du continent, souvent élaborés à partir de miel de canne ou de mélasse et puissamment édulcorés. Le Brésil est le plus gros producteur de canne au monde, principalement pour faire du bioéthanol et du sucre. Cependant, une partie de la récolte est captée par la cachaça. Parmi les producteurs, on trouve des industriels comme des artisans.

Et bien d'autres encore !

Dans les Amériques, on trouve du rhum au Pérou avec Cartavio et Millonario, en Colombie (Coloma, la Hechicera...), au Costa Rica avec Centenario, au Guyana avec ses célèbres *demara rums* de type anglais (El Dorado), au Mexique (Pixan), au Nicaragua (Flor de Cana), au Panama (Abuelo), ou encore aux États-Unis (Richland ou Captain Morgan aux îles Vierges) !

Les autres rhums du monde

Le rhum est désormais produit sur tous les continents – soit distillé à partir de mélasse importée, soit vieilli, soit simplement embouteillé. Il est impossible de citer toutes les marques. De plus, il s'en crée énormément chaque année. Dans cette section, nous nous arrêterons donc sur quelques-unes d'entre elles qui symbolisent bien un pays ou une région du globe.

Île Maurice : Chamarel, l'autre rhum de l'océan Indien

Occupée par les Hollandais, les Français et les Anglais, trois nations de distillateurs, l'île Maurice a bien entendu produit du rhum peu après sa « découverte » – il est appelé arak à l'origine, comme à la Réunion. Actuellement, on y trouve des rhums de sucrerie, des rhums arrangés-épicés et des rhums de pur jus de canne. Ce sont sur ces derniers que nous nous arrêterons à travers la marque Chamarel. Inaugurée en 2008, cette rhumerie produit donc des rhums de pur jus de canne à partir de ses propres plantations. Nous vous conseillerons le VSOP, vieilli 4 ans, un rhum aux notes herbacées, mais sans astringence, rond mais pas trop. En un mot, équilibré.

Philippines : Don Papa, malgré les polémiques

Les Philippines sont un des principaux pays producteurs de rhum. Jusqu'à la création de Don Papa, il était quasi exclusivement consommé localement. Ce spiritueux très (trop ?) rond lancé en 2011 par l'Anglais Stephen Carroll a amené vers le rhum une nouvelle génération de consommateurs. On a beaucoup glosé sur Don Papa, notamment sur la question de l'édulcoration et des arômes qu'on les soupçonne d'ajouter. La qualité d'une référence fait cependant l'unanimité, la rare cask. Cependant, il s'agit d'une édition limitée. Aussi faudra-t-il scruter si Don Papa la prolonge (environ 80 euros).

Thaïlande : Issan, les saveurs du Mékong

Voici un rhum thaïlandais créé par un Français, David Giallorenzo, amoureux des rhums agricoles. Il a donc concocté un rhum de pur jus de canne, élaboré grâce à des savoir-faire ancestraux et s'appuyant sur une filière durable. Issan commence à se tailler un beau succès à l'international et à gagner des prix dans les concours. La distillerie produit des rhums blancs génériques et millésimés. Je lui trouve des notes de litchis. Aussi, il est amusant de le comparer avec d'autres rhums de pur jus de canne, des rhums agricoles notamment (environ 45 euros).

La cachaça à avoir

Plus haut dans ce livre, nous vous avons parlé de la cachaça franco-brésilienne et éthique Gaya. Citons aussi la marque Abelha et ses spiritueux bio et éthique, notamment Abelha Silver Organic (environ 40 euros), à comparer avec un clairin haïtien ou un rhum agricole français de la Guadeloupe ou de la Martinique.

En résumé

Si l'on doit ressortir un type de rhums de l'offre pléthorique que proposent les Amériques, ce seront sans doute les rhums de type espagnol élaborés à partir de mélasse ou de sirop de canne, vieillis et parfois édulcorés. Ils constituent une excellente entrée en matière dans le monde du rhum. Les amateurs éclairés y trouveront aussi leur bonheur en optant pour des cuvées spéciales un peu plus rares.

Portugal, O Reizinho Distillery, l'autre rhum agricole

L'île portugaise de Madère est la seule, hors DOM, à pouvoir se prévaloir de l'appellation rhum agricole. Toujours dans l'optique de comparer avec d'autres rhums de pur jus de canne blancs, notamment les rhums agricoles français, nous vous conseillons de vous procurer une bouteille d'O Reizinho Distillery Batch #1 (environ 40 euros).

Et bien d'autres encore

Les curieux pourront aussi aller voir du côté du Japon avec Nine Leaves, à Madagascar avec Dzama, en Australie avec Bundaberg, en Espagne avec Montero et aux Fidji avec Holey Dollar.

En résumé

Le monde du rhum est en perpétuel changement. De nouveaux pays produisent ou embouteillent régulièrement du rhum. C'est ce qui est d'ailleurs formidable avec ce spiritueux. On n'en a jamais fait le tour. Le rhum, c'est une passion sans cesse renouvelée !

Rainha do Norte
Riacho Velho
Rainha do Vale
Rainha do Vale
Rainha do Vale
Cachaça

Sertaneja
CACHAÇA
ARAXÁ
Sertões
25
cuba
Perdizes
Pompeu
CANELINHA
MONJOLO
Minas
BRASIL
ENGENHO DE MINAS
Central de Minas
CANINHA
38
CARAÇA
700ml

GLOSSAIRE

A

Agricole (rhum) : le rhum agricole est produit à partir de la fermentation du jus de canne fermenté, le vesou. C'est un type de rhum de pur jus de canne, qui n'est produit que dans les DOM français et à Madère.

Alambic : l'alambic est un appareil de distillation qui est utilisé sous sa forme rudimentaire depuis l'Antiquité. Il a ensuite été employé pour distiller le « rum » anglais au XVIIe siècle, puis a été adopté partout, avant d'être supplanté par les colonnes. Les alambics sont toujours utilisés pour la distillation du rhum. Il existe plusieurs types d'alambics : *pot still*, charentais, à repasse...

Ambré : mention d'âge. Un rhum ambré a passé entre 18 mois et 3 ans en fût ou en foudre. **Synonyme : paille.**

AOC : appellation d'origine contrôlée. Un rhum AOC a été produit selon des règles (cahier des charges) visées par l'INAO, sur un territoire donné et a acquis un goût typique. Le seul rhum AOC se trouve actuellement en Martinique.

Arrangé : rhum dans lequel on a fait macérer des morceaux de fruits. Il peut être filtré ou pas. Il n'existe pas de recette officielle. C'est la boisson traditionnelle de la Réunion.

Assemblage : la plupart des rhums sont des assemblages de différents fûts, de différentes cannes et de différents millésimes. Le travail du maître de chai consiste à faire en sorte que le rhum obtenu à la suite de cet assemblage conserve un équilibre et qu'il ait les caractéristiques que le client attend de la marque. **Synonyme : blend/blended,** mots anglais.

B

Bagasse : résidu fibreux obtenu après le broyage de la canne à sucre. La bagasse est ensuite utilisée comme paillage, ou brûlée, pour actionner les chaudières ou même produire de l'électricité.

Batch : mot anglais pour cuvée.

Blanc : un rhum blanc est translucide. Il s'agit le plus souvent d'un rhum non vieilli (à part la réduction), mais cela peut aussi être un rhum qui a vieilli en cuve en Inox (qui ne marque pas), ou en fût de chêne dont on a fait disparaître la couleur grâce à une filtration sur charbon actif.

Bio : aucun pesticide de synthèse n'est intervenu lors de la culture de la canne à sucre de ce rhum. Les produits ajoutés (levures, caramel...) doivent être autorisés en agriculture biologique. Il s'agit d'un label officiel matérialisé par le logo AB ou celui de l'Union européenne (la feuille).

Brut de fût : un rhum brut de fût n'a en général connu aucune modification entre sa sortie du fût de vieillissement et sa mise en bouteille. À part éventuellement de l'adjonction d'eau durant son vieillissement. Cependant, cette définition peut varier. **Synonyme : cask strengh.**

C

Cachaça : spiritueux cousin du rhum, obtenu après la distillation du vin de canne, exclusivement produit au Brésil.

Cask strenth : désigne un rhum qui n'a connu aucune modification entre sa sortie du fût de vieillissement et sa mise en bouteille.

Clairin : type de rhum produit exclusivement en Haïti.

Colonne de distillation : la colonne est un appareil permettant de distiller le rhum de façon continue. Elle est apparue au XIXe siècle. La colonne simple est beaucoup utilisée dans les DOM, les colonnes multiples sont destinées aux rones légers de type espagnol. Elles peuvent être en Inox, en acier, en cuivre... Il en existe de différents types.

Contingent : quantité de rhums que les DOM français peuvent vendre en métropole selon un régime fiscal avantageux pendant 1 an.

Craft : rhum artisanal et respectant la tradition.

D

Distillation : action de concentrer l'alcool et les arômes contenus dans un liquide fermenté (vin de canne, mélasse, miel de canne en ce qui concerne le rhum), en le chauffant pour le transformer en alcool, puis en le refroidissant pour le faire revenir à l'état liquide.

Dunder **:** type de fermentation, notamment utilisée en Jamaïque. On ajoute les vinasses de précédentes fermentations dans la mélasse en train de fermenter. Ce processus peut prendre plusieurs semaines et favorise l'émergence d'arômes puissants, en particulier des esters.

E

Esters aromatiques : un ester est une molécule d'alcool « fusionnée » avec un acide carboxylique qui contribue notamment au profil aromatique des rhums. Ils peuvent être mis en avant ou gommés lors de la distillation. Les esters d'acide acétique ont une odeur caractéristique de colle que l'on retrouve dans certains rhums, par exemple les *high esters* ou grands arômes.

Élevé sous bois : mention d'âge. Rhum ayant vieilli au moins 12 mois.

F

Fermentation : processus durant laquelle les levures convertissent le sucre contenu dans la mélasse, le miel de canne, ou le pur jus de canne en alcool. Elle dure de quelques heures à plusieurs semaines, selon le profil aromatique que l'on veut donner au rhum.

Filtration : avant d'être embouteillés, certains rhums sont filtrés afin d'enlever de petits composants qui peuvent avoir été conservés malgré la distillation. Cependant, cela peut enlever des arômes. La filtration sur charbon actif, comme dans le Havana Club 3 ans d'âge, permet aussi de faire disparaître la couleur d'un rhum vieilli en fût de chêne.

Foudre : le foudre est un type de fût d'une grande contenance. Il est en bois, le plus souvent en chêne. Sa large circonférence permet au rhum qu'il contient de vieillir sans trop absorber des arômes du bois.

Finish/finition : un finish consiste à faire vieillir sur un temps court (quelques semaines ou quelques mois) du rhum dans un tonneau ayant accueilli un autre alcool – vin ou spiritueux en général. L'objectif est d'apporter les arômes de cet alcool au rhum.

Fût : le fût est un contenant en bois, souvent en chêne, de taille et de circonférence variables. Il est utilisé pour faire vieillir le rhum, lui apporter arômes et couleurs. Les fûts neufs étant les plus marquants. **Synonyme : tonneau.**

G

Grogue : rhum de pur jus de canne produit exclusivement au Cap-Vert.

H

HAP/HLAP : hectolitre d'alcool pur. Unité de mesure.

High ester **:** terme anglais pour désigner ces rhums, typiques de la Jamaïque (on en fait aussi à la Réunion sous le nom grand arôme), ont connu une fermentation spécialement longue avec adjonction de vinasse. L'objectif est de favoriser le développement d'arômes nombreux et puissants. Les *high esters* sont parfois assemblés avec de l'alcool neutre. **Synonyme : grand arôme**.

I

IG : l'indication géographique désigne un rhum qui a été produit sur un territoire donné.

Industriel : un rhum lié à l'industrie du sucre produit à partir de mélasse et souvent distillé en colonnes. **Synonymes : traditionnel ou de sucrerie.**

L

Levures : ces petits champignons unicellulaires utilisent le sucre contenu dans la mélasse ou le jus de canne comme source d'énergie pour se reproduire. Ce faisant, les levures transforment le sucre en alcool (éthanol). Elles peuvent être industrielles, indigènes ou sauvages. Elles ont un impact sur le goût final du rhum.

M

Mélasse : la mélasse est obtenue en cuisant le jus de canne en plusieurs chauffes. Il s'agit de la substance visqueuse, brune et sentant la réglisse mise de côté lors de la production de sucre. Après adjonction d'eau et de levures, on la fait fermenter, puis on la distille pour donner du rhum. 90 % du rhum de la planète est fabriqué à partir de mélasse.

Miel de canne / sirop de canne : il est obtenu en faisant chauffer du jus de canne afin de concentrer le sucre et de le transformer en une matière plus solide et visqueuse. On y ajoute fréquemment de l'eau et parfois de la mélasse avant de le distiller. Le miel de canne est fréquemment utilisé en zone « rone ». Exemple : Diplomatico.

Millésime : se dit d'un rhum dont la canne à sucre provient d'une seule et même récolte. Le rhum portera alors la mention de l'année où il a été fabriqué. Il peut être blanc ou vieux.

Monovariétal : se dit d'un rhum qui a été élaboré à partir d'un seul type de canne.

Moût : désigne le vin de canne – ou la mélasse, à laquelle on a ajouté de l'eau –, qui va être distillé.

N

Navy rum **:** rhum que l'on distribuait aux marins anglais jusque dans les années 1970. C'est aussi un style de rhum de type anglais, qui doit titrer plus de 54° d'alcool.

O

Organic : terme anglo-saxon pour désigner un rhum bio. Attention : les règles présidant au bio ne sont pas les mêmes selon les pays. Seuls les labels AB et la feuille européenne vous donnent la certitude que le rhum est bio selon la législation européenne.

Overproof **:** se dit d'un rhum dont le degré d'alcool se situe au-delà de 57°, c'est-à-dire le degré minimal pour que la poudre à canon s'enflamme en cas de contact. Son origine remonte à la Navy et au *navy rum*, mais le terme est toujours utilisé pour des rhums de type anglais (Barbade, Jamaïque...).

Ouillage : technique visant à combattre la part des anges en remplissant le rhum manquant dans un tonneau avec le rhum présent dans un autre. Cela évite une trop grande oxygénation, donc évaporation.

P

Parcellaire : se dit d'un rhum dont les cannes proviennent d'une seule et même parcelle. Ce sont souvent des rhums blancs provenant des DOM.

Part des anges : durant le vieillissement du rhum dans des fûts, une partie du liquide s'évapore. La part des anges est plus ou moins importante selon la localisation du chai – entre 8 et 10 % par an en climat tropical, moins de 3 % en Europe.

Pot still **:** alambic en forme d'oignon à la base et se terminant en col-de-cygne. Souvent en cuivre, il permet une distillation discontinue. Il est beaucoup utilisé en zone « anglaise ».

Pur jus de canne: les rhums de pur jus de canne sont issus de la distillation du vin de canne, lui-même provenant du broyage de cannes fraîches. Il y a plusieurs types de rhum de canne : le rhum agricole, le grogue, le clairin, la cachaça.... **Synonyme : rhum de canne.**

R

Réduction : la plupart des rhums sont réduits, c'est-à-dire que l'on ajoute de l'eau au rhum à sa sortie de l'appareil de distillation dans le cas d'un rhum blanc, ou de son vieillissement dans le cas d'un rhum vieux. L'idée est de faire baisser le degré d'alcool afin de le rendre plus facilement consommable – certains rhums sont distillés au-delà de 90° ! La durée de la réduction est variable : de quelques heures à plusieurs mois.

Ron : rhum de tradition espagnole.

Rum : rhum de tradition anglaise.

S

Single cask : rhum provenant d'un seul et même fût, sans qu'un ouillage ou un assemblage ait été pratiqué.

Sirop de batterie : concentré de jus de canne cuit obtenu par évaporation. Il est très rarement utilisé en distillation pour obtenir un rhum. Exemple : Distillerie de Paris.

Sirop de canne : voir à Miel de canne.

Small batch : un rhum small batch a été produit en petite quantité. C'est une cuvée d'assemblage dont les rhums proviennent de peu de fûts.

Solera : méthode de vieillissement où l'on assemble les fûts de différentes années au cours du temps. Une bouteille de rhum indiquant solera et une mention d'âge, par exemple 15, contient des rhums dont les plus vieux ont 15 ans. Selon la législation européenne, le chiffre 15 aurait dû désigner le rhum le plus jeune de l'assemblage. Cette méthode est principalement utilisée par les rones d'Amérique latine.

Spiced : rhum dans lequel on a fait macérer des épices ou on a ajouté des arômes d'épices. **Synonyme : rhum épicé.**

T

TNA : le taux de non-alcool est une unité de mesure servant à connaître la teneur en éléments non alcooliques dans le rhum afin d'en évaluer son pouvoir aromatique.

Tafia : nom des ancêtres du rhum dans les Caraïbes françaises. **Synonymes : guildive, *kill-devil*...**

V

Vesou : c'est ainsi que l'on appelle le jus de canne fraîche fermenté (souvent auquel on a ajouté de l'eau) dans les DOM. Il titre en général entre 7 et 10° d'alcool. **Synonyme : vin de canne.**

Vieux : mention d'âge. Rhum ayant vieilli au moins 3 ans.

Vinasse : ce liquide est ce qui reste après la fermentation. Il n'est plus chargé en alcool, mais est fort en arôme. Aussi peut-il être utilisé lors de la prochaine fermentation. La vinasse est riche en éléments, tels que le potassium, et en acide. Aussi, elle est parfois épandue dans les champs de canne où elle sert d'engrais.

VS : mention d'âge, goutte la plus jeune de l'assemblage. Les rhums VS, ou very special, ont vieilli au moins 2 ans. **Synonymes : very superior ou trois étoiles.**

VSOP : mention d'âge, goutte la plus jeune de l'assemblage**.** Les rhum very special old pale ont vieilli au moins 4 ans. **Synonymes : très vieux, réserve spéciale, cuvée spéciale.**

VO : mention d'âge, goutte la plus jeune de l'assemblage. Les rhums very old ont vieilli au moins 3 ans.

X

XO : mention d'âge, goutte la plus jeune de l'assemblage. Les rhums extra old ont vieilli au moins 6 ans. **Synonymes : extra vieux, napoléon, grande réserve.**

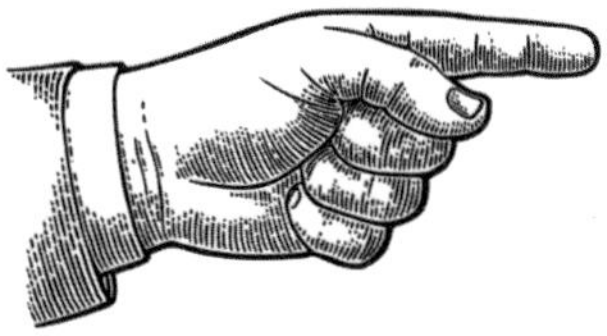

INDEX

D

L

M

N

O

P

R

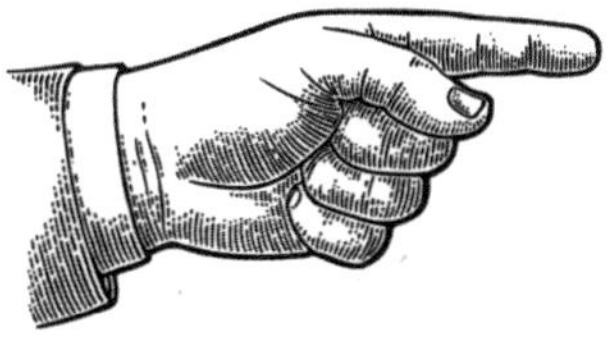

CRÉDITS ICONOGRAPHIQUES

Sauf exception, toutes les gravures : © iStock. P. 15 : © Kean Collection/Getty Images ; p. 26 : © goldhafen/Getty Images ; p. 49 : © Imperial War Museums/Getty Images ; p. 53 : © George Rinhart/Corbis via Getty Images ; pp.56-57 : © xavierarnau/Getty Images ; p. 59 : © Igor Golovniov/SOPA Images/LightRocket via Getty Images ; p. 60 : © Pekic/Getty Images ; pp. 68-69 : © Meaghan Skinner Photography/Getty Images ; p. 72 : © Howard Bjornson/Getty Images ; p. 75 : © Andrew Holbrooke/Corbis via Getty Images ; pp. 90-91 : © vast natalia/Alamy ; p. 96 : © Edalin/iStock ; p. 99 : © Jan Fritz/Alamy ; p. 100 : © ALEAIMAGE/iStock ; p. 103 : © Rasa Nabažait/Getty Images ; p. 106 : © Pulsar Imagens/Alamy ; pp. 108-109 : © ALEAIMAGE/iStock ; p. 110 : © ONEWORLD PICTURE/Alamy ; p. 114 : © gabrielabertolini/iStock ; p. 127 : © Guy Harrop/Alamy ; p. 130 : © mauritius images GmbH/Alamy ; p. 134 : © The Protected Art Archive/Alamy ; p. 135 : © M&N/Alamy ; p. 141 : © Sylvie JARROSSAY/Alamy ; p. 143 : © tofino/Alamy ; p. 148 : © SJAdvertArchive/Alamy ; p. 149 : © Tegestology/Alamy ; p. 153 : © Anjelika Gretskaia/REDA&CO/Universal Images Group via Getty Images ; pp. 156-157 : © LauriPatterson/iStock ; pp. 168-169 : © 5PH/iStock ; p. 184 : © Zerbor/iStock ; p. 190 : © mauritius images GmbH/Alamy ; p.198 : © Jon Arnold Images Ltd/Alamy ; p. 213 : © mauritius images GmbH/Alamy ; p. 218 : © ITAR-TASS News Agency/Alamy ; pp. 220-221 : © Ivan Sebborn/Alamy ; p. 230 : © Donnie Evans/Alamy ; p. 234 : © robertharding/Alamy ; p. 237 : © LeoPatrizi/iStock; pp. 246-247 : © Chris Hellier/Alamy ; p. 253 : © Martin Valigursky/Alamy ; p. 258 : © Igor Klimov/Alamy ; pp. 260-261 : © Emma Lee/Alamy ; p. 263 : © PhotoSpirit/Alamy ; pp. 268-269 : © BrazilPhotos/Alamy.

REMERCIEMENTS

Je tiens en premier lieu à remercier Alexandre Vingtier qui a eu la gentillesse de préfacer et de procéder à la relecture attentive de ce livre. Ensuite, bien sûr, Léa Delourme, qui m'a proposé de l'écrire et m'a accompagné dans le processus, ainsi que Clara Capmas, pour ses talents de graphiste. Merci aussi aux équipes du *Nouvel Économiste* et de *Rumporter* qui m'ont, les premiers, confié des sujets sur le rhum et m'ont fait découvrir ce fabuleux breuvage. Merci à Mathieu Lange pour ses précieux conseils concernant la partie historique. Merci enfin à Benoist Sailour (LMDW) et à Jérôme Ardès (Dugas) pour m'avoir accompagné pour la partie dégustation.

PAPIER À BASE DE
FIBRES CERTIFIÉES

hachette PRATIQUE s'engage pour l'environnement en réduisant l'empreinte carbone de ses livres. Celle de cet exemplaire est de :

3,2 kg éq. CO_2

Rendez-vous sur www.hachette-durable.fr

Achevé d'imprimer en mars 2021 par Estella Graficas en Espagne
Dépôt légal : septembre 2020
10/5913/3-02
ISBN : 978-2-01-945286-5

Pour l'éditeur, le principe est d'utiliser des papiers composés de fibres naturelles, renouvelables, recyclables et fabriqués à partir de bois issus de forêts qui adoptent un système d'aménagement durable. En outre, l'éditeur attend de ses fournisseurs de papier qu'ils s'inscrivent dans une démarche de certification environnementale reconnue.